불태워라

불태워라
성난 여성들, 분노를 쓰다

릴리 댄시거 엮음 | 송섬별 옮김

2020년 10월 19일 초판 1쇄 발행

펴낸이 한철희 | **펴낸곳** 돌베개 | **등록** 1979년 8월 25일 제406−2003−000018호
주소 (10881) 경기도 파주시 회동길 77−20 (문발동)
전화 (031) 955−5020 | **팩스** (031) 955−5050
홈페이지 www.dolbegae.co.kr | **전자우편** book@dolbegae.co.kr
블로그 imdol79.blog.me | **트위터** @dolbegae79 | **페이스북** /dolbegae

주간 송승호 | **편집** 우진영
표지디자인 민진기 | **본문디자인** 이은정 · 이연경
마케팅 심찬식 · 고운성 · 한광재 | **제작 · 관리** 윤국중 · 이수민 · 한누리 | **인쇄 · 제본** 상지사 P&B

ISBN 978−89−7199−406−1 (03300)

책값은 뒤표지에 있습니다.

이 도서의 국립중앙도서관 출판예정도서목록(CIP)은
서지정보유통지원시스템 홈페이지(http://seoji.nl.go.kr)와
국가자료공동목록시스템(http://www.nl.go.kr/kolisnet)에서 이용하실 수 있습니다.
(CIP제어번호: CIP2020041149)

BURN
IT
DOWN

불태워라

성난 여성들,
분노를 쓰다

릴리 댄시거 엮음

송섬별 옮김

돌베개

차 례

7   서문 "괜찮아요, 분노하세요" ○ 릴리 댄시거

13   **분노로 가득 찬 허파** ● 레슬리 제이미슨

34   **흑인 여성에게 허락된 한 가지 감정** ○ 모네 파트리스 토머스

46   **내 몸은 분노라는 이름의 병** ● 리사 마리 베실

62   **레벨 걸** ○ 멀리사 피보스

80   **우리가 화날 때 우는 이유** ● 머리사 코블

89   **트랜스여성의 분노에 관하여** ○ 서맨사 리들

101   **매수되지 않고 휘둘리지 않는** ● 이벳 디온

113   **죄책감** ○ 에린 카

127   **행그리한 여성들** ● 로언 히사요 뷰캐넌

138   **귀신 이야기, 내 이야기** ○ 리오스 데라루스

149   **춤추는 소녀** ● 니나 세인트피어

163   **내 이름과 내 목소리** ○ 리마 자만

175 **물려받은 분노** ● 머리사 시걸

187 **미뤄 둔 분노** ○ 다니 보스

198 **"이건 기초 수학이라고"** ● 메러디스 탤루선

207 **무슬림의 빛깔** ○ 새힌 파샤

221 **분노의 가마로부터** ● 리사 팩토라보셔스

234 **영혼을 지우는 범죄** ○ 셰릴 링

246 **살얼음판 위에서 자란 여성들에게** ● 민다 허니

261 **이제 두려움을 위한 자리는 없다** ○ 메건 스틸스트라

273 **나 자신과 함께하는 전쟁** ● 키아 브라운

282 **이제 어떻게 할까?** ○ 애나 피츠패트릭

298 옮긴이의 글 **세라 크루라면 어떻게 했을까?** ● 송섬별

307 한국어판 발문 **들으라, 분노한 여자들이 말한다** ○ 이다혜

314 찾아보기

- 각주는 모두 옮긴이의 것입니다.
- 인명과 지명 등의 외래어 표기는 국립국어원의 어문 규정과 용례를 따르되, 기준이 모호한 경우에는 원지음에 가깝게 표기했습니다.

"괜찮아요, 분노하세요"

릴리 댄시거

아주 오래전부터 분노한 여성들은 하피*, 암캐, 마녀, 창녀라고 불렸다. 그들에게는 신경질적이다, 미쳤다, 위험하다, 망상장애다, 억하심정이 있다, 질투한다, 비이성적이다, 감정적이다, 호들갑을 떤다, 앙심을 품었다, 옹졸하다, 호르몬에 휘둘린다 등의 딱지가 붙었다. 그들은 배척당하고, 무시당하고, 약물을 주입당하고, 감금당하고, 살해당했으며, 법과 위협과 폭력 그리고 여성이란 응당 숙녀가 되기를 열망해야 하며 숙녀는 화를 내지 않는다는 음흉하고도 원대한 거짓말로 통제되었다.

---

* 포악하고 예민한 여성을 비하하여 일컫는 영어 단어 하피(harpy)는 그리스신화 속 여성의 얼굴을 한 괴조 하르퓌아이(ἅρπυιαι)에서 유래했다.

수천 년의 길들임을 없던 일처럼 지우기는 어렵다.

내가 콕 집어 분노에 대해 써 달라고 부탁했는데도, 이 책에 참여해 글을 쓴 여성 작가들 대다수가 처음에는 자신이 분노하는 대상에 대해 안전한 거리를 유지하면서 냉철하고 차분하게 설명했다. 그들은 자신이 느끼는 감정을 실제로 표출하지 않으려 애쓰는 한편으로 이성적으로 합리화해야 하는 데 익숙해져 있었던 것이다. 심지어 분노에 관한 책을 만들고 있는데도, 작가들이 책장마다 분노를 토해 내도록 "괜찮아요, 분노하세요" 하고 부추기는 것이 편집 과정의 큰 부분을 차지했다.

그럴수록 이 책이 어떤 책이 되기를 바라는지 점점 더 분명히 깨닫게 됐다. 나는 이 책이 우리의 분노가 살아 숨 쉴 수 있는 장소, 오래도록 작게 줄어들기를 강요당했던 우리가 공간을 차지할 수 있고, 행실을 반듯하게 하라는 소리를 평생 들으며 살아온 우리가 분노를 토해 낼 수 있는 그런 장소가 되기를 바랐다. 여성들이 엄청난 분노를 더 이상 억누르지도, 꺼 버리지도 않고, 이 책의 책장들을 활활 태워 연기를 피워 올리기를 바랐다. 그러니 마음의 준비를 하시든지, 물러서시기를.

작가마다 분노를 토해 낸다는 말을 조금씩 다르게 받아들였다. 이 책에는 분노가 다른 감정들과 만나는 경계를 탐구한 글들이 실려 있다. 에린 카는 분노가 죄책감으로 변하는 순간을 이야기한다. 메건 스틸스트라는 두려움이 분노로 바뀌는 순간을 이야기하며, 머리사 코블은 의도치 않게 솟아오르는 성난 눈물을 통해 분노가 슬픔으로 위장하는 순간을 이야기한다. 분노와 정체성의 교차점, 그리고 특정 여성의 분노가 다른 여성의 분노보다 사회적으로 용인되는 것처럼 보인다는 점을 파고든 작가들도 있다. 섀힌 파샤는 미국에서 무슬림 여성으로 살며 느끼는 복합적인 분노에 대해 이야기하고, 키아 브라운은 자기 자신 그리고 자신의 장애에 대해 느끼는 분노로부터 살아남는 방법을 이야기하며, 서맨사 리들은 '트랜지션'* 이전과 이후 다르게 경험하게 된 분노에 대해 이야기하며, 모네 파트리스 토머스는 특히 흑인 여성들의 분노 표현이 허용되지 않는 데 대해 이야기한다. 그리고 여러 저자들이 분노를 자신에게 필요한 힘, 동기, 보호책이나 치유책을 비롯한 그 무엇으로든 바꿀 수 있는 탁월한 연금술사와 같은 여성들의 능력에 관해 이야기한다. 이 책에 실린 글 중 어떤 글은 들불처럼 불타고, 어떤 글은 잉걸불처럼 연기를 피우며, 어떤 글은 달구어진 금속처럼 이글거린다. 그러나 이 모든 글이, 숨겨 두었던 분노를 바깥으로 끄집어낸 여성들의 열기를 받아 타오른다.

　　최근 여성의 분노가 가진 힘에 관해 활발한 논의들이

---

* 　태어날 때 지정받은 성별을 스스로 느끼는 성별 정체성에 맞게 바꾸는 것으로, 주로 외과 수술적 조치를 가리킨다.

이어졌다. 여성의 분노는 정치적 동력으로 활용될 수 있고, 오랫동안 억압되어 있다가 폭발한 화산처럼 사회 지형을 더 나은 모습으로 바꾸어 놓을 수도 있다는 이야기였다. 나 역시 또 다른 여성이 입장을 정하고 "더 이상은 안 돼," "꺼져," 그리고 "나도 그래"me too라고 입을 열게 만든, 집단적인 분노 표출이 가진 혁명적인 카타르시스에 휩싸였다.

그러나 개념으로서, 힘으로서, 도구로서의 여성의 분노에 관한 그 모든 논의들 속에서 나는 분노를 그 자체로 바라보고 싶었고, 작가들에게 목적이 아닌 그 자체로서의 분노를 표출하고 탐구할 기회를 주고 싶었다. 우리의 분노가 목소리를 얻기 위해 유용해질 필요는 없다. 너무나도 자주 성적 대상이나 아기 낳는 사람, 간병인, 어머니, 처녀, 창녀로 축소되는 여성이 온전한 개인 그 자체로 간주될 자격이 있는 것과 마찬가지로 말이다. 나는 이들의 분노에 타인의 이익을 위해 포장되고 이용되지 않는, 오로지 분노를 위한 자기만의 방을 주고 싶었다. 그것이 이 선집의 목적이다.

분노할 일이 너무나도 많다. 나는 우리가 이 지구를 파괴하고 그 무엇도 살아갈 수 없는 미래라는 운명으로 스스로를 내몰고 있어서 화가 난다. 인간의 목숨보다 이윤이 우선이어서 화가 난다. 인종주의가 사회의 거의 모든 측면에서 중대하고 치명적인 문제를 일으키는데도, 너무나 많

불태워라

은 사람들이 모른 척하고 있어서 화가 난다. 있지도 않은 안전을 찾기 위해 쪼그리고 앉아야 할 지경까지 여성을 향한 폭력이 우리 삶을 옥죄어 와서 화가 난다. 그리고 이 모든 것이 문제라고 설득하는 것조차 불가능할 정도로 의도적인 무지와 거짓 정보가 정치적 담론을 뒤덮고 있어서 화가 난다.

내가 아는 모든 여성들은 화나 있다.

그러나 이 선집은 우리를 화나게 하는 일들에 관한 책이 아니다. 이것은 우리에 관한 책이며, 우리가 분노를 느끼고 이와 더불어 살아가는 수많은 방법에 관한 책이다. 살면서 분노가 나를 작고 뻣뻣하고 부서지기 쉬운 존재로 만든다고 느낀 시절도, 불처럼 커져 멈출 수 없게 만든다고 느낀 시절도 있었다. 분노가 깨진 유리 조각처럼 날카롭게 사방으로 미친 듯이 흩어지던 시절도 있었다. 아버지가 돌아가신 슬픔으로 세상에 분풀이하며, 아침에 눈을 뜨자마자 술과 약에 취하고 길에서 주먹다짐하고 물건을 훔치고 기물을 파손하고 고등학교를 자퇴하고는 옷도 제대로 입지 않고 길에서 부딪치면 누구한테든 영양실조에 걸린 가운뎃손가락을 날려 버리던 십대 시절이 그랬다. 그러나 요즈음의 내 분노는 깊고 넓고 꾸준하며, 내 단정한 삶의 수면에서 쉽사리 눈에 띄지는 않지만 언제나 존재한다. 요즈음 내 분노는 내 안에 깃든 하나의 공간이다. 나는 그 공간에 숨을 불어넣어 나 자신을 더 크게 만들고 타인을 위한 자리를 마련한다. 내 경계를 무시하도록 놔두지 않고, 곤경에 처한 여성을 위해 목소리를 내고, 이 책에 수록된 뛰어난 작가들의 불길을 부추기고, 그들의 글과 그 안에 담긴 분노를 온 세상의 분노한 여성들에게 연고 삼아 가져다주고자 한다.

이 선집은 초대장이다. 스물두 명의 작가들이 내가 그들에게 했던 말, "괜찮아요, 분노하세요"라는 말을 당신에게 건네고 있다. 당신도 우리와 함께 분노했으면 한다. 다 함께 침묵을 깨뜨리면 우리는 불처럼 더 크고 넓게 번져 모든 것을 태워 없앨 수 있으리라.

분노로 가득 찬 허파

Lungs Full of Burning

나는 오랜 세월 내가 분노를 잘 느끼지 않는 사람이라고
말해 왔다. 나는 이렇게 말했다. "저는 화를 안 내요. 슬퍼
하죠." 나는 이런 경향이 내 성격 때문이라고 생각했다. 그
러니까 나에게는 분노보다 슬픔이 더 자연스러운 감정이
며, 나는 이런 식으로 만들어진 사람이라고 말이다. 전혀
사적이지 않은 상황에서도 자아는 사적인 것이라고 생각
하기 쉽다. 그러나 자아는 공적 산물이며 결코 고정되지
않고 사회적 힘에 의해 끊임없이 형태를 바꾼다. 솔직히
나는 내가 분노보다는 슬픔과 가까운 사람이라고 말하며
자부심을 느꼈다. 왜일까? 슬픔은 분노보다 한층 더 정제
되고 이타적인 감정처럼 느껴진다. 무딘 손상을 다른 사람

에게 내맡기지 않고 스스로 고통을 참아 내는 것처럼.

그러나 몇 년 전부터, 나는 내가 녹음기처럼 반복해 온 "저는 화를 안 내요, 슬퍼하죠"라는 말이 내심 마음에 걸리기 시작했다. '나는 X이다, Y가 아니다'라는 선언의 목소리가 높아지는 순간, 우리는 기대를 품은 채 도사리고 있다가 삐걱삐걱 소리 내는 진실을 알아차리며 제 안에 자신도 모르는 감정들이 있다는 사실을 깨닫곤 한다. 그러니까 어느 시점부터 나는 내 생각보다 더 많이 분노하고 있는 것이 아닐까 하는 생각이 들었다는 이야기다.

물론, 네 살이던 내가 무엇이라도 좋으니 간절히 망가뜨리고 싶다는 마음으로 가위를 들고 부모님이 쓰던 소파를 향했을 때 느낀 감정은 분노가 아니었다. 물론, 열여섯 살이던 내가 남자친구로부터 헤어지자는 말을 듣고 무엇이라도 좋으니 간절히 망가뜨리고 싶다는 마음으로 내 발목 안쪽에 칼자국을 냈을 때 느낀 감정도 분노가 아니었다. 물론, 서른네 살이던 내가 남편과 다투고 그가 집에서 나간 뒤 딸이 못 듣도록 베개에 대고 고함을 지른 다음 핸드폰을 던져 버리고, 그 뒤로 10분간 침대 밑을 뒤진 끝에 고양이가 토해 놓은 작은 토사물 무더기 속에서 핸드폰을 찾아냈을 때 느낀 감정도 분노가 아니었다. 물론, 강의를 시작한 지 얼마 되지 않았던 내가 교수 회의에서 작년 한 해만 우리 학과 여학생들 중 얼마나 많은 수가 성추행을 겪었다고 신고했는지 보여 주는 통계 자료를 공유했을 때

불태워라

느낀 감정도 분노가 아니었다. 성추행을 겪었다고 밝힌 여학생이 전체의 절반 이상이었다.

교수 하나가 성을 내면서 대부분이 근거 없는 주장일 거라고 우겼다. 나는 주먹을 꽉 쥐었다. 말을 하려고 애썼다. 각각의 사례에서 어떤 일이 있었는지를 확실하게 알지는 못했지만(당연히 나로서는 알 수 없었다. 그들은 종이 위 익명의 숫자로서만 존재했으니까) 성추행을 경험했다는 여학생들의 수 자체가 나를 몸서리치게 했다. 반드시 주목해야 하는 수치였다. 솔직히 말해 이 숫자들을 보고도 어째서 이 통계를 살펴보아야 하는가를 설명해 달라는 사람이 있을 거라고는 상상조차 하지 못했다. 내게 꼬치꼬치 따져 묻는 분위기가 되자, 가장 필요한 순간에 도저히 입 밖으로 말이 나오지 않았다. 주먹을 꽉 쥐고서 손톱을 손바닥에 박아 넣었다. 그 감정은 무엇이었나? 슬픔이 아니었다. 분노였다.

여성의 분노라는 현상은 종종 외면되어 왔고, 분노한 여성의 모습은 위협으로 재구성되곤 했다. 위해를 입은 사람이 아니라, 위해를 가하려 마음먹은 사람의 모습으로 말이다. 이렇게 위협적인 여성 원형들의 계보가 만들어졌다. 기다란 발톱이 달린 하르퓌아이, 마법을 부리는 마녀, 머리카락이 몸부림치는 뱀으로 되어 있는 메두사. 우리는 어린 시절부터 여성의 분노가 부자연스럽거나 파괴적인 것이라고 배운다. 아동들은 조사에서 여아보다 남아의 분노 표출을 받아들이기가 더 쉽다고 응답했다. 캘리포니아 대학교 버클리 캠퍼스의 심리학 교수 앤 M. 크링이 발표한 성별과 분노에 관한 연구 분석(2000)에 따르면, 남성과 여성이 '분노 표출 사례'를 보고하는 빈도는 비슷하지만 그 후유증으로 수치심과 당혹감을 경험한 사례는 여성의 경우에 더 많았다. 여성의 분노를 표현할 때는 '독살스러운,' '적대적인' 같은 수식어가 붙지만, 남성의 분노에는 '강한' 이라는 수식어가 붙는 경향이 있다. 크링의 연구 결과에 따르면, 남성은 사물을 물리적으로 훼손하거나 타인을 언어로써 공격하는 식으로 분노를 표출하는 경향이 있는 반면, 여성은 화가 나면 운다. 마치 여성의 신체가 여성과 가장 흔히 연관되는 감정인 슬픔의 외양으로 억지스레 돌아가려는 것 같다.

2016년의 한 연구에 따르면, 사람들은 화난 표정을 한 여성의 얼굴을 볼 때 성별을 식별하는 데 더 오래 걸린다. 분노라는 감정이 자연 서식지를 벗어나 여성들의 얼굴에 깃들기라도 한 것처럼 말이다. 심리학자 울프 딤베리와 L. O. 룬드퀴스트의 연구(1990)에 따르면, 여성의 화난 얼굴은 남성의 그것보다 더 적대적으로 보인다는 평가를 받는다. 여성이 사회적 기대를 배반하여 허용치 이상으로 커진 그들의 분노가 더욱 극단적으로 보이는 것이라는 듯.

힐러리 클린턴은 대선 회고록 『무슨 일이 일어났나』 (2016)에 정치 인생 내내 화난 모습을 보여서는 안 된다는 압박을 느껴 왔다고 썼다. 클린턴의 표현에 따르면 "많은 사람들이 화난 여성 앞에서 주눅이 든다"는 것이다. 특히 대선에서 패배한 다음 화난 모습을 보이지 않으려 애썼는데, "여생을 찰스 디킨스의 『위대한 유산』에 나오는 미스 해비셤처럼 내게 일어날 수도 있었던 일에 사로잡혀 집 안을 돌아다니고 싶지 않아서"였다고 한다. 찰스 디킨스의 소설에 나오는, 폭언을 일삼는 노처녀의 이미지, 사랑하는 사람에게 버림받은 뒤 해져 가는 웨딩드레스를 입고 슬픔에 잠겨 복수를 꾸미는 여성의 이미지는 감히 분노를 표출하려는 모든 여성 위로 긴 그림자를 드리운다.

사람들은 화난 여성을 불편하게 여기는 것과 달리, 보다 구미에 맞는 상대인 '슬퍼하는 여성'을 향해서는 금세 연민을 보낸다. 슬퍼하는 여성의 괴로움은 고귀하고 아름다우며 우아한 모습으로 그려질 때가 많다. 반면 화난 여성은 추저분하게 그려지고, 이들의 고통은 부수적 피해를 불러올 것처럼 위협적이다. 마치 여성이 분노로 타인에게 위해를 입힐 것이기 때문에 그 자신이 위해를 당했던 대가로 얻은 사회자본을 빼앗길 위험에 처한다는 식이다. 사람들은 여성의 분노가 스스로를 규제하며, 무모함을 멀리하고, 교양 있는 선에 머무른다는 보장이 있을 때에만 이를 편안하게 받아들인다.

성추행 고발로 할리우드가 처음 들썩이기 시작했던 2017년 11월, 인터넷상에서 회자되었던 우마 서먼의 레드

카펫 인터뷰 영상*을 생각해 보자. 이 영상에서 실제로 서먼이 화내는 모습은 보이지 않는다. 영상에 나타난 것은 그가 화를 참으려 안간힘을 쓰는 모습이다. 서먼은 성추행 경험을 공론화한 할리우드 여성들에게 찬사를 보낸다고 말한 뒤, 자신은 입을 열기 전 우선 "분노가 누그러지기를 기다리는 중"이라고 말했다. 서먼의 공개 선언이 여성의 분노를 성공적으로 보여 준 사례라고 갈채를 받는 것이 의아하게 느껴지는데, 이 영상은 오랫동안 여성이 사회화를 거치며 생산하고 받아들이게 된 바로 그 형태로서의 여성의 분노를 보여 주기 때문이다. 영상에 담긴 것은 여성이 분노를 표출하는 장면이 아니라, 화면상에 근사하게 보일 수 있을 만큼 다듬어진 형태로 분노를 억누르는 장면이다. 서먼은 무엇 때문에 화가 났는지를 구체적으로 이야기하는 대신 자신의 분노 그 자체를 이야기로 만들었다. 레드 카펫 위에서 분노하지 않으려 고군분투하는 날것의 힘이 분노를 완전히 폭발시키는 것보다 더 강렬하게 분노가 가진 힘을 소환해 낸 것이다. 마치 영화 속 괴물이 실제로 영화 장면에 등장하지 않고 스크린 밖에만 존재할 때 더 무서운 것처럼 말이다.

* '할리우드에서의 성추행 경험을 공론화하는 여성들에 대해 우마 서먼이 감정적으로 반응한다'(Uma Thurman Gets Emotional About Women Speaking Out On Sexual Harassment In Hollywood)는 영상은 https://youtu.be/Rs4gK8DuuWY에서 확인할 수 있다.

그해 가을 매일같이 새로운 기사들이 쏟아지는 것을 보며 자주 떠오른 질문은 이것이었다. 얼마나 많은 여성의 분노가 스크린 바깥에 도사리고 있을까? 얼마나 많은 분노가 히스테리라는 진단이나 편집증이라는 비난을 받을까 두려워 입술을 깨물며 때를 기다리고 있을까? 그리고 이 모든 여성의 분노에 대해 나 자신이 느끼는 곤혹스러운 감정들은 또 어떤가? 어째서 그 감정들은 곤혹스러운가? 나의 곤혹스러움은 마치 도덕 감정의 실패 또는 페미니즘에 대한 배반으로 느껴진다. 내가 가부장제와 결탁했거나, 가부장제를 지나치게 내면화한 나머지 그 유해한 잔류물을 알아차리지도 못하는 게 아닌가 하는 생각이 든다. 나는 다른 여성들의 분노를 직관적으로 포용하고 지지하지만, 나 자신의 분노는 제대로 주장하지 못한다. 어쩌면 내가 운이 좋았던 것일 수도 있다. 여성이라는 이유로 나 역시 갖은 공격을 받아 왔지만, 수많은 다른 여성들이 견뎌내야 했던 끔찍한 이야기에 비견할 만한 것은 아니다. 그러나 어쩌면 이는 아직도 내 안에서 곪아 가는, 분노에 대한 지속적인 회피 때문인지도 모르겠다. 내가 자각이라 여겼던, "저는 화를 안 내요, 슬퍼하죠" 속에서 나는 분노를 묻어 두거나 분노하지 않은 양 행동하도록 여성을 훈련시킨 논리에 공모하는 나 자신을 보게 되었다.

오랫동안 나는 '슬픈 여인'이라는 아이콘에 이끌렸다. 슬픈 여인들은 고독과 멜랑콜리의 필경사이자 음유시인이었다. 조금은 병적이고, 다소 우울하며, 약간 자아도취에 빠져 있으면서, 무척이나 예상 가능하고, 늘 선수 쳐서 사과하는 문학소녀의 특정한 유형에 속했던 나는 실비아 플라스를 사랑했다. 자신의 피에 집착했던 플라스에게 나도 집착했고("짜릿한 전율 (…) 이 붉은 플러시 천"*) 그의 괴로워하는 실루엣에 이끌렸다. 남편의 외도로 버림받았고, 가정 내의 성차별적 이중 잣대라는 덫에 걸렸던 여자. 나는 욕조 속에 누워 자살을 연습하며 피를 흘리던 『벨 자』의 주인공이자 플라스의 자전적 분신인 에스더 그린우드가 장례식장에 가서 되뇌던 그 말을 깊이 사랑했다. "내 심장의 오랜 자랑인 박동 소리에 귀를 기울였다. 나는 살아 있다, 나는 살아 있다, 나는 살아 있다." 자신의, 그리고 타인의 고통에 대한 애착은 플라스에게 정체성 선언이기도 했다. 나는 그 말을 내 팔에 타투로 새기고 싶었다.

좋아하는 여성 가수들의 노래를 들을 때도 나는 분노보다는 슬픔이 담긴 가사를 따라 부르는 것이 편했다. 아니 디프랑코가 "당신이 더 이상 전화하지 않아서 / 내가 아무것도 먹지 않았다고 얘기했던가"*** 하며 실연의 아픔을 잔잔하게 노래할 때가 그늘 속에 숨은 채로 슬퍼하며 침묵하는 이들에 대한 분노와 성마름을 노래하는 가사보다 들

---

*   미국의 시인이자 소설가인 실비아 플라스의 시 「베인 상처」.

**   미국의 페미니스트 싱어송라이터인 아니 디프랑코의 노래 〈독립기념일〉.

기 편했다. "어떤 여자들은 이렇게 말해 / 자기가 영영 말하지 못할 온갖 것들을 말해 줘서 고맙다고 / 그럼 나는 이렇게 대답해 / 당신의 치욕을 내가 대신 감당하고 있는 거라고."***

나는 진 리스의 초기 소설들을 여러 번 다시 읽었다. 소설 속 상처받은 여성 주인공들은 유럽 여러 나라의 수도에 있는 구질구질한 셋방에서 싸구려 이불에 와인 얼룩을 만들며 실연의 상처를 달랜다. 고통을 형상화한 리스의 초기 소설들 중 가장 유명한 작품인 『한밤이여, 안녕』의 주인공 사샤는 술을 마시다 죽기로 다짐한 뒤 울면서 파리 시내를 가로지른다. 그는 카페에서, 술집에서, 너저분한 호텔에서 운다. 직장에서 운다. 탈의실에서도 운다. 길에서도 운다. 센 강변에서도 운다. 이 소설의 마지막 장면에서 사샤는 무시무시할 만큼의 수동성을 표출한다. 어느 유령 같은 남자를 침대로 들이는 그는 마침내 마지막 한 톨의 의지력마저 상실한 듯 남자를 막을 기력을 끌어내지 못한다. 생전에 리스는 슬픔으로 악명이 높았고, 한 친구는 그가 "고장 난 축음기 바늘처럼 자꾸만 괴로운 일 속으로 돌아간다"고 표현했다. 심지어 리스의 전기 작가조차도 그를 영국 소설 역사상 가장 위대한 자기 연민의 예술가 중 한 사람이라고 표현했다.

***　아니 디프랑코의 노래 〈고개 들고 노래해〉.

내가 이런 여성들을 얼마나 깊이 오해하고 있었는지를 깨닫기까지는 오랜 시간이 걸렸다. 나는 플라스의 시에 휘발유 같은 연료를 부으며 화자를 (때로는 말 그대로) 허공으로 들어 올리던 분노의 존재를 놓치고 있었다. "지금 그녀는 날고 있어 / 그 어느 때보다도 무시무시하게, 새빨간 / 하늘의 상처, 새빨간 혜성 / 그녀를 죽인 엔진 너머로―묘, 밀랍 집."* 화자는 고통의 씻을 수 없는 증거인 상처가 되고, 상처는 다시 혜성, 자신을 파괴하고자 했던 수단 너머로 위풍당당하게 날아오르는 무시무시하고 결연한 존재가 된다. 나는 언제나 플라스의 화자가 가진 고통스러운 분열에 사로잡혔으나, 시를 자세히 들여다보면 노여운 부활이라는 꼬리를 끌고 돌아다니며 징벌이라는 환상을 미안한 기색 없이 흩뿌리는 혜성이 보인다. "잿더미속에서 / 나는 붉은 머리로 솟아올라 / 남자들을 공기처럼 잡아먹는다."**

나는 10년 가까이 리스를 좋아한 뒤에야 그의 마지막 소설인 『광막한 바다 사르가소』를 읽었다. 샬럿 브론테의 『제인 에어』에 새로운 상상력을 가미한 이 소설의 전체 줄거리는 냉혹하리만치 파괴적인 분노를 향한다. 영국 시골 저택의 다락에 오랜 세월 갇혀 있었던 로체스터의 미친 전

---

* 실비아 플라스의 시 「침」.
** 실비아 플라스의 시 「라자러스 부인」.

불태워라

처는 결국 저택을 불태워 없앤다. 리스가 남긴 후대의 걸작에서, 초기 소설에 등장하던 상처 입고 술에 취하고 복잡다단한 수동성에 사로잡힌 여성들의 자리에는 이제 횃불을 손에 들고 주인의 연장으로 주인의 집을 파괴할 준비를 마친 분노한 여성이 들어선다.

물론 플라스와 리스는 여성의 분노뿐 아니라 여성의 슬픔에 대해서도 썼다. 그들의 글에는 감정의 두 가지 상태가 모두 담겨 있다. 『광막한 바다 사르가소』는 얼핏 불투명해 보이는 분노에 찬 파괴 행위 속으로 흐르는 깊은 슬픔을 파헤친다. 플라스의 시는 사람들이 대개 단일한 슬픔이라고 오독하는, 억울함과 아이러니, 분노, 자존심, 비애라는 복잡한 정동의 타래를 세련된 언어로 풀어놓는 데 집중한다. 리스는 이렇게 썼다. "사람들은 정신이 물 샐 틈 없이 밀폐된 방들로 이루어져 있다고 설명하지만, 나에게는 전혀 그렇게 보이지 않았다. (…) 내 정신은 선창에 들어찬 오수처럼 마구 소용돌이친다."

여성의 슬픔과 여성의 분노를 정반대의 전형들로 이루어진 "물 샐 틈 없이 밀폐된 방들"에 각각 집어넣는 것이 모든 여성의 정신이라는 선창 안에 슬픔과 분노가 뒤섞여 흘러내리고 있다고 인정하는 것보다 훨씬 쉽다. 전기 영화 〈아이, 토냐〉에서 토냐 하딩은 이렇게 설명한다. "미국은 사랑할 사람을 원하지만, 또 미워할 사람을 원하죠." 영화가 개봉한 2017년 하반기는 그보다 적절할 수 없는 타

이밍이었다. 이 영화는 수많은 여성들이 자신의 분노를 공공연하게, 노골적으로, 미안한 기색 없이 말하기 시작한 시기에, 적어도 1990년대에 성인이 된 내 또래 여성들에게 여성의 분노의 원형이라 할 수 있는 토냐 하딩을 다시 소환했기 때문이다.

하딩이 매혹의 대상이었던 것은 그가 전남편과 공모하여 라이벌이던 피겨스케이팅 선수 낸시 케리건을 습격했다는 혐의로 대중 앞에 막장 드라마를 펼쳐 냈기 때문만은 아니다. 하딩과 케리건 두 사람이 원초적인 여성 원형의 음양을 보여 주었기 때문이다. 상스럽고, 절제를 모르며, 모두가 기꺼이 미워했고, 기대한 점수를 얻지 못하자 심사위원단 앞에서 폭발했던 분노의 표상인 하딩이 있기에 순백의 레이스 레오타드 차림으로 흐느끼는 케리건의 격조 있는 슬픔이 완벽하게 돋보였다. 케리건과 하딩은 도저히 눈을 돌리기 어려운 2인조다. 슬픈 여자 대 미친 여자. 상처받은 여자 대 악랄한 여자. 이 두 사람의 이항 대립은 우리가 숭배하는 (규칙을 준수하고, 섬세하고, 비통한) 여성성과 우리가 경멸하는 (껄렁거리고, 투덜거리고, 성내는) 여성성을 분리한다. 하딩은 강하다. 가난하다. 열 받았다. 그리고 결국 대중이 사랑하는 서사 속에서 그는 그 감정들을 폭력으로 승화시켰다. 그러나 〈아이, 토냐〉는 당시의 사건 보도에서는 거의 다루지 않았던 문제를 부각하고 있다. 하딩에게 있어 분노의 시발점이 된 최악의 폭력, 곧 어머니와 남편의 학대다. 즉, 여성의 분노는 외딴 섬이 아니다.

하딩과 케리건의 논란이 미디어를 휩쓸던 시절 나는 열 살이었다. 두 사람의 이야기는 단순하지만 지워지지 않는 붓 자국처럼 내 기억에 새겨져 있다. 기자들에게 고함치는 한 여자, 그리고 아이스링크 뒤에서 흐느끼는 또 다른 여자. 그러나 〈아이, 토냐〉를 보며 이들이 내게 실제 여성이 아닌 개념으로만 존재했다는 사실을 깨달은 나는 합리적인 사람이라면 누구나 할 법한 일을 했다. 구글에 '토냐와 낸시'를 검색하는 데 매달렸던 것이다. 나는 '토냐가 낸시에게 사과한 적 있는가'를 검색했다. '토냐 하딩 복싱 경력'도 검색했고, 그 결과 2002년 폴라 존스*를 상대로 한 '셀러브리티 복싱' 경기가 시작이었음을 알 수 있었다. 즉 두 여성은 대중이 그들에게 투사한, 복수심 가득한 여성이라는 부조리한 캐리커처를 연기하는 대가로 돈을 받았다. 성추행 피해를 호소하는 여성 대 슬개골을 파열시킨 여성.

다큐멘터리 여러 편을 찾아보면서 나는 하딩이 호감을 사기 어려운 사람임을 알게 되었다. 하딩은 피해자 콤플렉스에 빠져 자신마저 기만하는 거짓말쟁이로 등장하

---

* 1994년에 빌 클린턴 당시 미국 대통령에게 성추행 소송을 제기한 여성. 클린턴이 아칸소 주지사로 있던 1992년에 주 정부 직원이었던 폴라 존스를 호텔로 불러 성관계를 요구한 데 대해 사과와 금전적 배상을 요구했다. 클린턴은 자신의 위증이 밝혀지고 사건이 '백악관 섹스 스캔들'로 확대되자, 합의금으로 법정 싸움을 마무리했다.

는데, 자기 자신의 불행에 집중하느라 타인의 사정은 안중에도 없다. 그런데 하딩에 대해 '호감을 사기 어렵다'고 느낀 것이 내가 편안한 마음으로 호감을 가질 수 있는 여성에 대해 알려 주는 사실은 무엇일까? 내가 보고 싶은 줄거리는 학대를 일삼는 어머니와 남편, 끈질긴 가난이라는 고단한 인생을 견뎌 낸 여성이 '호감 가는' 성격까지 갖춘 모습일까? 기개가 넘치고, 단호한 직업윤리를 지켜 내며, 우아하면서도 자기를 내세우지 않는 태도로 고난에 임하는 성격 말인가?

〈아이, 토냐〉에 등장하는 하딩의 모습은 자기를 내세우지 않는 태도와는 정반대다. 심지어 "온 세상에 울려 퍼진 타격음"이라는 별명이 붙은 그 범죄는 영화 속에서 가상으로 재현되기까지 한다. 머리 위로 쳐든 곤봉으로 움츠린 케리건의 피 묻은 무릎을 내려치던 하딩이 카메라를 향해 몸을 돌리는 장면이다. 반항적인 얼굴은 케리건의 피로 얼룩져 있다. 실제로는 청부업자를 고용해 폭행을 저질렀음에도, 이 연출 장면은 미국인들을 사로잡았던, 한 여성의 분노가 다른 여성에게 트라우마를 남긴 이야기의 정수를 압축해 보여 준다.

그런데 이 두 여성에 대한 미국인들의 집착은 그리 단순하지만은 않다. 오히려 정반대 관점의 이야기도 등장했다. 그 속에서 하딩은 괴물이 아니라 희생자이자 억울하게 중상모략을 당한 약자이고, 케리건은 고통을 너무 크게 과장한 울보다. 2014년 스포츠 웹진 《데드스핀》에 루시 매디슨이 기고한 「토냐 하딩 옹호자의 고백」이라는 글에 이런 내용이 있다. "하딩은 내가 청소년기에 품고 있던 복수 판타지를 충족시켜 주었다. 다른 사람들과 잘 어울리지 못하는 여자가 남들의 허튼소리를 가뿐히 무시하면서도 어떤 특권도 잃지 않는 것이 내 판타지였기에, 나는 그를 너무나도 사랑했다." 피습당한 직후 케리건은 훈련용 링크 옆 바닥에 쭈그리고 앉아 흐느끼며 그 유명한 "왜? 왜? 왜?"라는 말을 남겼다. 그런데 이 사건을 표지 기사로 다룬 《뉴스위크》에서는 이것을 "한 사람의 꿈이 부서지는 소리"라고 표현하며 "왜 나야?"라는 말로 바꾸어 실었다. '나'라는 단어 하나가 들어갔을 뿐인데 케리건의 충격은 비통한 자기 연민으로 바뀌고 말았다.

두 이야기에서 보여 주는 하딩과 케리건의 이미지, 즉 성내는 쌍년과 순수한 희생자, 또는 영웅적인 악녀와 징징거리는 울보는 언뜻 상충하는 것처럼 보이지만 사실 똑같은 종이인형에 옷만 달리 입힌 것이다. 울보는 절제를 아는 희생자의 용인될 수 없는 유형이다. 허접한 패배자는 성내는 쌍년의 용인될 수 있는 유형이다. 언뜻 볼 때 이 둘은 우리가 여성의 분노에 대해 가지는 상충하는 생각(영웅적이거나, 걷잡을 수 없이 파괴적이거나)과 우리가 피해자성에 대해 갖는 애증의 관계(상처받은 피해자를 사랑하면서도, 상처를 너무 자주 받으면 짜증스럽다)를 담고 있는 정반대의 이야기처럼 보인다. 그러나 두 가지 이야기 모두 똑같은 분리를 주장한다. 여성은 상처받은 동시에 상처를 줄 수 없다는 것, 여성은 분노한 동시에 슬퍼할 수 없다는 것이다. 모든 여성의 신체에 이 두 가지 감정이 함께 깃들어 있음을 인정하기보다는 두 감정을 각각 다른 여성의 신체에 위탁하는 것이 쉽다.

10년 전 니카라과의 어두운 거리에서 웬 남자가 내 얼굴을 주먹으로 때렸다. 내가 포석에 걸터앉아 피를 흘리며 부러진 코에 차가운 맥주병을 대고 있자니, 경찰관이 다가와 폭행범의 인상착의를 물었다. 그로부터 20분 뒤 경찰차가 도착했다. 짐칸이 철창으로 된 픽업트럭이었다. 철창 안에 한 남자가 들어 있었다.

"이 사람입니까?" 경찰관이 물었다. 나는 내가 가진 힘을 뼈저리게 깨닫고는 겁에 질려 고개를 저었다. 그 순간, 그저 다쳤다는 말 한마디가 어느 낯선 이의 자유를 박탈할 수 있음을 깨달았던 것이다. 나는 백인 여성이자 지역 학교에 봉사활동을 하러 온 외국인이었다. 그리고 나는 나 자신의 익숙한 실루엣이 수치스럽게 느껴졌다. 어둠 속에 도사린 익명의 남성들이 두려워 위험에 처했다고 울부짖는 나약한 백인 여성의 모습 말이다. 나는 겁이 났고, 내가 겁낸다는 사실이 부끄러웠다. 다들 유난을 떠는 것 같아 당혹스러웠다. 그때 내가 느끼지 않았던 단 한 가지 감정은 분노였다.

그날 밤 나는 죄책감, 그러니까 보호할 가치가 있는 사람으로 여겨진다는, 그리고 보호받음으로써 타인을 위험에 처하게 할 수 있다는 수치심에 휩싸여 내 분노를 인지하지 못했다. 마치 내 취약함보다 특권이 더 큰 것만 같았고, 그렇기에 분노할 자격이 없는 것만 같았다. 그러나 니카라과에서의 그날 밤 이후로 내가 가진 진정한 특권은 분노할 권리가 아니라 분노를 느끼지 못할 권리임을 나는 깨닫게 되었다. 흑인 페미니스트 작가이자 활동가 오드리 로드는 자신의 분노가 체계적으로 이루어지는 인종차별에 대한 일생 동안의 반응이라고 주장하면서, 분노는 개인적인 감정의 생태학이 아니라 보다 폭넓은 사회적 지형의 산물이라고 했다. "나는 이 분노와 함께, 분노 위에, 분노 아래, 분노 꼭대기에서 살아왔다…… 거의 평생에 가까운 시간 동안."

우마 서먼의 영상이 입소문을 탄 뒤 트리니다드 출신 언론인 스테이시마리 이슈미얼은 트위터에 이렇게 썼다. "공적인 분노를 표출할 때 각광 받는 여성이 어떤 유형인지가 *흥미롭군*. 나는 기자로 일하는 내내 사람들에게 내가 화난 것이 아니라 원래 이런 표정이라고 안심시키며 살아왔는데." 미셸 오바마는 남편의 임기 내내 '분노한 흑인 여성'이라는 꼬리표에 시달렸다. 과학계의 연구에 따르면 아프리카계 미국인은 인종차별의 경험으로 인해 백인 미국인보다 혈압이 높은데, 이는 아프리카계 미국인의 경우

더 많은 분노를 경험하고 동시에 이를 억누르라는 기대에 시달리기 때문이라는 가설을 내놓았다. 2018년 US오픈 테니스대회 결승전에서 테니스계의 슈퍼스타 세리나 윌리엄스는 다른 선수들에게 불편을 야기하지 않을 정도의 분노 표출로 인해 경고를 받고 벌금을 물게 되었다.(심판을 "도둑놈"이라고 불렀던 것이다.) 그러나 법학 교수 트리나 존스가 표현한 대로, "흑인 여성들은 반발해서는 안 되며 반발했을 시에는 횡포를 부리는 것으로 간주된다. 공격적이라고, 위협적이라고." 윌리엄스에게 이는 더 큰 패턴의 일부이다. 2009년 윌리엄스는 선심에게 화를 냈다가 벌금 8만 달러를 선고받았다. 2011년 윌리엄스가 또 한 번 분노를 터뜨리자 당시 폭스 방송사의 뉴스 진행자였던 그레첸 칼슨은 이를 "오늘날 사회에서 무엇이 잘못되었는지"를 보여 주는 표상이라고 표현했다. 물론 칼슨 역시도 이후 특정 영역에서 '여성 역량 강화'의 상징적인 존재가 되었다. 폭스 뉴스의 전 회장 로저 에일스의 성추행을 앞장서서 고발한 이들 중 하나인 칼슨은 최근 『맹렬해져라─성추행을 막고 힘을 되찾아라』라는 책을 출간했다. 그러나 책 표지에 등장하는, 검은 터틀넥 차림으로 은은한 미소를 짓는 흰 피부의 금발 여성을 보고 있으면, 특정 여성들의 맹렬함이 다른 여성들의 그것보다 세상 사람들의 구미에 더욱 맞는다는 생각이 든다.

그런데 분노의 쓸모란 과연 무엇일까? 철학자 마사

누스바움은 분노란 "중대한 피해에 대한 반응"으로 "응징에 대한 희망을 내포하고 있는 것"이라는 아리스토텔레스의 정의를 가져와, 분노가 "한 사람의 인생을 운용하는 어리석은 방식"에 불과한 것이 아니라 응징을 통해 이를 유발한 가해 행위를 바로잡을 수 있으리라는 잘못된 믿음에 근거해 좀먹어 가는 해로운 공적 힘이기도 하다고 주장했다. 누스바움은 여성이 자신의 화낼 권리를 '평등 지지'이자 한층 큰 역량 강화 기획의 일부로 받아들여 왔음을 지적하면서도, 분노가 평등의 척도로서 갖는 가능성 때문에 그 위험성을 보지 못해서는 안 된다고 주장했다. 그렇다면 여성의 분노가 상승세를 타는 지금 우리는 분노의 가치를 너무나 당연하게 받아들이고 있는 것일까? 만약 우리가 분노할 수 있고 그 값을 치를 수도 있는 공간을 만들어 낸다면 어떨까?

오드리 로드는 1981년의 역작 「분노의 활용」*이라는 에세이에서 누스바움과는 다른 방식으로 분노의 중요성을 역설한다. 로드에 따르면 분노의 가치는 응징이 아니라 연결과 생존에서 생긴다. 분노는 유해한 체계가 낳은 부산물이 아니라 유용한 불편과 한층 명확한 대화를 이끌어 내는 촉매제라는 것이다. 오드리 로드는 이렇게 썼다. "나는

---

*   국내에 번역된 오드리 로드의 에세이집 『시스터 아웃사이더』(주해연·박미선 옮김, 후마니타스, 2018)에서 찾아볼 수 있다.

분노로 가득한 늑대의 입술을 빨았다. 그리고 그 분노를 어떠한 빛도, 식량도, 자매도, 잘 곳도 없는 장소들에 빛과 웃음과 보호와 불기를 가져가는 데 썼다." 분노는 모든 것을 활활 태워 버리는 불꽃에 불과한 것이 아니다. 분노는 빛을 내고 열을 발생시키고 사람들을 교감하게 한다. "모든 여성에게는 언젠가 이러한 억압에 유용하게 맞설 수 있도록 잘 갖추어진 분노의 무기고가 있다."

나는 분노에 대한 나 자신의 혐오에 맞설 수 있도록 분노가 단순한 감정이 아니라 쓸모 있는 연장이자 잘 갖추어진 무기고의 일부임을 이해하기로 했다. 워싱턴에서 열린 '여성행진'에 내가 수천 명의 여성 중 하나로서 참가했을 때, 행진은 그저 내 목소리에 권리가 있음을 주장하는 행위가 아니었다. 행진은 그 권리를 사용하겠다는 공공연한 선언이었다. 나는 이제 분노 자체도 이와 비슷하게 생각한다. 분노란 희생자임을 주장하는 것이 아니라, 내게 책임이 있음을 선언하는 것이라고 말이다. 임신 8개월의 몸으로 이 글을 쓰는 지금, 나는 곧 태어날 내 딸이 화내지 않는 사람이 되기를 바라지 않는다. 나는 내 딸이 분노와 슬픔이 공존할 수 있다는 것, 그리고 종종 천적 관계로 취급받는 분노와 책임이 공존할 수 있다는 것을 인정하는 세상에서 살아가기를 바란다.

시인 키키 페트로시노는 2011년 발표한 「찻집에서」라는 시에서 이렇게 썼다. "나는 거대한 잠옷을 입고 허파 속에/불타는 국화를 가득 채운 채로/침대에서 끓어올랐다." 이 시는 분노를 연료이자 불, 수동성에 맞서는 강력한 예방접종으로, 늑대에게서 빨아들인 이상하지만 성스러운 젖으로 바라본다. 분노는 상처보다는 가려움을 닮았다. 분노는 무슨 일이 일어나기를 요구한다. 종이 위의 통계 수치가 되어 버린 학생들의 목소리를 향해 침묵하라고, 단정한 행과 열 속으로 물러서라고 하던 그 교수 회의에서 내가 느낀 것은 분노였다. 분노는 자격의 문제가 아니라 마땅함의 문제다. 분노는 침대에 누워 있던 우리를 끓어오르게 만들고 우리의 잠옷을 부풀게 만드는 것이며, 우리의 목소리 속에서 환하고 두렵게, 그 자신의 뜨거움을 완전히 인지한 채로 타올라야 하는 것이다.

레슬리 제이미슨(Leslie Jamison)은 《뉴욕 타임스 매거진》의 외부 필진이며, 컬럼비아 대학교 대학원에서 논픽션 쓰기를 가르치고 있다. 작품으로 자전적 에세이 『고함쳐라, 불태워라』(Make It Scream, Make It Burn, 2019), 《뉴욕 타임스》 베스트셀러인 『회복』(The Recovering, 2018), 『공감 연습』(The Empathy Exams, 2014, 한국어판은 오숙은 옮김, 문학과지성사, 2019), 그리고 장편소설 『진 벽장』(The Gin Closet, 2010)이 있다.
이 글은 《뉴욕 타임스 매거진》에 「나는 내가 화가 나지 않는다고 주장하곤 했다. 더는 그렇지 않다.」라는 제목으로 실렸던 것이다.

흑인 여성에게 허락된
한 가지 감정

The One Emotion Black Women
Are Free to Explore

서구 문화에서 분노는 빨간색이다. '빨간색이 보인다'[to see red]라는 표현은 극도로 분노했다는 뜻이다. 하지만 빨간색은 열정과 사랑을 연상시키는 색이기도 하다. 첫 데이트를 위해 빨간 립스틱을 바르는 여성. 하얀 종이에 빨간 하트를 그려서 엄마에게 주는 아이. 빨간색은 다양한 쓰임이 허용된다. 초경의 핏빛. 애리조나의 석양빛. 속담에도 등장하는 붉은 깃발.* 그리고 분노 역시도 다양한 정도로 허용된다. 그러나 흑인 여성의 경우에는 그렇지 않다는 것을

---

* (like) a red rag to a bull / like waving a red flag in front of a bull. (소에게 붉은 천이나 깃발을 보이는 것처럼) 누군가를 매우 격분시키거나 폭력적으로 만드는 상황을 가리킨다.

나는 알게 되었다. 우리의 감정은 허용되지 않는다. 흑인 여성의 분노는 어떤 상황에서든 감정이 아니라 하위 감정의 하위 부류인 **태도** attitude로 여겨지며, 이는 엷은 오렌지색이다. 이 엷은 오렌지색은 우리를 골치 아픈 사람, 같이 있으면 불편한 사람, 따라서 무시하기 쉬운 사람이라고 색칠해 버린다.

흑인 미국인 아들을 가진 부모가 바랄 수 있는 것이라곤 국가의 허가 아래 경찰이 저지르는 살인 혹은 비슷한 수준의 폭력과 타락으로부터 아들이 목숨을 건지는 것뿐인데, 흑인 남성의 정당한 분노는 죽음의 가능성이라는 색을 띠고 있기 때문이다. 흑인 딸들 역시도 무언가를 배운다. 우리가 미국에서 흑인이자 여성으로 살아간다는 이유로 벌을 받는다는 사실이다. 흑인 여성의 분노는 자신을 위험하게 만들지 않는다. 아니, 분노는 흑인 여성들을 다른 색으로 칠한다.

5학년 때 나는 키가 멀쑥하니 큰 여자아이 중 하나였다. 학교 안마당에 서서 수업 종이 울리기를 기다리는데, 코리가 소매를 끌어내려 덮은 손등으로 내 코를 후려쳤다. 코리는 우리 학년에서 키가 가장 작은 아이 중 하나였다. 코를 얻어맞은 나는 본능적으로 내가 당한 대로 똑같이 팔을 휘둘러 그 아이의 얼굴을 갈겼다. 1990년대 후반에 흔히 입던 풍덩한 재킷 차림의 우리 둘은 어느새 서로를 향해 두 팔을 풍차처럼 휘두르고 있었다. 아이들이 몰려들어 우리 주변을 둥글게 에워쌌다. 정신을 차렸을 땐 반성실에 와 있었다. 다친 데는 없었고 처음에 얻어맞은 코가 욱신거리는 게 다였다. 교실 반대편에 앉아 있던 코리 역시 나와 마찬가지로 크게 다친 데는 없어 보였고, 지루해하는 것 같았다. 반면 나는 신이 났다. 반성실에 온 것이 처음이었기 때문이다. 반성실은 선생님이 노발대발할 정도로 나쁜 짓을 저지른 아이들이나 끌려오는 곳이었다.

엄마가 일터에서 연락을 받고 부랴부랴 학교로 찾아왔다. 아주 어렸는데도 나는 엄마가 공적인 장소에서는 말투를 바꾸고 가면을 쓴다는 것을 알고 있었다. 바깥세상을 돌아다닐 때 엄마는 호감 가는 무표정이라는 거짓 태도를 취했지만 우리끼리만 있을 때는 달랐다. 내 눈에 엄마는 어지간한 허튼 수작에는 속지 않는 예리하고 빈틈없는 여성이었다. 엄마가 나 때문에 학교에 온 날, 나는 처음으로 엄마가 집 밖에서 목소리를 높이는 걸 들었다. "정학이라고요?!" 엄마가 외쳤고, 나는 당황했다. 엄마 말로는, 먼저 싸움을 시작한 내가 코리에게 사과하지 않는다면 학교 측에서 그날 하루 나를 정학시키겠다고 했단다. 하지만 이해할 수 없었다. 나는 먼저 싸움을 시작하지도 않았고 심지어 끝난 다음에야 이게 싸움이었다는 것을 알았다. 어째서 하지도 않은 일에 대해 사과해야 하지?

엄마는 선생님들께 내가 여태 한 번도 이런 사고를 친 적이 없다고, 내가 모범생이라고 열심히 설명했다. 하지만 선생님들은 나를 처벌하지 않으면 잘못된 메시지를 전달하는 셈이 된다며 요지부동이었다. 그 안에 담긴 진짜 이유는 흑인 학생들이 더 폭력적으로 보인다는 것이었을 테다. 엄마는 등을 꼿꼿이 세웠다. 결국 나는 그날 하루 정학을 당해 집으로 돌려보내졌다. 엄마는 내가 하지 않은 일에 대해 사과하라고 하지 않았다. 또, 나 때문에 일터에서 조퇴한 데다 내가 정학까지 당했는데도 엄마는 나를 아이홉*에 데려가 주었다.

나는 그것이 우리 나름의 저항이었음을 알 수 있었다. 우리 둘만 있게 되자 엄마는 새빨간 분노를 드러냈고 팬케이크를 자르는 내내 교직원들을 향해 중얼중얼 욕설을 내뱉었다. 그리고 그 안에 담긴 엄마의 슬픔을 나 역시 느낄 수 있었다. 엄마는 내가 더 나쁜 일을 피하기 위해 나의 가치를 깎아내리길 바라지 않았지만, 그것이 우리의 현실이었다. 매번 내 분노가 나를 바라보는 타인의 편견을 키울 때마다 엄마가 찾아와 아이홉에 데려가 줄 수는 없었을 것이다.

세월이 흐른 뒤 번듯한 마케팅 직종에 종사하게 된 나는 입술을 깨무는 대신 아침마다 설탕 옷 입힌 도넛 하나를 깨물었다. 백설탕을 넣은 모닝커피 두 잔을 연달아

---

* 팬케이크, 와플, 오믈렛 등을 파는 미국의 식당 체인점.

들이켜 입안에 막을 씌우면서, 나도 엄마처럼 무슨 수를 써서라도 설탕을 들이부은 것 같은 거짓 말투를 꾸며 낼 수 있기를 바랐다. 일자리를 소개시켜 준 것은 친하게 지내던 백인 여자 친구였다. 출근 첫날 작지만 호사스러운 사무실에서 대부분이 백인인 직원들에게 자기소개를 하며, 나는 이 자리를 얻은 게 내가 갖춘 자격 때문도, 면접을 잘 봐서도 아니고 그 친구가 나를 추천해 주어서라는 사실을 알 수 있었다. 친구가 내 보증인이 되어 준 셈이었다. 대놓고 그렇게 말한 사람은 없지만, 나는 그들이 내게 기회를 준 것, 그들 사이에 끼워 준 것을 고마워해야 하는 입장이었다.

고작 2주 만에 나는 이 직장에서는 흠잡을 데 없는 완벽성을 기대한다는 것, 그런데 그 기대를 줄곧 충족시키는 건 불가능하다는 것을 알게 되었다. 죽도록 노력해서 프로젝트 하나를 성사시켜 봐야 다음 프로젝트에서는 실수를 했고, 그 실수는 결코 용납되지 않았다. 한번은 내 사수와 그 상사가 나를 회의실에 불러 앉혔다. 블라인드가 걷혀 있어 사람들이 휴게실 가는 길에 다 들여다볼 수 있을 정도였다. 그들은 양손을 깍지 낀 채로 이 회사에 계속 다니고 싶다면 더 열심히 일해야 한다고, 다른 사람들은 더 열심히 한다고 말했다. 다들 노트북을 집까지 끌고 갔다가 다시 들고 오고, 점심시간에는 플라스틱 포크로 인스턴트 누들을 먹고 얼른 자리로 돌아온다고 말이다.

몇 주 뒤 나는 건강하지 못한 업무 문화를 문제 삼은 대가로 한 달간 정직 처분을 받았다. 마음을 정리할 시간을 주겠다는 핑계였다. 처음에 나는 내가 문제라고 생각했다. 내게 전달되는 메시지를 내면화했던 것이다. ***다른 사람들은 전부 유능해. 다른 사람들은 일을 제대로 해내고 있어.*** 하지만 이는 사실이 아니었다. 고군분투하는 건 우리 모두 마찬가지였다. 그럼에도 나는 지금 느끼는 분노를 잠시 한쪽으로 밀어 두어야 한다고 스스로에게 말했다. 나한텐 이 직장이 필요하니까. 내가 이방인이라는 그들의 메시지를 나는 꾹 참아 냈다. 사무 경력이 길고 관리자 경험까지 있는데도 나는 내가 아무것도 모르는 게 아닌가 하는 생각을 했다.

그렇게 나는 모니터 앞에 앉아 있는 내내 단 음식과 단 음료를 닥치는 대로 먹으면서, 다리가 욱신거리고 눈이 흐릿해지는 것을 무시했다. 그러다 어느 날부터인가 아무리 눈을 깜박여도 눈앞이 선명해지지 않았다. 일은 자꾸만 쌓여 가고 발표는 오류투성이가 되었다. 그렇게 또 한 번 회의실로 불려 갔다. 그리고 이번에는 해고를 당했다. 그러고 나니 눈이 다시 멀쩡해졌다. 나는 그게 심신증이었다는 것을 알고 있다. 내가 삼킨 그 많은 설탕, 그 많은 분노가 신체에 경고 신호를 보냈던 것이다. 내 눈이 흐려진 건 내가 나 자신을 보지 못하고 있어서였다. 나는 내가 일터에 가치와 전문성을 가져왔다는 사실을 보지 못하고 있었다. 오래전 엄마가 했던 것 같은 저항을 해낼 기회를 놓쳤던 것이다.

그럼에도 나는 내가 분노를 전적으로 표출하거나 스스로를 변호하지 못하고 머뭇거린 덕분에 목숨을 구한 적도 여러 번 있었음을 안다. 한 남자가 자고 있는 내 몸속에 자기 성기를 집어넣었던 그 밤에도 그랬다. 나는 잠에서 깨어 그를 쳐다보았다. 그의 둥그런 얼굴은 차분하게 내 반응을 기다리고 있었다. 미동조차 없는, 영원히 지속될 것 같은 순간이 이어졌다. 우리는 술집에서 만나 택시를 함께 타고 그의 집으로 왔다. 그다음에는 노닥거리다가 그가 곯아떨어졌는데, 안타깝게도 그것은 착각이었다. 술집에 있을 때부터 남자에게 "당신과 섹스하지 않을 거야"라고 계속 말했는데, 그것은 플러팅이기도 했지만 선언이기도 했다. 그의 몸이 내 몸을 짓누를 때 대리석 바닥에 붉은 와인이 쏟아지듯 내 안에 분노가 퍼졌다. 그러나 나는 분노를 드러내지 않았다. 자아를 훼손하는 그와 같은 폭력 앞에서 분노가 치미는 것은 당연하지만, 이 당연한 분노가 용인될 수 없는 감정임을 나는 평생에 걸쳐 배워 왔기 때문이었다.

여성으로 산다는 것은 내가 두 겹의 위험에 처해 있음을 가르쳐 주었다. 나는 자유의지로 그의 집에 갔고 스스로 옷을 벗었으며 그는 자신의 행위를 정당화하는 데 이 사실을 이용했다. 내 덩치가 작은 편이 아님에도 나보다

10킬로그램은 더 나갔던 그는 나를 침대에 거세게 짓누르며 압도할 수 있었다. 술기운이 가시지 않았음에도 나는 내 안에서 솟구치는 감정을 억누르는 것이 좋다는 걸 알았다. 이때 분노를 표출하면 폭력적인 반응을 유발할지도 몰랐다. 눈이 마주치면, 나는 그를 탓하지 않는 것처럼 보일 만한 표정이 무엇일지 계산했다. 그를 더 이상 부추기지 않으면서 내가 위험해지지도 않는 표정은 대체 어떤 표정이었을까? 많은 여성들이 이런 줄타기 곡예에 익숙하다. 오늘날까지도 나는 그의 침범, 내 다리 사이를 원치 않게 파고들던 힘과 그때의 공포가 야기한 분노를 완전하게 느낄 수 없는데, 만약 내가 누군가에게 화를 낸다면 그 대상은 그 집에 간 나 자신이어야 한다는 생각 때문이었다. 물론 그건 사실이 아니라는 걸 안다. 내가 그의 행동을 유발한 게 아니라는 것을 안다. 내가 내 욕망을 분명하게 밝혔다는 것 역시 안다. 나는 안다. 나도 안다.

백인들은 흑인 여성들에게 정체성을 분리하라고 요구한다. 흑인인 것과 여성인 것 중 어느 하나가 더 중요하고 덜 중요하기라도 한 것처럼 둘 중 하나를 선택하라는 것이다. 그러나 한 남자가 내 신체에 해를 가했을 때는 우리 둘 다 흑인이라는 사실은 중요하지 않았다. 또, 마케팅 직종에서 일할 때 내가 이방인이 된 건 내가 흑인이라는 것과 여성이라는 것, 두 가지가 결합된 결과였다. 두 정체성이 두 개의 다른 그릇에 담겨 있다고 믿는 건 어리석은 일이다. 나는 여성인 동시에 흑인으로 존재한다. 세상은 나를 여성인 동시에 흑인으로 바라보고 그렇게 대한다.

어느 추운 겨울날, 텅 빈 고속도로를 달리던 내 차를 경찰관이 세우더니 나더러 차에서 내리라고 명령했다. 경찰견이 내 죄의 증거를 후각으로 알아차리기라도 했단 말인가? 그렇지 않고서야 새벽 네 시 오클라호마의 텅텅 빈 고속도로를 혼자 달리고 있는 여성더러, 겨우 규정 속도에서 시속 8킬로미터를 초과했다며 내리라고 명령할 이유가 뭐가 있겠는가? 그렇지 않고서야 도대체 어째서 그가 나를 자기 SUV의 조수석에, 철창 사이로 저먼 셰퍼드가 낑낑거리며 뿜어내는 뜨거운 콧김이 내 뒷목에 와닿는 그 자리에 태웠겠는가? 어쩌면 내가 차창을 내렸을 때 그는 흑인 여성으로 존재한다는 내 진정한 죄의 냄새를 경찰견이 맡지 못했다는 사실에 놀라, 개에게 본능을 확인시킬 수밖에 없었는지도 모르겠다. 내가 과속 말고 아무 죄도 저지르지 않았을 리가 없을 테니까.

경찰관 옆자리에 앉아서, 경찰관이 내 면허증과 등록번호를 확인하고 내가 공용 도로에서 내 소유의 차를 몰고 달린 이유가 무엇인지를 묻는 내내 그의 벗어져 가는 머리카락 속으로 드러난 허연 정수리를 쳐다보고 있던 나는 도저히 분노를 느낄 수 없었다. 바깥의 하늘은 아직 컴컴했다. 1월 말이었고, 해가 뜨려면 아직 한 시간은 더 있어야 했다. 엄마가 선생님들을 향해 내가 하지 않은 일에 대해 사과하는 일은 없을 거라고 차분하게 설명하는 모습을 보았던 그때부터, 나는 이런 순간을 위해 평생 동안 훈련해 왔다. 나는 예의 바르게 굴어야 한다는 것을, 심지어 경의를 표해야 한다는 것을 안다. 나는 또 한 번 얼굴을 바꾼다, 이번에는 무해한 표정으로. 오래전 백인 남자친구가 경찰차 창문에 두 팔을 걸치고 내 성격을 '보증'해 주면서 오로지 말 몇 마디로 나를 더 무서운 상황에서 빼내 주었던 것이 기억난다. 이날 그런 도움은 없었다. 나의 분개는 아무리 타당해 봐야 분개로 보이지 않을 것이다. 그저 **태도**로 보일 것이다. 그리고 **태도**는 위협으로 보일 수 있음을 나는 안다. 경찰들이 보디캠을 착용하기 전이었다. 경찰관의 말은 나의 진술과 상충할 게 분명했다. 나의 분노는 마구 흔들어 놓은 탄산음료 캔처럼 내 안에 가만히 놓여 있다가 몇 시간 뒤, 푸르디푸른 애팔래치아산맥을 타고 수백 킬로미터를 더 나아간 뒤에야 폭발하듯 쏟아져 나왔고, 나는 또 한 번 차를 세워야 했다.

경찰관이 어째서 이런 이른 아침에 오클라호마시티 외곽을 달리고 있느냐고 물었을 때, 나는 "알 바 아니잖아요"라고 대답하고 싶었지만 그러지 않았다. 그렇다고 진실을 말하지도 않았다. 내가 가진 것들을 검은 고양이 한 마리까지 몽땅 차에 싣고 남자친구, 내가 사랑했던 남자를 막 떠나온 참이었다는 사실을 말이다. 그리고 떠나는 동안에도, 심지어 경찰관 옆에 앉아 있던 그 순간에도, 나는 후회에 사로잡혀 있으면서도 결코 돌아가지 않으리라 굳게 마음먹은 상태였다. 그래서 나는 이렇게 대답했다. "어머니랑 같이 살러 가는 중이에요." 전날 엄마에게 전화했을 때 엄마는 왜 돌아오느냐고 묻지 않았다. 이유는 중요하지 않았다. 그저 내가 애리조나에서 노스캐롤라이나까지 안전하게 오기만을 바라셨다.

나는 경찰관이 연민을 보일 거라고 기대하지 않았고, 연민은 전혀 없었다. 이제 와서 똑같은 상황이 벌어지면 어떻게 할지 잘 모르겠다. 차에서 내리기를 거부할 수 있을지, 경찰에게 안전하지 않다는 느낌이 든다고 말할 수 있을지, 그의 배지 번호를 물어볼 수 있을지 모르겠다. 과거를 돌아보며, 저항할 수 있었지만 놓쳐 버린 기회를 알아차리기는 쉽다.

그날 아침, 경찰견이 약물을 탐지하려 내 머리카락을 킁킁거리고 경찰관은 과속 딱지를 끊는 동안 경찰차에 앉아 있던 나는 살아남았고, 이제 와서 중요한 것은 그게 다다. 내가 그 직장에서, 나를 강간한 남자로부터, 내 감정보다 공포가 우선하던 다른 모든 순간들에서 살아남았듯 말이다. 왜냐하면, 오랜 시간이 지나서야 깨달았지만, 그것이 문제였기 때문이다. 내가 언제나 분노를 무시하거나 간과했던 것은, 분노 대신 분노를 표출함으로서 잃을 수 있는 것에 대한 공포가 그 자리를 차지했기 때문이다. 그것은 긍지일 수도, 안전일 수도, 목숨일 수도 있다.

　마침내 나는 이해했다. 공포야말로 흑인 여성에게 허락된 단 하나의 감정이라는 사실을.

모네 파트리스 토머스(Monet Patrice Thomas)는 노스캐롤라이나 출신의 시인이자 작가다. 워싱턴주 스포캔에 있는 이스턴워싱턴 대학교 인랜드 노스웨스트 창작 센터에서 예술학 석사 학위를 받았다. 《럼퍼스》(The Rumpus)의 인터뷰 기자로 활약하고 있으며, 단편소설 「소금 반지」(Ring of Salt)는 객원 편집자 에이미 벤더의 추천으로 『2018년 최고의 짧은 소설』(The Best Small Fiction 2018)에 수록되었다.

내 몸은 분노라는 이름의 병

My Body Is a
Sickness Called Anger

내 몸이 처음으로 자기 자신을 향해 분노한 것은 2009년
이다. 갓 대학을 졸업한 나는 두개골 안에서 폭발이 일어
나는 것 같은 아픔에 잠에서 깬다. 오, 세상에. 아픔의 근
원은 눈이라는 사실을 나는 알아차린다. 내가 살던 조그만
원룸 아파트의 창문 두 개는 강렬한 새하얀 빛을 방 안으
로 쏘아 보내는 적군이 된다. 빛은 단도 같다. 눈을 뜰 수
없고, 생각도 할 수 없고, 말 그대로 비명을 지르는 것 외
에는 아무것도 할 수 없다.

그래서 나는 욕실에 몸을 숨긴다. 욕실 안은 어둡고
서늘하며 나 혼자이지만, 방 안의 빛이 문 아래로 스미는
것만으로도 나는 공황 상태에 빠진다. 나는 욕조로 들어가

샤워 커튼으로 빛을 가린다. 고통 속에서 숨을 들이쉬고 내쉬려 애쓰지만, 내가 느끼는 건 단순한 고통이 아니라 두개골을 으스러뜨리는 고문이다.

결국 뱀파이어가 되고 만 것인가? 나는 혼자 농담해 본다. 그런 거야? 뱀파이어와 섹슈얼리티를 주제로 학사 논문을 쓴 사람한테는 선물이리라. 하지만 이렇게? 지금 느끼는 고통은 인간에서 불멸의 존재로 내 몸이 변하는 고통이 아니라 눈구멍에 네이팜탄이 박힌 것 같은 고통이다.

은행 잔고는 76달러 남짓이다. 병원에 가거나 응급실을 찾으려면 나에게는 있을 리 없는 돈이 필요하다. 부모에게 지원받을 수도 없고, 학교 보험도 만료되었다. 우버나 리프트가 생기기 전이라 저렴한 가격으로 빠르게 이동할 방법이 없다. 결국 비싼 옐로캡 택시(25달러)를 타고 몇 달 전 콘택트렌즈를 처방해 준 의사를 찾아간다. 검은 스웨터로 머리를 감싸고 뒷좌석에 파묻힌다. 심장이 쿵쿵 뛰고 있다.

창문 없는 회색 검사실로 고꾸라지듯 들어가 울음을 터뜨리자 의사가 나를 무료로 진찰해 준다. 내 눈은 시뻘겋게 부풀어 오른 두 개의 풍선 같다. 한쪽이 다른 쪽보다 더 심하게 부었다. 어딘가에 눈동자가 있고, 어딘가에 흰자가 있었겠지. 그리고 어딘가에는 예전의 나 자신도 있었으리라.

"접촉성 염증이네요, 아가씨. 별거 아니에요." 의사는 나에게 스테로이드성 안약을 처방해 주고, 안약은 즉각 효과를 드러낸다.(하지만 완전히 낫게 해 주지는 못한다.) "며칠 간 렌즈를 끼지 마세요."

의자에 앉은 나는 프라다 안경테를 쓴 침울하고 깡마른 모델들 사진이 나붙은 조잡한 병원의 다정한 의사를 올려다보며 그저 고개를 저을 뿐이다. 접촉성 염증일 리 없다. 그렇다고 하기에는 욱신거리는 아픔이 너무 심하고, 빛이 너무 고통스럽다. 본능이 나를 앞질러 간다. 나는 나의 등대가 된다. 그때의 나는 아직 몰랐지만, 이 순간이 내가 만성 질환을 앓는, 따라서 만성적인 침묵에 시달리는 사람들의 세계에 발을 들인 순간이다. 의학 학위를 지닌 사람 앞에서 내 직관은 지워져 버리는 기분을 처음 맛본 순간이다. 내 몸 때문에, 내 몸을 대강 보고 지나쳐 버리는 다른 사람들의 시선 때문에 분노하기 시작한 순간이다.

콘택트렌즈를 더 이상 끼지 않는데도 눈이 터져 버릴 것 같은 순간들은 자꾸만 찾아온다. 2010년 가을, 나는 엄청난 빚과 장학금에 의지해 대학원을 다니기 시작한다. 문예창작 석사 학위를 받으리라는 흥분감은 할로겐 조명을 밝힌 강의실을 떠올리자 흐릿해지고 만다. 그놈의 빛!

이제 나는 빛과 더 이상 친하지 않다. 나는 야행성으로 변해 버린다. 고스족 여성 시인으로서의 자아와 딱 어울릴지는 몰라도, 나는 글자 그대로 야행성이 되고 싶은 마음은 추호도 없었다. 글자 그대로의 어둠은 예술적 어둠과는 다르다. 어둠 속을 살아가는 생물들은 눈이 멀어 버린다. 시력이 필요 없기 때문이다. 이런 식으로 어둠 속을 살아가는 법을 배울 생각은 추호도 없었다.

어째서 내 눈이 나에게 이런 고통을 주는지 알아내려 구글을 온통 뒤진다. 딱 맞아떨어지는 원인은 찾을 수 없었고('세상에, 나 뇌종양으로 죽어 가나 봐' 하는 생각을 자꾸 하게 된다) 자가면역질환의 증상들과도 비슷하지만, 나에겐 그런 병이 없다.

마침내 나는 안구 질환을 전문으로 다루는 안과의를 찾아간다. 진료실에 들어가면서 빌어먹을 두개골 안에서 오른쪽 눈이 폭발해 버릴 것 같은 아픔 때문에 흐느끼고, 불면과 공포로 덜덜 떤다.

의사는 혈액검사를 지시했는데 "더 중대한 전신성 문제가 없다면 일어날 이유가 없는" 증상이어서 그렇다고 한다. "전 25살이에요, 정상이고요." 나는 자꾸만 그렇게 중얼거린다. "전 정상이라고요."

혈액검사로는 나오는 것이 없었지만 나는 사르코이드증과 림프종 검사를 받고 가족력에 대한 문진도 받는다. 대장염이나 크론병을 앓는 사람이 있습니까? 신경 질환은요?

"아니오." 나는 대답한다. **아니오, 아니오, 아니오.** 그런데도 의사들은 또다시 콘택트렌즈를 끼지 말라고 한다. "염증이 느껴지는 즉시 이 안약을 넣으세요." 안약이 백내

장을 유발할 수 있지만, 치료법은 그것뿐이라는 얘기다.

그게 다야? 나는 생각한다. 이게 답이라고? 내가 내 몸에 대해 옳았다고, 이게 히스테리도, 거짓말도, 과장도 아니라고 의사를 설득하려면 더 심한 증상이 나타날 때까지 기다려야 한다는 소리야? 눈 상태를 더 나쁘게 만드는 안약을 넣어야 하는 수수께끼 같은 병에 걸렸다는 소리인가? 그리고 앞으로는 매일같이 아파하고, 고통이 재발하면 수업에도 갈 수 없고, 집 안에서도 선글라스를 끼고 지내는 게 일상이 된단 소리인가?

받아들일 수 없다.

나는 병과 관련된 학위 논문을 쓰기 시작한다. 아직은 자각하지 못한 상태이지만, 나는 그런 종류의 여자가 되었다. 자기가 느끼는 느낌을 자꾸만 변명하는 여자. 수업 시간에 자기 눈에 관련된 시를 써 가서 고개를 푹 수그리고 있는 여자.

나는 에밀리 디킨슨도 안구 염증에 시달렸을지 모른다는 사실을 알게 된다. 그리고 죽은 천재 여성 작가가 나와 같은 고통을 겪었다는 사실에서 약간의 위안을 얻고, 이에 대한 글을 쓴다. 그러다 보니, 에밀리 디킨슨은 자기 집을 떠나지 않았다는 사실이 떠오른다. 어쩌면 그가 슬픔에 잠긴 은둔자여서 그랬던 게 아니었는지도 모른다. 그냥 너무 아파서 그랬을지도 모르겠다. 어쩌면 우리는 에밀리를 이해하지도 못한 채로 그를 미친 사람이라고 부르는지도 모르겠다. 에밀리 디킨슨 박물관의 설명에 따르면, "실명할지 모른다는 생각으로 두려워했던 디킨슨에게 이 질병의 지속은 단순히 육체적인 고통만을 준 것이 아니다. 의사는 책을 읽지 말고 어둑어둑한 조명 속에 갇혀 있으라는 처방을 내렸다. 디킨슨은 이 시기를 '감옥,' '시베리아에서 보낸 8개월'이라고 표현했다."

대학원에 내 눈의 아픔을 털어놓을 수 있는 상대는 아무도 없다. 이 수수께끼 같은 만성적 증상을 가진 사람을 나 말고는 아무도 모르기에, 외롭다. 그래도 내겐 에밀리가 있다.

안종양을 앓는 이모가 필라델피아에 있는 윌스 아이 센터에 가 보라고 추천한다. 전문의들이 있는 대형병원이다. 의사에게 그곳에 가 보겠다고 하자 그는 나를 비웃는다. "전문의까지 필요하지는 않을 텐데요."

"전 해답이 필요해요." 내가 말한다.

"안구 손상으로 유발된 홍채염이라니까요. 콘택트렌즈를 착용할 때 손가락에 너무 힘을 줘서 안구를 누른 탓일 겁니다." 의사가 진짜 문제를 파악하지 못한 이상, 내 잘못이라는 투다.

나는 내가 콘택트렌즈를 낄 때 드릴이라도 사용했겠느냐고, 눈구멍 두 개에 느껴지는 이 엿 같은 기분이 절대 정상일 수는 없다는 사실을 온순한 말투로 상기시켜 주었다.

"그래요, 아파서 잠이 안 온단 말이죠." 그는 이렇게 제안했다. "안정을 취하세요. 푹 쉬고요."

그 순간 나는 인내심의 한계에 다다른다. 이제 나는 내 신체에 가해진 이 전쟁에는 두 개로 나뉜 편이 존재한다는 사실을 알아차린다. 한편은 고통에 맞서 싸우는 편, 즉 나이고, 다른 한편은 내 고통을 예삿일로 여기고 별 대단치 않은 것이니 받아들이라고 말하는 편이다. 해답을 원하는 편과 이 아픔이 내 잘못일 거라고 말하는 편. 내 목소리를 듣고 싶어 하는 편과 목소리를 듣지 않는 편이었다.

윌스 아이 센터에서는 내게 안구 조직을 파괴하는 염증성 질환인 포도막염 진단을 내리고, HLA-B27이라는, 특정 자가면역질환이나 면역매개질환과 관련된 항원 검사를 진행한다. 윌스 아이 센터의 의사들은 때로 최초 증상이 포도막염으로 발현되기도 하는 퇴행성·염증성 척추질환인 강직성척추염을 의심한다. 나는 양성반응을 보였으나 방사선사진에는 아무것도 나오지 않는다.

나는 아프다. 그런데 아무리 비싸고 복잡한 장비를 써도 아픔의 원인을 밝힐 수가 없다. 아픈데도 이를 입증할 수 없고, 고통을 느끼지만 고통을 예측할 수 없는 경계 지점에 놓여 있자니 점점 지쳐 간다. 밤이면 잠들지 못한 채 내가 미친 걸까 생각한다. 이 고통은 뭐지? 왜 이렇게 피곤하지? 친구들한테 이만 집에 가 봐야겠다고 말할 때면, 병이라는 감옥을 스스로 만들고 있는 게 아닐까 하는 생각이 든다. 고통은 사그라지지 않는다. 오래지 않아 골반이나 목이나 등 통증 없이 단 하루도 보내지 못하게 될 것이다. 하늘이 파랗고 저녁 식사는 맛있고 친구들은 웃고 있으며 내가 구석에서 등이 부서질 것 같은 상태로 고통을 조금이나마 덜어 주는 자세를 취하려고 몸을 뒤틀지 않던 시절이 기억나지도 않게 될 것이다. 병원에서는 증상이 재발하거나 심해지면 다시 오라고 한다. 의사들이, 내 몸이 내 입을 막는다. 내 몸은 아픔을 입증할 수 있을 정도로 충분히 아프지 않다.

그러다 수년간 포도막염 증상이 멎는다. 꿈이 이루어진 것만 같다. 앞이 잘 보이고, 수업에 들어갈 수 있고, 컴퓨터로 작업할 수 있고, 제대로 기능할 수 있다. 내 얼굴이 다시 내 얼굴같이 보인다. 그러나 2016년 무렵부터 등이 자꾸 아프다. 항상 피곤하고, 관절이 걷잡을 수 없이 붓고, 화장실을 떠날 수 없고, 외출하는 것보다 집에 있는 걸 선호하게 된다. 나는 내향적이고 걱정 많은 사람으로 변해 간다. 친구들은 내가 일정을 취소하는 데 익숙해지고, 내가 상습적으로 약속을 깬다고 생각하게 된다. 피해자인 척 하려는 게 아니다. 나는 건강염려증에 걸린 걸까? 내가 온실 속 화초인 걸까?

무언가가 잘못됐어, 하고 내 본능이 말한다.

이탈리아에서 여름휴가를 보내던 나는 이탈리아 북부의 작은 섬에 있는, 촛불을 밝힌 조용한 성당에 슬쩍 들

어가게 된다. 온종일 페스카토리 섬과 벨라 섬의 무성하게
우거진 정원이며 궁전, 마조레 호숫가의 스트레사 마을을
돌아다닌 뒤다.

　　이제 나는 가톨릭 신자가 아니지만, 관절 통증 때문
인지 메아리 울리는 신성한 공간 속 신도석에 앉아 위로받
고 싶어진다. 서늘한 성당 안이 편안하게 느껴진다. 뒤에
서 성수반의 성수를 찍어 바르고 있는 관광객 한둘 외에는
나뿐이다. 나도 성수반으로 다가가 손가락에 성수를 찍어
가슴 위에 십자가를 그린다. 나는 기진맥진해 있다. 등에
는 불이 붙은 것 같다. 피로가 나의 장애처럼 느껴진다. 그
사실을 받아들이기가 고통스럽다. 어떻게 하면 나의 한계
를 받아들일 수 있을까? 어떻게 보면, 암이든, 차 사고든,
미래의 어느 날에 자두 씨가 목에 걸려 죽든, 내 종말을 운
명에 맡기는 일은 견딜 만하게 느껴진다. 그러나 내가 고
작 서른 살이라는 것을, 그런데 자꾸만 고통을 느낀다는
것을, 예전에는 할 수 있던 일을 할 수가 없다는 것을, 그
리고 이것이 내 인생이 될 것임을 생각하면? 사형 선고나
마찬가지라는 생각이 든다. 머리 위에 컴컴한 텅 빈 구멍
이 버티고 있는 것 같았다.

　　나는 너무나 지친 나머지 이제는 더 이상 믿지도 않
는 신에게 위로를 구한다. 그 순간, 나는 내 인생이 예전과
는 다르게 흘러가리라는 사실을 알게 된다. 나는 피곤하
다. 나는 지친 여자다. 고통에 시달리는 사람이다. 이제는

다른 사람이다.

나는 위로가 필요한 존재, 포근함과 휴식과 시간이 필요한 존재로 변해 버렸다.

이 사실을 모르는 친구들과 가족에게 화가 나고, 그들이 원망스럽다. 내가 얼마나 피곤한지 몰라서. 나에게 "글쎄, 내가 보기엔 멀쩡한데"라고 말해서. 요가를 하고 녹즙을 마시고 명상하라고 말해서. 내가 아픈 게 달걀을 먹어서라고, 고기를 먹어서라고, 환경오염 때문이라고 말해서. 내가 하는 일 때문이라고 말해서.

그들은 마치 내가 아픈 게 내 선택이었다는 듯이 말한다. 마치 내게 요가며 녹즙이며 수영이며 스트레스를 유발하지 않는 비건 점심 메뉴로 인생을 채울 시간과 돈과 에너지가 있다는 듯이 말한다. 그즈음 나는 모두가 의사 행세를 하고 싶어 하지만 나와 마주 앉아 내 지난날이며 내 증상, 여태 내가 해 본 시도들에 관해서 대화해 보려 하지는 않는다는 것을 알게 된다. 사람들은 이렇게 말한다. "강황은 먹어 봤니?" "내가 좋은 침술사를 아는데……" "영적으로 깨어나고 있는 것인지도 몰라!" 전부 "내가 너한테 신경 쓰고 있어"라는 의미겠지만, 나에게는 "이 응급처치로 네 고통이 사라질 거야"라는 말로 들린다. 도와주겠다는 제안은 그 의도가 아무리 다정하다 해도 마치 연기를 피워 정화 의식을 치르면 내 몸속에서 벌어지는 내전도 마술처럼 사라질 거라는 소리만큼이나 경솔하고 진부하게 들린다. 결국, 문제는 다른 사람이 아니다. 변해 버린 내 모습이다. 아프다는 것이 주는 외로움이다. 이 외로움은 사랑도 친절함도 부패하게 하고 인내심을 재로 만들어 버린다. 그 누구도 이를 감당하고 싶어 하지 않는다.

최종 진단을 받은 것은 2017년의 일이다. 나는 빌어먹을 해답을 찾겠다고 뉴욕에 있는 휘황찬란한 병원을 찾아가 수백 달러를 낸다. 오래전 강직성척추염 의심 소견을 받았으나 입증하지 못한 것을 기억한다.

나는 증거가 필요했다. 그리고 그 증거를 얻었다. 나는 증거를 요구했다. "강직성척추염에 걸리셨군요." 류머티즘 전문의가 말한다. 이번에는 방사선 촬영으로 확인할 수 있다. 내 척추가 녹고 있다.

"면역 억제 치료를 시작할 겁니다." 의사는 컴퓨터 자판을 두드리며 말한다. "2주에 한 번, 배나 엉덩이에 바로 주사를 놓을 겁니다."

나는 생각한다, 내 눈 좀 보고 말해.

"뭐라고요?" 나는 묻는다. "2주에 한 번이오? 이 약은 뭔데요?"

"시판되는 것 중 가장 좋은 약입니다."

그리고 진료는 그렇게 끝난다. 의사는 위로의 말 한마디 없이 다음 환자를 맞으려고 나를 서둘러 진료실에서 내보낸다.

"준비되면 얘기해 주세요. 자가 주사법을 알려 드리

고 키트를 준비해 드리겠습니다."

의사는 이 약이 암을 유발할 수 있다는 사실도, 실제로는 병의 진행을 막는다고 보장할 수 없다는 사실도 말해 주지 않았다. 어떤 사람들은 투약하다가 병에 걸리기도 한다는 사실도 알려 주지 않았다.

주사제를 맞는 내내 나는 힘들어하고, 친구들 중 누구도 이 약에 대해 감히 묻지 않는다. 실체 없는 질병 때문에 주사를 맞아야 한다는 것을 이해하지 못하거나, 실제로는 아무 도움도 되지 않는 이 약이 내 병을 고치고 있을 거라고 짐작한다. 면역 체계가 완전히 차단되자 나는 대상포진과 폐 감염을 겪는다. 결국 투약을 중단할 수밖에 없다. 이런 순환 주기가 반복된다. 새로운 약, 새로운 물리치료, 전인치료, 옛날식 민간요법. 약속을 잡기 어렵다고 말하고, 고통을 애써 참고, 자꾸만 피곤하고, 10년 내로 몸을 움직이지 못하게 되리라는 공포감을 느낀다. 내 척추가 스스로를, 그리고 나를 상대로 전쟁을 벌이고 있다. 그러는 내내 의사들은 내게 마음 편히 먹으라고, 이 정도인 게 얼마나 다행이냐고, 같은 병을 앓는 남성보다 여성이 겪는 통증이 약한 편이라고 말한다.

학술지 《페인》에 따르면, 분노 표출과 만성 통증, 특히 요통 사이에는 실제 상관관계가 있다. 무슨 이런 당연한 소리가 있나? 굳이 과학적 근거를 대지 않아도 다 아는 얘기 아닌가? 수많은 여성들이 만성 통증 때문에 분노를 표출한다. 하지만 이 분노를 유발하는 건 통증만이 아니다. 실체를 알 수 없는 병을 받아들이지 못하는 이 세상 때문에 분노한다.

만성질환을 앓는 사람은 동정심이나 관심을 유발하려 '피해자 행세'를 한다는 비난을 받곤 한다. 하지만 '피해자'가 되어 수용, 이해, 공감, 재정 지원, 채용 배려를 받을 수 있다면, 난 서슴지 않고 피해자 행세를 하겠다.

2015년 10월 《애틀랜틱》에 「의사들은 여성의 고통을 덜 심각하게 받아들인다」라는 글을 실은 조 패슬러는 응급실을 찾은 아내가 몇 시간이나 무시당했던 경험에 대해 이렇게 쓴다. "전국적으로 볼 때, 급성 복통을 호소하는 남성이 진통제 투여를 받기까지는 평균 49분이 걸린다. 여성은 평균 65분간 대기한다."

또, 2001년 발표된 「고통을 호소했던 여성」이라는 논문에는 여성이 마침내 치료를 받게 되더라도 고통을 호소한 것이 아니라 히스테리를 부리기라도 한 것처럼 진통제가 아닌 진정제를 처방받는다는 주장이 실려 있다. 마치 고통이 신체적인 것이 아니라 심신증인 것처럼 말이다. 만성 질환이나 다른 질병, 예컨대 섬유근육통이나 자궁내막증을 호소했을 때 거짓말하고 있다거나 고통을 거짓으로 보고한다는 말을 들은 여성 환자들이 너무나 많다. 그리고 이런 일들은 유색인 여성이나 비만 여성의 경우 한층 더 심각하게 나타난다.

역사적으로 여성은 약한 모습으로 그려졌다. 멜로드라마의 모습으로. 부족한 존재로.

내 친구들은 "너무하다"며 나를 비난한다. 약속을 취소하면 상습범이라는 소리를 듣는다. 일찍 집에 가면 초치는 사람이 된다. 아프다고 말하면 "멀쩡해 보이는데"라고 대꾸한다. 피곤하다고 하면 "책을 썼으니까 그렇지! 별거 아니야" 한다.

우리는 공감의 화법으로 소통하는 방법을 모르는 게 분명하다. 우리는 아픈 사람들을 사회에, 인내심에, 평온에 부담을 주는 짐으로 여기며 살아왔다.

어떻게 하면 이런 과실을 내면화하지 않을 수 있을까? 어떻게 하면 증거 요구에 맞서 싸울 수 있나? 어떻게 하면 매순간 내 고통이 얼마나 심각한지 자문하지 않을 수 있나? 내가 전문의를 만나 보겠다고 하자 의사들이 충격받은 얼굴을 했던 것이 떠오른다. 내 증상을 신중하게 살펴보지 않았던 것, 마치 내가 환자가 아니라 눈에 콘택트렌즈를 쑤셔 넣은 죄인이라는 듯, 내 잘못인 듯 대응했던 것이 떠오른다. 추가 진료를 부탁하기도, 나 스스로를 변호하기도, 다시 한번 혈액검사를 요청하기도 쉽지 않았다. 사실, 통증이 그만큼 심하지 않았더라면 나 역시 본능을 무시하고 굴복하고 말았을 것이다. 어쩌면 내가 편집증 환자처럼 굴고 있다고, 히스테리를 부린다고, 지나치게 예민하다고 시인했을 것 같다. 의사에게 아픔을 호소하는 데 왜 이렇게 많은 노력이 필요할까?

엄마가 생각난다. 엄마는 메디케이드* 지원을 받고 있어 치료 선택지가 제한적이다. 몇 달을 기다린 끝에 갑상선 전문의를 만나 봐야 "나는 전문가가 아니다"라는 말을 듣고 약효가 나타날 때까지 기다리는 수밖에 없다. 나는 엄마의 스트레스와 절망감을, 스트레스가 엄마의 건강에 어떤 영향을 미쳤고 어떻게 평생을 거쳐 누적되어 왔을지를 생각한다.

입을 다무는 것, 보이지 않는 것이 분노가 되고 분노는 병이 된다. 가난과 무지한 고용주들이 분노를 유발하고 분노가 병을 유발한다. 보험 체계의 관료주의 그리고 미흡한 사회적 합의가 분노를 만들고 분노가 병을 만든다. 전반적인 순환 구조가 고장 나 있다. 끊임없이 밀려오는 스트레스 호르몬과 부정적 사고에 잠식되고 병에 걸린다. 이는 아픈 사람들, 권리를 박탈당한 사람들의 목소리를 지워 버리는 시스템의 부산물이다.

나는 불붙은 척추다. 전쟁을 벌이는 관절과 뼈와 조직의 합산이다. 나는 고통스러운 걸음걸이다. 내 사고는 선명하지 못하다. 내 움직임은 민첩하지 못하다. 하지만

---

* 미국의 저소득층 의료보장 제도로, 의료비 전액을 주 정부와 연방 정부가 부담한다.

그렇다고 해서 조용히 사라질 생각은 없다. 내 경험을 재단하던 친구들 앞에서 아무 말 못 하던 나날은 이제 끝이다. 상세한 설명을 거부하던 의사 앞에 하릴없이 앉아 있던 나날도 끝이다. 남들이 불길을 알아차리지 못하게 내 불을 꺼 버리던 날들도 끝이다. 내 직감을 잠재우기에는, 내 몸을 무시하기에는, 내 욕구와 필요를 충족하려 소리 높여 외치지 않기에는, 살아 있는 것은 너무 아름답다. 결국 분노는 내 구원자가 되었으니까.

리사 마리 베실(Lisa Marie Basile)은 뉴욕에 사는 시인, 에세이스트이자 편집자다. 《루나 루나 매거진》(Luna Luna Magazine)의 창립 편집장이며, 시집 『황홀경』(Nympholepsy, 2018) 그리고 의식적 삶을 위한 실천과 의례를 담은 책 『어두운 시절을 위한 빛의 마법』(Light Magic for Dark Times, 2018)을 썼다.

레벨 걸

Rebel Girl*

매사추세츠 서부를 향해 네 시간을 달리는 동안 아빠와 나는 내내 침묵하다시피 했다. 내가 상상하던 최악의 일이 일어난 뒤였다. 아빠가 내 일기장을 읽었던 것이다. 그래서 부모님은 나를 3주짜리 여름 캠프에 보내기로 했다. 지난 18개월 동안 나는 완전히 다른 사람이 되어 버렸다. 겉으로 드러난 변화를 부모님도 알아차렸다. 성적이 뚝 떨어졌고, 사람과 어울리길 좋아하는 다정한 성격 역시 딴판으

---

* '반항하는 여자,' '반역자'를 뜻하는 말로, 1990년대 초반 미국에서 활동한 혼성 4인조 인디록 밴드 비키니 킬의 히트곡 제목. 비키니 킬의 보컬 캐슬린 해나는 당시 여성 펑크록 밴드들이 주도한 페미니즘 운동인 '라이엇 걸'(Riot Grrrl) 무브먼트의 대표 주자이기도 하다.

로 달라져서 의기소침하다가 뚱해 있다가 성내기를 반복했다. 내 일기장 속에는 이렇게 변한 내가 거짓말을 하고, 술을 마시고, 나쁜 영향을 주는 친구들은 물론 내가 진짜 열여섯 살이라고 믿는 것인지 아니면 내가 열세 살이라도 상관없는 것인지 모를 연상의 남자들과 어울리며 시간을 보낸다는 사실이 전부 적혀 있었다. 나 역시도 변해 버린 내 모습에 아직 적응하지 못했던 탓에, 일기장 속엔 일어난 일들만 자세히 적혀 있을 뿐 반성하는 내용은 전혀 없었다. 아빠가 일기장을 읽었을 거라고 상상하니, 빛이 들어간 필름처럼 머릿속이 새하얘졌다. 내 몸은 새것이나 마찬가지인데도 꼭 가장자리가 타 버려서 중요한 건 이미 다 망가져 버린 것만 같았다.

목적지인 로 캠프가 가까워 오자 우리가 탄 스테이션왜건은 구불구불한 비포장도로로 접어들었고, 그렇게 영원에 가깝게 느껴지는 동안 털털거리며 달렸다. 당장 아빠에게서 벗어나고 싶어 안달하면서도 앞으로 3주간 징글징글한 캠프에서 캠프 자체만큼이나 따분하기 짝이 없는 활동들을 강제로 해야 한다고 생각하니 그것도 죽도록 싫었다. 하이킹, 캠프파이어, 평생 담배를 입에도 대지 않겠다고 서약한 십대 청소년들의 품에 몸을 맡기는 트러스트 폴** 따위를 해야 하겠지.

**   trust fall. 다른 이들이 받아 줄 것을 믿고 몸을 뒤로 던지는 게임.

그때 갑자기 등골이 오싹해지는 비명 소리가 침묵을 깨고 울려 퍼지는 바람에 시무룩해 있던 나도 깜짝 놀랐다. 잘라 낸 청바지 말고는 거의 아무것도 몸에 걸치지 않다시피 한 데다 얼굴을 포함해 살이 드러난 부분에는 온통 물감을 칠한 아이들 한 무리가 숲에서 맨발로 뛰쳐나왔다. 아이들은 야생동물처럼 꽥꽥 비명을 지르며 우리 차에 기어올랐다. 개중 하나는 무슨 원숭이인 양 보닛 위로 뛰어올라 쿵 소리를 내며 착지했다. 그때 내가 비명을 질렀던가? 그랬어야 마땅할 것이다. 한 아이가 징그럽게 칠한 얼굴을 조수석 차창에 딱 붙이더니 으르렁거리듯 외쳤다. "캠프에 온 걸 환영한다, 캠퍼!!!" 두려움과 설렘이 벅차오르는 기분에 나는 움찔했다. 어쩌면 그 차창은 거울이었는지도, 그래서 그 순간 내 안의 거침없고 낯선 모습을 처음으로 마주한 것인지도 모르겠다.

내가 살던 곳은 평범한 동네였다. 전형적으로 뉴잉글랜드 교외식의 진보 성향을 띠는 지역이었다. 그 말이 무슨 뜻이냐면, 내 이웃들은 대체로 민주당에 표를 던지기는 했으나 관광업으로 먹고 사는 케이프코드 지역 소수의 부유층과 대다수 노동계급은 대개 문화적으로 보수적인 백인들이었다는 것이다. 푸에르토리코 출신의 선장이던 아빠와 심리치료사인 엄마가 있는 우리 집 식구들은 그들과 섞일 수 없었다. 만약 우리 가족이 겉보기에 튀지 않았다 하더라도 어차피 정치 성향 때문에 섞일 수 없었을 것

　　불태워라

이다. 나는 유모차를 타던 시절부터 임신중단권과 환경보호를 외치는 시위에 따라다녔다. 글 읽는 법을 배운 뒤에는 엄마가 내 동화책을 여성 인물들의 영웅적 행위가 부각되도록 샤피 펜으로 전부 고쳐 놓았다는 사실을 알게 되었다. 잠잘 때 자장가 삼아 홀리 니어*의 노래를 들었고, 처음 가 본 공연은 스위트 허니 인 더 록**의 콘서트였다. 나는 열세 살이라는 나이에 문학상도 받았다. 전미여성협회가 주최한 여성청소년 시 공모전이었다. 그리고 얼마 전까지만 해도 엄마와 엄마 친구들과 함께 전미여성협회 지역모임에 나갔다.

나는 스스로를 작가이자 페미니스트로 확고하게 생각했다. 그러나 당시 나의 페미니즘은 우리 엄마의 페미니즘, 즉 경각심 고취에 집중하는 2세대 페미니즘, 《미즈》***를 읽는 페미니즘이었다. 내 또래 페미니스트 친구는 한명도 없었으며, 나는 이미 친구들 앞에서는 페미니스트라는 단어를 써서 좋을 게 없다는 걸 알고 있었다. 마찬가지로, 나는 내가 퀴어라는 사실을 아는 동시에 학교에서 그사실을 인정하면 위험하다는 것도 알았다. 나는 자본주의

---

* 미국의 싱어송라이터이자 사회운동가로 소수자 인권 운동과 반전 운동을 꾸준히 해 왔다.
** 아프리카계 미국인 여성들이 결성한 아카펠라 그룹으로 춤과 노래, 수어를 통해 흑인 여성의 역사를 표현했다.
*** 1971년 미국에서 2세대 페미니스트들이 창간한 진보적 페미니즘 잡지.

와 가부장제의 폐단을 알았지만 그럼에도 남몰래 섭식장
애를 앓고 있었다. 이 모든 것들을 화해시킬 방법은 없어
보였다. 사춘기가 닥쳤을 때, 내 반항은 어떤 모습이었겠
는가?

　나는 막 자라나기 시작한 나의 정치적 신념을 집어치
우고 상점에서 몸에 딱 붙는 전신 보디슈트를 슬쩍했다.
앞머리에 아쿠아넷 헤어스프레이를 듬뿍 뿌려 고데로 돌
돌 말았다. 나이를 올려 말했고, 연상의 남자들이 나이에
비해 큰 내 가슴을 더듬도록 내버려 두었다. 여태 내 안에
있는지도 몰랐던, 욕망이라는 작은 오븐의 열기에 들뜬 나
는 남자들에게 이끌렸다. 하지만 남자들의 손이 닿자마자
열기는 사그라졌다. 그런데 내가 다니던 중학교에 소문이
퍼졌고 얼마 지나지 않아 유치원 때부터 친했던 친구들마
저 나를 걸레라고 부르고 다니기 시작했다. 아빠가 코치로
있는 야구팀에서 같이 야구를 하던 남자애들은 복도를 지
나가는 나를 향해 저질스러운 몸짓을 해 댔다. 나는 이런
고난을 입 밖에도 내지 않았다. 특히나 내 걱정에 노심초
사하는 부모님께는 한 마디도 하지 않았다. 삽시간에 모욕
을 당하는 게 일상이 되었고 나는 겉으로는 아무렇지 않은
척했지만 사실은 독을 삼켜 시커멓게 속이 타들어 가는 것
처럼 자기혐오로 괴로워했다.

　집에 오면 방문을 잠그고 더러운 옷가지는 방바닥에
아무렇게나 널브러뜨렸다. 부모님의 감시가 소홀한 친구

들 집에 자러 가는 일을 금지당한 날에는 방문을 쾅 닫고 들어와 서랍장 위에 두었던 유리 촛대와 사슴 모양 유리 장식품 같은 작고 소중한 물건들을 벽에 집어 던져 깨뜨렸다. 특정한 종류의 분노가 내 속에 요동쳤는데, 그 분노는 반항으로 나타나기도 했지만 수치심이기도 했다. 부모님을 상대로 분노를 터뜨려 보았자 조금도 만족스럽지 않았다. 나는 그 어느 때보다도 혼자라는 느낌이 들었다.

　여름 캠프는 내가 걱정했던, 캠프파이어를 하고 카누를 타고 허술하게 우정 팔찌나 엮는 그런 곳이 아니었다. 이 캠프에서는 '뒷문 포치에서 일어나는 존재의 위기'라든가 개인잡지zine 만들기, 창작 등의 워크숍에 참여할 수 있었다. 창작 워크숍은 오스트레일리아 뮤지션 닉 케이브를 닮은 데이브라는 사람이 진행했는데, 그는 우리에게 릴케의 『젊은 시인에게 보내는 편지』를 나눠 준 뒤 오후 내내 단 한 마디밖에 하지 않았다. "나는 백인들이 싫다"라는 말이었다.

　그해 캠프를 이끈 책임자는 나디아라는 여성이었다. 이십대 초반이었던 나디아는 180센티가 넘는 키에 전투화와 멜빵바지 차림이었고, 박박 민 머리에 두 팔은 온통 타투로 뒤덮은 사람이었다. 언제나 성큼성큼 걸었고, **씨발**을 다른 단어들을 이어 주는 접착제처럼 썼다. 세상에 이런 여성이 존재한다는 것도, 이런 식의 아름다움이 있을 수 있다는 것도 처음 알았다. 나디아가 나를 내려다볼 때면 겁나긴 했지만 다른 누구의 시선을 받을 때보다 나 자신이 더 제대로 드러난다는 생각이 들었다. 그 뒤로 나는 다른 사람 속에서 내 안에 숨은 무언가를 발견할 때는 눈부시게 찬란한 사랑과 비슷한 느낌이 든다는 사실을 알았다.

세상에 나 같은 아이들이 있다는 것도 그때 알았다. 깊이 생각하고 깊이 느끼는 아이들. 예술과 정치에 관심을 갖는 아이들. 미국의 표준에 들어맞지 않는 아이들. 젠더나 성차별은 둘째 치고, 자기가 느끼는 감정에 대해 이야기하는 남자들을 만난 것도 그 캠프가 처음이었다. 그래도 여자애들에 비할 바는 아니었다. 이 캠프에서 만난 여자애들은 구멍투성이 청바지에 목 부분을 잘라 낸 티셔츠를 입었다. 겨드랑이 제모를 하지도, 남자들의 비위를 맞추지도, **페미니즘**이라는 단어를 듣고 얼굴을 찌푸리지도 않았다. 그 애들의 분노는 삼킨 독이 발현하듯 음식 거부나 자해 같은 증상으로 사람을 서서히 망가뜨리지 않았다. 그보다는 마치 자신은 해치지 않으면서도 손을 대는 곳마다, 어쩌면 나까지도, 모조리 태워 버리는 불길 같았다. 캠프에서 만난 아이들 모두가 좋았지만 그중에서도 나는 특히 동그란 얼굴이 예쁘고 코와 입술은 자그마하고 솜털이 보송한 볼은 살구처럼 부드럽고 나긋한 줄리아에게 흠뻑 빠졌다. 지금까지 만나 본 열세 살 아이들 중 미래에 대한 꿈이 나만큼 확고한 사람은 줄리아가 처음이었다. 물론 작가가 되려는 나와 달리 그 애는 배우가 되고자 했지만 말이다. 어느 날은 그 애가 신나게 웃음을 터뜨린 뒤 걸걸한 목소리로 이렇게 말했다. "웃으면 1분에 5칼로리씩 소모된대. 나 살 좀 빠졌니?"

그곳에서 나는 다른 어디에서도 느낄 수 없었던 아이러니와 진정성을 만났다. 다른 사람의 외면에서 나의 내면과 닮은 모습을 발견한 건 그때가 처음이었다. 내가 어떤 청소년이 되고 싶은지를 처음 깨달은 것도 그곳에서였다.

로 캠프에는 아이러니와 진정성을 결합한 여러 가지 전통이 있었다. 운동회에서, 원하는 여성은 누구나 '도살장'이라는 게임에 참여하는 것도 그 전통 중 하나였다. 벚나무가 빙 둘러 서 있는 공터에 집합한 뒤 나디아가 우리를 두 팀으로 나누었다. 셔츠 팀, 그리고 맨몸 팀이었다. 그러니까 한 팀은 상의를 입은 채로, 다른 한 팀은 상의를 벗어 던지고 스포츠 브라든 뭐든 브래지어만 입은 채로 게임에 참여했다. 약간 찌그러진 축구공을 상대 골대에 넣는 팀이 이기는데, 모두 네 발로 기어 다녀야 했고, 물어뜯는다든지 해서 심각한 부상을 입히면 안 된다는 것 외에 다른 규칙은 없었다. 즉 상대를 향해 쉴 새 없이 입을 털어대며 자유형 레슬링을 하는 거나 다름없었다.

그해 운동회 날에는 비가 왔다. 다 함께 얼굴이며 목에 머리카락이 달라붙은 채로 진흙탕 속을 기어 다니고 있자니, 젖은 티셔츠가 배에 달라붙으면 꼴사나워 보일 거라는 걱정 따위는 금세 사라졌다. 나는 운동을 좋아했지만, 어느 순간부터 여자가 힘센 건 자랑거리가 아니게 되었던 데다 가슴이 커지면서 베이스를 향해 달리고 배트를 휘두르는 즐거움도 잊어버린 뒤였다. 격렬한 신체 활동에 자기를 잊을 정도로 몰두하는 것은 내 친구들 사이에서는 안전한 일이 아니었다. 그러나 캠프에서 우리는 하이에나처럼 울부짖으면서 흙투성이 허벅지로 상대방의 몸통을 꽉 조였다. 골인에 성공한 나는 승리감에 젖어 팔을 번쩍 들고 만세를 불렀다. 새로운 친구들이 신난 강아지들처럼 내게 몸을 부딪쳐 왔다.

도살장 게임은 내가 태어나서 해 본 게임 중 가장 이상하고도 유익했고, 아마도 가장 재미있는 게임이었을 것이다. 에로틱한 게임은 아니었지만, 그렇다고 에로틱하지 않은 것도 아니었다. 도살장 게임을 통해 나는 에로틱한 것이 꼭 성적인 것은 아닐 수도 있다는 사실을 처음 깨달았다. 나는 신체 접촉에 목말라 있었으며 내 몸이 내 몸이 아닌 것처럼 느끼게 하지 않는 접촉은 여태 경험한 적이 없었기에 친구들의 거칠면서도 다정한 손길이 꼭 약 같다고 느꼈다. 운동회가 끝난 밤, 나는 멍투성이가 된 몸으로 기진맥진한 채 벙커 침대에 누워 어둠 속에서 미소를 지었다. 마음이 아닌 몸에서 행복감이 환하게 솟구치고 있었다.(몇 년 뒤 나는 또 다른 벙커 침대에서 다른 이와, 캠프에 참여한 여자 친구와 함께 처음으로 오르가즘을 경험하며 또다시 이 감각을 느끼게 된다.) 이렇게 강해진 기분, 동물이 된 것 같고 다른 여성과 가까운 기분을 느낄 수 있다는 사실도, 남자나 남자를 즐겁게 해 주는 일과는 전혀 상관없는 방식으로도 내가 내 몸을 즐길 수 있다는 사실도 처음 알았다.

캠프 첫날 나는 식당에 걸려 있던, 손으로 그린 커다란 캠프 일정표 맨 마지막 주의 어느 칸을 빤히 들여다보았다. **남녀 공용 누드 비치**라고 적혀 있었다. 당연히 장난인 줄 알았다. 십대 청소년들을 남녀 공용 누드 비치에 데려가는 여름 캠프가 세상에 어디 있겠는가? 아니, 남녀 공용이든 아니든 **어떤** 누드 비치라도 마찬가지일 것이다. 그런데 알고 보니 그런 캠프가 세상에 존재했고, 그게 바로 여기였다. 옷을 입고 즐기는 해변으로 갈지, 각 성별 전용 누드 비치에 갈지, 아니면 남녀 공용 누드 비치로 갈지는 캠프 참여자 각자의 선택에 맡겼다. 줄리아가 내게 어디로 갈 건지 물었을 때 나는 웃기만 했다. 벌거벗은 맨몸을 아무에게도 보이고 싶지 않아서였다.

해리먼 저수지(이곳의 누드 비치는 버몬트 지역 관리 이사회의 투표로 외설죄 조례가 생기면서 2002년 폐쇄되었다)에 가는 날이 가까워지자 캠프에서는 누드와 섹슈얼리티의 차이에 대한 공동체 대화의 장이 열렸다. 우리는 잠들기 전 숙소에서 신체상과 수치심에 대한 소모임 토론을 나누었다. 그리고 달력에 표시된 날짜가 가까워지자, 기적이 일어났다. 내가 주저하면서도 여성 전용 누드 비치에 가겠다고 신청했던 것이다.

햇살이 물 위에 어룽지는 완벽한 날씨 속에서 나는 친구인 리나와 함께 모래 위에 누워 데라소울*이 최근에 발매한 《벌룬 마인드스테이트》 앨범을 이어폰을 나눠 끼고 듣고 있었다. 신체 변화가 시작된 뒤로 내 몸을 엄마한테조차 보여 준 적 없는데, 우리는 가슴을 내놓고 탐폰실을 짧게 잘라 낸 채 온몸에 선크림을 바르고 누워 있었다. 수영복을 벗을 때는 심장이 쿵쿵 뛰었지만, 흥미진진한 눈으로 주변을 둘러보는 것도 잠깐이었고, 얼마 지나지 않아 모든 것이 충격적일 정도로 아무렇지 않게 느껴졌다. 사람들의 몸! 정말 이상하면서도, 너무나 평범했다. 남들은 내가 내 가슴에 신경 쓰는 만큼의 반의 반의 반조차 신경 쓰지 않는다는 사실을 곧 알게 됐다. 어찌나 안심되던지.

타월을 깔고 자리를 잡은 지 얼마 지나지 않았을 때 카누 한 대가 눈에 띄었다. 물가로 가까이 다가온 카누에는 한 남자가 타고 있었다. 우리에게도 그 남자가 보였고, 그 남자 역시 우리가 보일 만큼 가까이 있었는데, 분명 그게 목적이었을 것이다. 우리가 타월로 몸을 가리자, 나디아가 근육이 물결치는 늘씬한 몸을 드러내고 모래 위를 성큼성큼 가로질러 다가오더니 가슴을 출렁이며 물속으로

* De La Soul. 미국 뉴욕 출신의 힙합 그룹.

들어갔다.

"씨발, 뭐 하는 짓거리야?" 나디아가 방해자를 향해 고함을 질렀다. 남자가 대답을 했는지는 모르겠지만, 내겐 들리지 않았다. **"지금 당장 여기서 꺼지라고, 씨발."** 나디아의 목소리는 우렁찼다. 남자는 얼른 노를 저어 떠나가기 시작했다. 나디아는 남자가 멀어져서 점이 될 때까지 그 자리에 서서 지켜보았다. 나디아가 다시 물 밖으로 나오자, 군살 없이 팽팽한 배 아래쪽, 물에 젖은 검은 다이아몬드 모양의 음모가 눈에 들어오는 바람에 내 가슴은 쿵쿵 뛰었다.

"미친 씨발 변태 새끼가." 욕설을 읊조리며 우리 옆을 지나치던 나디아는 박박 깎은 머리를 장난스럽게 흔들어 햇볕에 달구어진 우리 어깨에 물을 뿌렸다. 바짝 긴장해서 어질어질하던 우리도 꺅 소리를 지르며 웃음을 터뜨렸다.

그 뒤로 나디아가 그 남자에게 고함치던 모습이 자꾸 떠올랐다. 그 고함에는 자기혐오는 조금도 없이 오로지 자신이 부당한 일을 당했음을 아는 여성의 정당한 분노만 담겨 있었다. 여성이 분노를 공공연하게 표출하는 모습을 본 것은 그때가 처음이었다. 그 무엇도 무너지지 않았다. 그 누구도 닥치라고 하지 않았다. 남자는 그저 그 자리를 떠났다. 무엇보다 화를 내는 나디아가 **벌거벗고 있었다**는 게 가장 이해하기 어려운 지점이었다. 나는 알몸을 내보일 때보다 더 제 힘을 빼앗긴 상태는 없을 거라고 생각했다. 열세 살이던 나는 여성의 신체 자주권을 믿었지만, 그것은 오로지 추상적인 개념이었다. 내 몸 안에서 자유롭다 느껴 본 적도 없었고, 아직 자유를 경험해 본 적도 없었는데 특히 남성과의 관계에서 그랬다. 그러나 그 순간 나디아의 몸은 결코 제약이 아니라는 사실을 나는 알 수 있었다. 오히려 그의 몸은 권력의 근원이자 힘의 **수단**으로 보였다. 그날 나는 하루 종일 그 장면을 머릿속에서 되뇌었고, 이름 붙일 수 없으리라 여겼던 감정에 이름을 붙여 주는 노래를 들을 때처럼 남몰래 짜릿함을 느꼈다.

그 시절 나는 음악을 너무 좋아해서 잠잘 때도 워크맨 이어폰을 끼는 바람에 귀 상태가 나빠질 정도였다. 하지만 음악을 좋아한다는 것은 어디까지나 나만의 비밀이었다. 케이프코드의 시골 지역에서는 주류 문화가 아닌 다른 갈래의 대중문화에 접근할 방법이 많지 않았다. 음악이 문화의 속기이자 사람을 즉각 파악하는 하나의 방식임을 바로 그 캠프에서 알게 되었다. 인터넷이 없던 시절에 청소년들은 카세트테이프를 밀수품처럼 주고받으며 음악을 들었다. 픽시스, 니나 시몬, 라몬스, 더 큐어, 아니 디프랑코를 처음 듣게 된 것도 캠프에서였다. 나는 그 뒤로 몇 달간 아니 디프랑코의 앨범을 사겠다고 레코드 가게의 카탈로그를 뒤진 다음에야 내가 이름 철자를 잘못 알았다는 것을 깨달았다.

도살장 게임이나 누드 비치와 마찬가지로 로큰롤 데

이 역시 일반적인 캠프 활동의 통념을 뒤엎는 로 캠프만의 전통이었다. 로큰롤 데이는 장기자랑 행사였다. 야외무대를 설치해 하루 종일 좋아하는 노래를 연주하고 부를 수 있는 행사였다. 나는 그 뒤로 몇 년간 로 캠프에 참여하면서, 〈나는 진정제가 필요해〉*나 〈노 우먼 노 크라이〉**를 부르는 사람이 매년 한 명은 반드시 있다는 걸 알게 되었다. 캠프 첫 해의 로큰롤 데이 전날 밤 줄리아가 내게 카세트테이프를 하나 건네주었다.

"이게 뭔데?" 내가 물었다.

"비키니 킬. 우리 밴드가 내일 연주할 거야."

"우리 밴드? 그러니까 너랑 나 말이야? 우리가 무대에 오른다고?"

"그래. 그러니까 가사 외워. 네가 보컬이야."

캠프에는 록스타가 되고 싶어 하는 아이들도 있었지만, 나는 아니었다. 줄리아처럼 무비스타가 될 생각도 없었고. 나는 공연을 하기보다는 글을 쓰고 싶은 사람이었다. 그래도 나는 토를 달지 않았다. 그 뒤로 여덟 시간 동안 나는 혼자 강당의 화장실에 틀어박혀서 캐슬린 해나가 부르는 〈눈먼 기분이야〉를 들었다. 걸걸한 목소리로 이 노래를 부르는 여자가 누군지는 몰랐지만, 그의 노래를 들

---

* 미국의 4인조 펑크록 밴드인 라몬스(Ramones)의 노래.
** 대표적인 레게 음악가 밥 말리(Bob Marley)의 노래.

고 있자니 카누 탄 남자를 향해 고함지르던 나디아를 보았을 때와 비슷한 기분이 들었다. 도살장 게임을 할 때의 기분 같기도 했다. 이 노래는 마치, 가수가 자기를 미워하는 데 쓸 에너지를 전부 끌어모은 뒤 아름다운 소음이라는 형태로 밖으로 분출하는 것만 같았다. 예술이란 고독을 세련된 방식으로 표현하는 것임을 알고 있었지만, 분노를 세련된 방식으로 표현하는 것 역시 예술임을 나는 미처 몰랐다. 한 여성의 내면에서 끓는 에너지가 스스로에게 독을 주입하는 대신 분노를 표출하기 위해 쓰일 수 있다는 사실도.

화장실 타일 벽에 울리는 내 목소리를 듣기 전까지—**네가 내게 가르쳐 준 게 뭐야, 넌 내게 빌어먹을 아무것도 가르쳐 주지 않았어**—나는 내가 분노하고 있다는 것을 잘 모르고 있었다. 그러나 물줄기가 드디어 출구를 찾은 것처럼 그 노랫말들이 내게서 뿜어져 나왔다. 나는 분노하고 있었다. 이혼한 우리 부모님을 향해, 내 일기장을 읽은 아빠를 향해, 내 몸을 이용한 남자들과 이 때문에 나를 벌한 여자들을 향해, 끔찍하게 무지했던 나 자신을 향해.

찢어진 청바지에다 《데스 투 더 픽시스》* 티셔츠를 빌려 입고 무대에 올랐을 때는 너무 긴장해서 웅얼거리며 갈라지는 목소리만 나왔다. **내 눈앞을 날아가는 비둘기들은 모두/끈끈한 날개를 가지고 있어.** 나는 찢어진 슬립 차림에 검은

---

* 미국의 얼터너티브록 밴드 픽시스가 1997년에 발표한 베스트 앨범.

립스틱을 바르고 무대에 올라 있던 줄리아에게 눈길을 보냈다. 그 애가 나를 향해 고개를 끄덕여 보이는 것을 확인한 뒤 노래를 이었다. **나는 서 있어 내 종말의 문 앞에/네가 가르쳐 준 속삭임에 둘러싸인 채.** 그렇게 첫 번째 후렴구까지 노래를 마쳤다. 그리고 2절에서 무슨 일인가가 일어났다. 마이크에 대고 외치는 내 목소리가 들렸다. **네가 알지는 모르겠지만 너는 항상 내게 뭔가 가르쳤고/네가 본 건 사실이 아니야 예,** 그렇게 노래하는 내 목소리는 크고 힘이 있었으며 마치 몸속이 텅 비고 밝은 빛이 내 안에서 뿜어져 나가는 것처럼 가슴이 벅차올랐다. 이제 나는 가사를 더듬지도 않았고, 줄리아도, 꾀죄죄한 모습으로 풀밭에 앉아 무대를 보고 있는 아이들도 쳐다보지 않았다. 눈을 감고 차가운 마이크에 입술을 가져다 댔다. 남자애와 키스하는 것보다, 배트로 공을 정확히 맞히는 것보다, 문을 쾅 닫는 것보다, 아끼는 물건을 벽에 집어던져 부숴 버리는 것보다 기분이 좋았다. 평생 품고 다니던 망치의 쓸모를 드디어 찾은 것만 같은 기분이었다.

　그로부터 거의 20년 가까이 시간이 흐른 뒤 나는 비키니 킬의 리드 싱어였던 캐슬린 해나가 대학생 시절에 스포큰 워드** 공연을 한 경험이 있으며, 그때 작가 캐시 애커로부터 사람들에게 네 목소리를 들려주려면 밴드를 해

**　　언어의 운율과 억양에 초점을 맞추는 말하기 예술의 한 갈래.

야 한다는 권유를 받았다는 것을 알게 되었다.

나는 밴드를 할 생각은 없었다. 하지만 캠프가 끝난 뒤 나는 나만의 페미니스트 잡지를 만들어 학교에 뿌렸고, 내게 가장 잘해 주던 선생님마저 이 행동이 내 정서 불안의 징후일지 모른다고 한 뒤에도 멈추지 않았다. 내가 작가가 되기로 마음먹은 건 내가 평생 하고 싶은 일이 오로지 그것뿐이었기 때문이다. 글은 내 슬픔, 내 생각을 담을 장소이자 내가 아직 이해하지 못한 사건들의 아카이브를 창조할 수 있는 장소였다. 내가 이해한 예술은 그런 것이었다. 비키니 킬은 내게 예술이 분노를 담을 장소이기도 하다는 것을 가르쳐 주었다. 수치심은 그 에너지를 자기 자신을 향해 내뿜었을 때 생기는 것임을 말이다.

캠프가 나를 고쳐 놓은 것은 아니다. 캠프는 내 섭식 장애를 고치지도, 내가 약물 중독자가 되는 것을 막지도, 내 몸의 목적이 자신들을 즐겁게 하는 것이라고 믿는 이들에게 내 몸을 내주지 않도록 하지도 못했다. 하지만 캠프에서 돌아온 나는 엄마에게 레즈비언 심리치료사를 만나게 해 달라고 부탁했다. 사람들에게 내가 퀴어라고 말하기 시작했고, 이듬해에는 용기를 내서 가장 친한 친구에게 키스했다. 비키니 킬의 노랫말을 외우고, 엄마의 페미니즘이 아니라 나만의 페미니즘 운동에 눈을 떴다.

내가 정서 불안을 겪고 있으나, 그렇다고 내가 잘못된 것은 아니라는 선생님의 말이 맞았다. 내 분노는 경솔

함도 일탈도 실패도 아니었다. 비키니 킬의, 나디아의, 줄리아의 분노와 마찬가지로 나의 분노 역시 여성을 혐오하고 여성들이 서로를 혐오하도록 조장하는 국가에서 살아가는 사람의 정당한 반응이었다. 그리고 나의 예술은 그 분노를 적절한 방식으로 공공연하게 표현한 것인 동시에 반드시 필요한 것이기도 했다.

멀리사 피보스(Melissa Febos)는 회고록 『휩 스마트』(Whip Smart, 2010)와 에세이집 『나를 버려』(Abandon Me, 2017)의 저자이며, 두 번째 에세이집 『소녀 시절』(Girlhood)을 곧 출간할 예정이다. 최근 《틴 하우스》(Tin House), 《그란타》(Granta), 《빌리버》와 《뉴욕 타임스》에 에세이를 발표했다.

우리가 화날 때 우는 이유

Why We Cry When We're Angry

내 윗입술이 잘게 떨린다. 입술은 경련하고, 살짝 움직이고, 지각변동을 일으킨다. 윗입술이 움찔거리며 내 얼굴에 제어할 수 없는 파동을 일으키다가 내가 입을 꽉 다물거나 입술을 오므리고 미소를 지어야만 멈춘다. 흔들림과 떨림을 나타내는 단어들(quake, tremor, temblor)로 불리는 지진은 암석권 속에서 지진파를 일으키는 에너지가 급격히 방출되며 지표면이 흔들리는 현상이다.

나는 순수한 분노가 타오르던 순간을 기억한다. 흉곽이 바짝 긴장하고 뒷목이 저릿하던 그 순간이 선명하다. 한때 분노는 내 가슴속에 살면서 내 갈비뼈 사이로 숨을 쉬었다.

아홉 살 때 나는 콜트 마틴이라는 애의 가랑이를 발로 찼다. 그가 나를 계속 괴롭혔기 때문이다. 초등학생 평균 크기인 내 발이 콜드 마틴의 두 다리가 만나는 부위에 명중하자 그는 바닥에 쓰러졌다. 지저깨비와 눈물 냄새가 났다.

나는 곤란한 상황에 빠졌다. 선생님은 나 때문에 그가 평생 아이를 못 낳을 뻔했다고 했다. 그게 대체 뭐가 문제란 말인가? 콜트 마틴은 끔찍한 자식이었다. 나는 그 일을 만트라처럼, 내가 분노한 몸속에 살고 있었다는 증거처럼 기억에 새겼다. 그때 나는 너무 화가 나서 차라리 몸이 반으로 쪼개지길 바랐다.

집에 돌아온 나는 방문을 쾅 닫고 고함을 질렀다. 온몸에 무게를 실어 벽에다가, 바닥에다가 몸을 던졌다. 나는 울지 않고 화내는 법을 알았다. 분노를 폭발하듯 터뜨리는 방법을 알았다. 그러나 언젠가부터 그래서는 안 된다는 사실을 알게 되었다.

세상은 내게 여자아이가 화내는 것은 추하다고 가르쳤다.

나는 내 감정들을 적절하게, 즉 예쁘게 다듬었다. 내 분노는 금세 가라앉고, 차분해지고, 얼굴을 분홍빛으로 붉히고 얌전하게 바르르 떠는 모습으로 바뀌었다. 내 몸을 진동시키는 속삭임 같은 분노였다. 나는 바지런하게 행동하고 싶었다. 여자아이라는 틀에 꼭 맞는 사람이 되고 싶었다. 그렇게 내 몸속에서는 연금술이 일어나기 시작했다.

그때부터 나는 화가 나면, 진심으로, 천둥처럼, 지진파처럼 울기 시작했다.

사람의 몸에서는 세 가지 종류의 눈물이 나온다. 하나는 눈의 윤활을 돕기 위해 기능적으로 분비되는 기저 눈물이다. 두 번째는 눈에 먼지가 들어갔을 때 이물질을 없애기 위해 나오는 눈물처럼 신체적 자극에 대한 반응으로 분비되는 반사적 눈물이다. 그리고 마지막이 감정적인 반응에 따르는 심리적 눈물이다. 인간 외의 동물들은 첫 번째와 두 번째 눈물을 흘린다. 심리적인 이유로 눈물을 흘리는 건 인간뿐이라고 알려져 있다.

태어난 이래 내가 배운 것은 전부 일종의 통제였다. 기초 교육은 내 손과 내 몸을 통제하는 방법, 심화 교육은 내 체중과 외모를 통제하는 방법을 배우는 것이었다. 스스로를 통제할 줄 알면 선택권이 생긴다. 자신을 요란하게 또는 부드럽게, 대담하게 또는 온순하게, 거칠게 또는 차분하게 표출한다는 선택권이다.

네 살 때 나는 억지 눈물을 흘리는 방법을 익혔다. 내 방 거울을 보면서 일부러 눈물을 흘리는 연습을 했던 기억이 떠오른다. 오랫동안 노력한 끝에 어느 날 나는 드디어 눈물을 짜내는 데 성공했다. 굵직한 악어의 눈물이 뺨을 타고 미끄러져 내렸다.

나는 새로운 통제권을 손에 넣었다.

할아버지는 여자들이란 무언가를 얻고 싶을 때만 운다고 했다. 그 말은 어쩌면 사실이기도 했다. 나 역시 원하는 걸 얻으려고 운 적이 많았다. 눈물은 "안 돼"라는 벽을 넘어가게 해 주었다. 눈물로 다른 사람의 마음을 쥐락펴락할 수도 있었지만, 언제나 그렇지는 않았다. 내가 눈물의 흐름을 통제할 수 있을 때만 가능했는데, 보통은 통제할 수 없었다.

일부러 우는 것은 정교한 기술이기는 하지만 어렵지는 않다. 더 어려운 기술은 울고 싶지 않을 때 눈물을 참는 것이며 나는 아직도 그 기술을 배우고 있다.

나는 사람들에게 사전에 경고하는 습관이 생겼다. 내가 화나면 울 수도 있다고 말이다. 눈물은 딸꾹질과 비슷하지만, 그보다 더 열 받는 일이다. 눈물이 나면 오히려 더 화나기도 했다. 내가 원치 않는 눈물이 비어져 나오면 목이 콱 막혀 왔다.

감정적 눈물의 신호는 감정을 조절하고 장기기억과 단기기억을 저장하는 대뇌변연계에서 나온다. 사람들은 다양한 감정에 대한 반응으로 눈물을 흘리는데 그중에서도 가장 명백한 것이 슬픔이다. 그러나 여성 중 절반 이상이 분노 때문에 울기도 한다.

한때 내 직장 상사였던 남자는 내가 초안을 써 가면 빨간 펜으로 직직 그었다. 한 장 한 장이 다 마음에 안 든다며 만신창이로 만들었다. 그건 일종의 살인이나 다름없었다. 그가 나를 사무실로 부르면, 나는 커다란 책상 맞은편에 놓인 가죽 의자에 앉았다. 그는 내가 제출한 초안을 죽 읽어 내리고는 뭐가 마음에 안 드는지 말했다. 그러면서 여백에다 "진짜 로스쿨 나온 거 맞아?" 같은 평을 써 넣었다. 그러고 나서 서류를 돌려받은 나는 눈을 내리깔고 힘없이 사무실을 나섰다.

그렇게 밖으로 나온 뒤에는 어김없이 복도 끝 불 꺼진 화장실에 들어갔다. 소리가 새어 나가지 않도록 팔꿈치 안쪽에 얼굴을 묻고 엉엉 울었다. 직장도, 그 사람도 싫었다. 울음은 도저히 참을 수 없었고, 때로 그의 앞에서 눈물을 보일 때면 나 자신마저도 싫어졌다.

살면서 가장 화나는 순간마다 나는 눈에서 눈물이 치솟는 것을 느꼈다. 비판을 받을 때, 남자친구와 싸울 때, 상사가 "한 바퀴 돌아 봐"라고 했을 때. 그런 순간마다 화가 나서 귀가 벌겋게 달아오르는 동시에 눈시울이 축축해졌다.

나는 통제권을 잃었다.

아파서든 슬퍼서든 화가 나서든 정서적 눈물의 기전은 똑같다. 눈꺼풀과 안구 사이에 있는 눈물샘에서 눈물이 만들어진다. 이때 반사적으로 눈꺼풀이 깜박이며 눈물을 안구 전체에 퍼뜨려 막을 형성한다. 이때 눈물은 눈물점

(눈물길의 입구로, 눈물이 작은 관들을 거쳐 코까지 이어지므로 콧물도 같이 난다)으로 들어간다. 눈물의 양이 많아서 관에서 넘쳐 오르면 아래쪽 눈꺼풀 위로 넘쳐흘러 뺨 위로 흘러내리게 된다. 그것이 눈물의 해부학이다.

화가 날 때 나는 눈물의 문제는 이 눈물이 침착하지 않다는 것이다. 분노의 눈물은 해체이고 무너짐이다. 때로는 내 목을 콱 막은 무언가를 토해 낼 수도, 차마 삼킬 수도 없다. 지표면에서 지진이 땅을 흔들고 움직이고 파괴하며 자기를 표출하는 것처럼 말이다.

눈물이 날 만큼 화났던 일들: 지각하는 사람 기다리기, 교통 체증, 가르치려 드는 남자, 방 청소, 생리, 어떤 남자와 키스하고 싶지 않았지만 거절할 방법이 없어서 키스한 일, 깨진 거울, 모유가 새는 것, 어머니의 조소, 내 파트너의 고집, 슈퍼마켓 계산대에서 줄서기, 내 딸을 데려가겠다며 위협한 신생아 집중치료실의 간호사, 다리 골절, 육아, 2016년 대선, 우리 아버지, 헤어진 남자친구와 내 가장 친한 친구의 키스, 허기.

여성 중 51퍼센트 이상이 화가 나서 울어 본 경험이 있는 반면 같은 경험을 가진 남성은 2퍼센트에 불과하다. 오늘날 남성의 눈물이 예전에 비해 사회적으로 용인되고 있다고 해도 이는 슬픔이나 고통의 경우에 한한다. 남성은 화가 나면 공격적인 방식으로 물리적 행동을 취하는 경우가 많다. 여성은 울 때가 많다.

나는 소셜미디어에 화가 나서 눈물을 흘린 적 있느냐는 질문을 올려 보았다. 답변한 사람들은 거의 다 여성이었다. 화가 나서 눈물을 흘리면 자신을 통제하지 못했다는, 약한 모습을 보였다는, 싸움에서 한 발 밀렸다는 수치심이 든다는 답변도 있었다. 한 여성은, 눈물이 너무 멀리 가 버리지 않게 잡아 주는 감속기라고 생각한다고 했다. 거의 모든 여성이 화날 때 눈물이 나기 때문에 싸움을 피하거나, 눈물이 나는 순간 싸움을 끝내게 된다고 답했다. 정말 많은 여성들이 직장 생활을 하면서 화가 날 때 눈물이 나서 곤란하다고 답했다. 일터에서 우는 것은 사실상 근로자 수칙 위반이나 다름없이 취급된다. 영화감독 데버라 캠프마이어는 얼마 전부터 분노의 눈물이 가진 힘을 받아들이게 되었다고 말했다. "필요한 경우 다른 모두가 자리를 떠나게 만드는 힘이 있다"고 말이다. 내가 너무나도 유약하다고 느끼는 문제를 위풍당당한 무언가로 받아들인다는 사실이 마음에 든다.

한 연구에 따르면 여성의 눈물에는 남성의 테스토스테론 분비를 늦추어 공격성을 감소시키고 성적 반응을 없애는 냄새가 담겨 있다고도 한다. 대뇌변연계는 **투쟁, 도피, 경직, 회유** 반응을 자아내는 곳이기도 하다. 생존을 위해 신호를 보내는 기관인 것이다. 눈물은 여성이 생존하는 데 도움을 줄까?

"우울증은 내면화된 분노입니다." 내 두 번째 심리치료사가 한 말이다. 나는 분노를 억누르고 솎아 내고 편집해서 슬픔을 닮은 무언가로 만들어 버렸다. 분노처럼 활활 타는 것이 아니라 끝도 없이 무디고 평평하게 반질거리는 것으로 말이다. 나는 타는 분노를 너무 깊이 묻어 두는 바람에 한참이나 뜨거운 줄도 몰랐다. 분노를 묻어 놓았던 내 안의 깜깜한 어둠 속으로 들어가 다시금 그 감정을 일깨워야 했다. 나는 붙잡을 실마리 하나 없이 미궁 속으로 들어갔다. 그리고 마침내 분노를 찾아낸 나는 그녀가 숨 쉴 수 있도록 허락했다.

다시금 분노를 찾아내자 동시에 글 쓰는 목소리도 돌아왔다. 아마 내가 쓴 모든 글의 뿌리는 분노일 것이다. 분노가 내 목소리의 연료다. 이제 나는 나긋나긋해지기가 두렵다. 고함을 멈추는 것이 두렵다. 이제는 귀 뒤가 따가울 만큼 달아오를 때에야 편안하다.

나는 아직도 자주 운다.

윗입술이 진동한다. 입술 아래쪽을 잇새로 조여 문다. 왼쪽을 잘게 물면 뒤틀린 도톰한 분홍색 살이 오른쪽으로 말려든다. 두툼한 아랫입술을 앞니로 문다. 노여움의 덩어리를 목구멍으로 꿀꺽 삼키지만 넘어가지 않는다. 나는 전신주의 전선이 되어 바람에 휙 채는 기분이다. 살아 있는 전선. 땅에 떨어지면 불꽃을 튀긴다.

지진의 진도는 감지할 수 없을 만큼 약한 것에서부터 사람들을 날려 보내고 도시 전체를 파괴할 만큼 극심한 것까지 다양하다.

나는 내 눈이 쏘아 내는 불길로 나무를 태우고 싶다. 더 강해지기를, 내 안에 일종의 마법이 깃들기를 바란다. 나는 내 노여움으로 집을 공중에 날려 보내고 싶다. 복수심으로 가득한 심장을 갖고 싶지만, 내가 가진 건 한 줌의 눈물뿐이다.

그러나 눈물은 우리의 최초의 언어이자 원천적인 소리다. 우리가 언어와 그 의미를 알기 전, 자음과 모음을 가려내고 책과 공을 구별할 줄 알게 되기 전부터 말이다. 아주 오래전, 첫 숨을 토해 낼 때 우리는 울음을 터뜨렸다. 리디아 유크나비치는 울음은 정제된 것이라고, 언어라고 했다. 그 뒤로 우리는 말없이 말하는 몸의 언어를 줄여 갔다. 모든 눈물이 슬픔을 뜻하는 것은 아니다. 모든 분노가 고함의 형태를 띠는 것은 아니다. 때로 한 사물과 다른 사물을 연결하는 전선이 꼬이면서 합선을 일으킨다. 그 소리는 때로 한숨이고, 어떤 때에는 타격음이고, 흐느낌일 때도 있다. 때로는 눈물처럼 보이고 분노의 맛이 난다.

머리사 코블(Marissa Korbel)은 《럼퍼스》의 월간 에세이 칼럼인 「더 스레드」(The Thread)의 기획자이자 필자이다. 《매니페스트 스테이션》(The Manifest-Station), 《게르니카》, 《하퍼스 바자》 등의 지면에 글을 실었다. 지금은 대학생 및 미성년자 성범죄 생존자를 위한 공익변호사로 일하고 있다.

트랜스여성의 분노에 관하여

On Transfeminine Anger

다섯 살쯤에 처음으로 드레스를 입었다. 심심했던 나는 길 건너편에 사는 여자애들과 친해지고 싶어서, 드레스를 입으라는 말을 용감하게 받아들였다. 그때 내가 입은 드레스는 꼭 때 이른 죽음을 맞은 어린 공주의 장례식 의상처럼 프릴과 검은 반짝이 장식이 잔뜩 달린 흉물이었다. 여자아이들이 우스워서 비명을 질러 대는 소리를 듣고 나니 **정말** 죽고 싶어졌다. 나는 허리께에 느껴지는 드레스의 기분 좋은 감촉을 불편하게 의식하며 도망쳤다. 그러면서 이 일을 절대 누구에게도 말 못 할 일급비밀로 꽁꽁 숨겨야겠다고 마음먹었다.

이런 모험을 겪고 얼마 지나지 않아 부모님은 내가

어딘가 달라졌다는 것을 알아차렸다. 내가 다른 아이들을 괴롭히고 다니기 시작했던 것이다. 몇 번의 싸움질 끝에 결국 코트 보관실 안에서 내 오른팔 노릇을 하던 녀석과 함께 반 친구 하나를 앞뒤로 짤짤 흔들어 대던 장면을 들키고 말았다. 아버지가 평소답지 않게 노발대발하며 학교로 찾아와 나를 집으로 데려갔다. 집으로 가는 차 안에서 아버지는 최후통첩을 날렸다. 왜 그런 짓을 하는지 설명하지 않으면 궁둥이를 영영 잊지 못할 정도로 매질해 주겠다고 말이다.

문제는, 내가 왜 이러는지 나조차도 알 수 없었다는 것이다. 나는 겁나고 부끄러워서 집에 가는 내내 꼼짝 않고 앉아 있었고, 집에 도착한 뒤에는 니켈 버클에 버펄로가 그려진 가죽 벨트로 흠씬 두들겨 맞았다. 아버지가 으름장을 놓았던 대로, 아직까지 생각만 해도 얼굴이 절로 일그러질 만큼 심한 매질이었다.

내가 공격적으로 행동하는 이유를 알게 되었을 때쯤 아버지는 이미 돌아가신 뒤였기에 진실은 영영 말씀드리지 못했다. 나는 트랜스젠더, 어떻게 해야 자기 자신일 수 있는지 모르는 소녀였다. 남성성을 수행하기 위해 내가 쓸 줄 아는 유일한 방식인 폭력과 공격성을 사용한 소녀였다. 분노의 힘을 알고 그것을 어떻게 휘둘러야 하는지 아는 여성으로 자라날 소녀였다.

실제로는 남자이고 싶지 않았음에도, 중학교 시절 내 내 남자다워 보이려고 간절히 애썼다. 위저나 그린데이처럼, 예민하고 화난 남자들이 간판으로 나서서 이라크전에서부터 예쁜 여자한테 거절당했다는 억울함에 이르기까지 온갖 것들을 향해 격분을 쏟아 내는 밴드들에게 흠뻑 빠져들었다. 한 남자의 사그라지지 않는 분노가 범죄와의 전쟁을 고결하게 종식시키는 배트맨 만화책 시리즈도 읽었다. 그 어딘가에 해답이 있으리라고 나는 확신했다. 조각들을 끼워 맞추면 내가 수행해야 할 남성성을 찾을 수 있을 것 같았다.

그런데 나의 노력은 남자가 되려는 데서 그치지 않았다. 나는 안전해지기 위해 남성성을 모사하는 법을 배웠다. 내가 친구라고 생각했던 남자애들은 쉬는 시간이면 내 물건(주로 점심 도시락)으로 가로채기 놀이를 하느라 난리였다. 울며 애원하면 문제가 악화되기만 하는 반면, 물리적 공격을 가미해 분노를 드러내면 몇 주간 괴롭힘이 멈춘다는 사실을 나는 알게 되었다. 어느 주말 어떤 아이가 장난삼아 내 자전거를 몇 시간 동안 빼앗아 갔다. 월요일 수업이 끝난 뒤 나는 학교 근처에 있는 교회 묘지까지 그 애를 쫓아간 뒤 바닥에 자빠뜨렸다. 그 이후 몇 달간 아무도 나를 건드리지 않았다. 이것이 소년들이 체득하는 언어였다.

고등학교를 졸업할 때쯤 되자, 나는 내가 감당할 수 있음 직한 남성성의 형태를 알게 됐다. 비밀스러운 크로스

드레싱 페티시즘을 간직한, 마음 약한 펑크 보이였다. 나는 얼른 대학으로 도망쳤고, 곧바로 학교신문에 사설을 쓰기 시작했다. 사설에는 그 주에 나를 화나게 한 일들에 대한 글을 썼다. 이스라엘-팔레스타인 분쟁, 학교 본부의 비리, 브리스톨 페일린*에 이르기까지 내 심기를 거스르는 것이라면 무엇이든 글감이 되었다. 나는 내 글에 열정과 맹렬함을 담은 반면 자기반성이나 연구는 거의 없이 '괴짜 얼간이 소년'이라는 자아에 어울리는 연출에만 몰두했다. 내 글 속에서 학교 본부는 '어둠의 위원회'가 되었고 총장은 '상아탑' 안에 틀어박혀 학생들에게 가할 부당한 처벌을 구상했다. 아무리 좋게 표현해도 그때의 나는 거북하기 이를 데 없는 녀석이었다.

그 무렵 오랫동안 뇌종양과 싸우던 아버지가 돌아가셨다. 눈을 감으시기 직전 나는 춥고 황량한, 불 꺼진 호스피스 병실에서 아버지와 단둘이 몇 시간을 보냈다. 이번에도 나는 뭐라고 말해야 할지 알 수 없었다. 울음조차도 나오지 않았다. 정서적인 면에서 까막눈이나 마찬가지였던 나는 죄책감과 수치심으로 엉망이 되어 결국 분노의 방향을 내 안으로 돌렸다. 나 같은 사람들은 결코 원하는 만큼 행복해질 수 없을 거야. 그럴 자격이 없으니까. 그래서 나

---

* 임신중단을 강하게 반대하던 공화당 소속 정치인 세라 페일린의 딸로, 십대 임신으로 인해 화제에 올랐다.

는 모든 감정을 내리누른 채(남자라면 그래야 한다고 생각했으니까) 대학을 졸업한 뒤 직업작가가 되었다.

　그러나 결국은 나도 임계점에 다다랐다. 실업 기간이 길어지면서 내 감정을 들여다볼 시간이 많았기에 결국은 현실을 직시하게 되었다. 나의 우울증이나 정서적인 자학은 더 큰 문제의 징후에 불과했다. 즉, 내가 남자가 아니며, 남자로 살고 싶지 않았고, 내가 앞으로 나아갈 길은 트랜지션뿐이라는 문제였다.

　에스트로겐제를 투약하기 시작한 지 불과 몇 주 뒤, 캐시 샐이라는 트랜스여성이 귀갓길에 뒤따라온 괴한에게 폭행당해 병원에 입원했다. 또, 얼마 지나지 않아 나와 같은 블록에 살던 남자가 내가 사는 건물 현관까지 뒤따라오더니 내가 집으로 들어갈 때까지 지켜보았다. 다음 날 나는 아마존에서 호신용 스프레이를 구입했다. 여태껏 내가 학술 용어라 여겼던 여성혐오와 가부장제가 문득 너무나 현실이 되어 있었다.

　내 분노는 욱신거리기 시작했고 이번에는 이 분노를 어디에 쏟아야 할지 알 수 있었다. 드디어 내가 목적 없는 자기혐오도 진보주의의 논란거리도 아닌 진정한 명분을 찾았던 것이다. 나는 다시 에세이 쓰기로 돌아가서, 혀를 놀리는 여성혐오와 트랜스혐오의 기세를 꺾을 수 있는 글을 쓰기로 마음먹었다. 아버지와 오랜 친구 사이였던 편집자에게 이메일로 연락하자 당장 트랜스젠더의 삶과 정치를 다루는 주간 칼럼을 맡을 수 있었다. 나는 호르몬 투여를 시작한 첫 1년간 그 칼럼을 썼다.

안타깝지만 내 초기 글들은 아직 떨쳐 버리지 못한 대학 시절의 '남자'로서의 내 모습을 반영하고 있다. 내 글은 벼락을 칠 듯 노기등등하고 불필요하게 호전적이며 불친절했다. 일례로 바워리에서 있었던 한 공연에서 어느 밴드가 내 친구들에게 무례한 행동을 했을 때 나는 특별 기고로 그들을 "뻔한 약골들"이라고 칭하는 칼럼을 쓰기도 했다. 그러나 내 표적은 모르는 사람들에 그치지 않았다. 페이스북에서 한 시스젠더* 친구와 톤 폴리싱** 문제로 열띤 말다툼을 벌인 뒤에 그 친구가 문자 메시지로 계속 내 버튼을 자극했다. 이에 대한 답으로 나는 「앨라이***가 되는 법」이라는 글을 쓰면서 앨라이가 해서는 **안 되는 일**의 예로 그 친구의 이야기를 들었다.

결국 가장 친한 친구 두 명(한 명은 가장 최근에 헤어진 애인이었고, 다른 한 명은 우리 두 사람 공통의 친구이자 내가 처음으로 드레스를 살 때 H&M에 함께 갔던 친구였다)이 나에게 질려 버렸다. 하지만 이 두 친구는 그런 마음을 나로서는

---

*   지정 성별과 성별 정체성이 일치하는 사람.
**   차별당하는 이가 부당함을 주장할 때 메시지 자체보다는 어조나 태도를 지적하며 논점을 흐리는 행위.
*** '동맹', '협력자'라는 뜻에서 다양한 성적 지향을 가진 퀴어 인권을 지지하고 연대하는 사람을 가리키는 말.

불가능하리라 여겼던 방식으로 표출해서 나에게 큰 도움을 주었다. 그들은 나를 저녁 식사에 초대해 와인을 따라 준 뒤 잠시 편안하게 잡담을 나누었다. 식사가 준비되자 그들이 내게 대화를 좀 하자고 말했다. "우린 널 사랑해. 하지만 요즘은 너와 대화를 나누면 네 다음 칼럼의 먹잇감이 되어 버릴 거란 생각이 들어."

충격적이었고 심란했지만 그들의 말 속에 담긴 진실을 부인할 수 없었다. 나는 수년 만에 처음으로 울었다.(그 말들이 내 마음에 와닿았다는 명백한 징후이기도 했지만, 드디어 에스트로겐이 효과를 발휘했다는 증거이기도 했다.) 나는 내 글이 그토록 냉혹하다는 걸 왜 몰랐을까? 애초 나는 다른 사람에게 도움이 되려고 글을 쓴 게 아니었던가? 내 분노는 효율적인 의사소통 수단이었는지는 몰라도, 무모하게 휘두른 탓에 아끼는 이들에게 상처와 반발을 남겼다. 나는 온갖 부정적인 감정을 분노로 바꾸는 데 익숙한 나머지 예전 삶에서 떠나올 기회를 영영 잃어버릴 뻔했다. 나의 트랜지션이 단순히 신체적인 것에 국한될 필요는 없었다. 호르몬이 내 몸을 새로이 빚어내는 동안 나는 어린 시절에 학습한 해로운 사회화를 없었던 것으로 되돌리고 친절하고 이해심 많은 여성이 될 수도 있었다.

이미 3년도 더 지난 그날 밤, 나를 초대해 준 친구들은(내가 타인들에게 하듯이 그들도 나를 밖으로 불러내기보다는 안으로 불러들였다) 내가 다시 마음을 다잡게 해 주었다. 그들에게는 아무리 고마워해도 부족하다. 이제는 자기혐오나 폭언을 쏟아내는 행동으로 괴로워하는 일이 없다고 한다면 거짓말이지만, 그래도 나는 더 이상 분노를 표출하는데 지배되지 않는다. 이제 나는 분노와 새로운 관계를 만들어 가고 있다.

어느 날, 밤늦게 친구 집에서 나와 버스 막차를 타러 걸어가는 중이었다. 다행히 장거리도 아니었고 버스도 곧 도착할 것 같았다. 브루클린의 거리는 조용한 편이었다. 그런데 서둘러 걷던 내 눈에 어떤 광경이 들어왔다. 가게 앞에서 한 남자가 여자에게 위협적으로 다가가더니 빠져나가려는 여자에게 "안 돼!" 하고 계속 고함치고 있었다. 처음에 나는 본능적으로 끼어들지 말고 갈 길을 가자고 생각했다. 남성이 나 같은 사람들에게 무척 위험할 수 있다는 걸 이미 잘 알아서였다. 그러나 남성이 저 여자 같은 사람들에게도 위험한 건 마찬가지였다.

내가 타야 할 버스가 다가오고 있었다. 두 사람의 대화가 정확히 들리진 않았지만, "싫어"라는 여자의 목소리만큼은 뚜렷이 들렸다.

버스 따위가 중요한 게 아니었다. 나는 재빨리 왔던 길을 되돌아갔다.

"잠깐만요, 지금 이 사람이 당신을 괴롭히고 있는 건가요?" 내가 물었다.

"맞아요." 여자가 흐느꼈다. 여자의 눈이 **부탁이에요,** 하고 말하는 것 같았다.

남자가 내 쪽을 보더니 아무 문제도 없으니 저리 가라고 했다.

나는 그 자리에서 버텼다. 문제없을 리가 없었으니까. 나는 남자의 덩치를 눈으로 견주어 보았다. 키는 나보다 조금 컸지만 더 마른 체구였고, 내가 바짝 다가간 탓에 허를 찔린 상태였다. 나는 두 사람 사이에 끼어들어 막으면서 만약의 경우 핸드백에 든 호신용 스프레이를 꺼내는 데 걸릴 시간을 가늠해 보았다.

"놔 주세요." 내가 쏘아붙였다. 그의 항의는 내게 아무 의미도 없었다. 나는 마치 이 순간을 위해 평생 동안 훈련해 온 것만 같은 기분이 들었다. 남자는 취해서 몸싸움을 시작할 만한 상태가 아닌 것 같았다. 그 남자의 으름장은 허세에 불과했고 여성 한 명에게는 위협이 될 수 있을지 몰라도 두 명에게는 통하지 않았다. 특히 둘 중 한 명이 눈 하나 깜짝 않고 버티면서 그의 분노에 맞서고 있다면 말이다. 그의 눈을 똑바로 쏘아보면서 나는 여태까지 내게 자기들의 방식을 배우라고, 그들 중 하나인 척하라고 강요했던 남성들에게 느낀 분노와 경멸을 전부 쏟아부었다.

나는 다시 한번 그에게 놓으라고 한 다음 여자와 함께 그 자리를 떠났다. 여자의 집이 몇 블록밖에 떨어지지 않은 근처였기에 내가 집까지 데려다주었다. 우리는 마치 새로 사귄 친구처럼 각자가 브루클린에 대해 느끼는 애정을 털어놓고 이렇게 큰 도시에서 서로를 만나 다행이라고 이야기했다. 헤어져서 택시를 잡을 때는 내 가슴속에 연대의 기쁨이 울려 퍼지고 있었다.

자매애의 불길 속 깊은 곳에서 나는 새로 태어났다.

혼란에 빠진 트랜스아동이었던 내게 분노는 갑옷이자 위장복이었다. 결국 최선의 방어는 공격이라며, 사람들을 향해 날선 말을 퍼부으면 지금까지 받은 것보다 더 깊은 상처를 받지 않을 수 있을 것 같았다. 그러나 다른 여성을 괴롭히려던 남성을 가로막았던 그날 밤, 내 분노는 나를 조금도 보호해 주지 않았다. 어쩌면 그 순간의 나는 평생 그 어느 때보다도 더 솔직하면서도 공격받기 쉬운 상태였을 테지만, 그때 내게는 예전에 분노로 얻었던 그런 방식의 보호가 필요하지 않았다. 그 순간 나는 나의 가장 강렬한 진실을 살아 내는 방법을 찾았던 것이다.

트랜스젠더를 배제하는 급진적인 페미니스트(터프 TERF), 즉 트랜스여성이 진짜 여성이라고 믿지 않는 여성들은 나의 경험을 한층 더 섬뜩한 방식으로 해석할 것이다. 나의 분노와 폭력 성향은 내가 돌이킬 수 없는 남성임을 증명하는 것이며, 나는 결코 진정한 여성이 된 적도 없고 될 수도 없을, 여성의 영역을 침범하는 식민주의자라고 말이다.

터프는 트랜스여성이 여자아이로서 양육되는 경우가

드물기에 우리의 사회화는 우리를 '진정한' 여성성으로부터 멀어지게 만든다고 믿는다. 얼핏 생각하면 중요한 지적으로 보인다는 것은 나도 인정한다. 트랜스여성 정체성을 억누르는 과정은 슬픔이나 불안의 표현처럼 문화적으로 '여성적'인 것으로 구축된 영역에서의 정서적 발달을 저해하고 이런 감정들을 분노로 전이하는 '남성적' 표현을 택하게끔 할 수 있다. 그러나 이런 이론들은 시스젠더 여성들의 생애 경험에 적용해 보았을 때 허물어진다. 미국은 물론 전 세계적으로 많은 여성들이 완전히 다른 방식의 사회화를 필요로 하는 환경에서 살아간다. 다른 여러 주변화된 페미니스트들이 오래전부터 주장해 온 것처럼 '공유되는 소녀 시절'이라는 개념은 태생적으로 거짓이며 소녀들의 사회화 방식을 백인 시스젠더 중심으로 바라보는 것이다. 한 예로 폭행 발생률이 높은 지역에서 태어난 여성들은 폭력적인 분노를 표출하지 못해 문제를 겪는 일이 적다. 이런 환경에서는 그런 감정들을 억누르는 것이 약하다는 신호이기에 위험한 반면 분노를 통한 힘의 행사는 효과적인 저지 수단이 되기 때문이다.

트랜스여성이 시스여성과 이들의 공간에 위협이 된다는 터프의 주장과는 반대로, 나는 우리가 서로에게 많은 것을 알려 줄 수 있다고 믿는다. 탐구심 강한 사람들이 모여 시스여성과 트랜스여성 둘 다를 탐구하는, 급진적으로 포괄적인 공간을 상상해 보자. 이 공간에서 우리는 자아를 바라보는 새로운 가능성을 열어 둔 채 집단적 해방을 향해 한 발짝 더 나아갈 수 있을 것이다. 우리가 서로의 경험 속 간극을 메워 주면 어떤 가능성들이 나타날까? 브루클린에서의 그날 밤, 나는 달갑지 않은 과거의 경험을 이용한 덕분에 전혀 예기치 못한 곳에서 나를 기다리고 있던 연대의 표현을 마주했다. 내가 트라우마를 헤쳐 나간 데 이유가 있지 않을까? 우리의 분노에 힘과 절제력이 깃든다면 우리는 앞으로 어떤 장벽들을 무너뜨릴 수 있을까?

벽을 무너뜨리기는 물론 쉽지 않다. 내 인생에서 지난 4년은 나 자신의 감정 변화가 무척이나 혼란스럽던, 낯설고도 무서운 시간이었다. 내 감정을 추스르는 것만으로도 힘겨웠다. 나는 내가 언제 분노에 의지하고 이를 자학의 수단으로 쓰며 주변 사람들에 대한 비생산적 적대감과 함께 분출하는지를 아직도 배워 나가는 중이다. 그러나 진정한 나를 표현하는 기쁨은 내가 차마 꿈꾸지도 못했던, 그리고 너무나 많은 여성들이 아직도 거부하는 크나큰 선물이다. 이제는 우리가 우리의 분노를 되찾고 이로써 우리를 다시금 정의할 때다.

서맨사 리들(Samantha Riedel)은 트랜스젠더 이슈를 전문으로 하는 프리랜서 정치·문화 작가다. 《빗치》(Bitch), 《뎀》(them.), 《틴보그》, 《퍼블리셔스 위클리》 등에 에세이와 인터뷰 기사를 발표했다. 지금은 매사추세츠 서부에 살며 첫 책을 집필하고 있다.

이벳 디온

매수되지 않고 휘둘리지 않는

Unbought and Unbossed

나는 여간해서 화를 내지 않았다. 어린 시절에는 비난받을 때면 감수성이 내 반응을 통제했다. 내 말이나 행동을 비난하는 사람이 차분한 말투를 쓰건 고래고래 고함을 지르건 중요하지 않았다. 심지어 내가 잘못을 했는지 안 했는지도 중요하지 않았다. 언어폭력을 당한다는 느낌이 들자마자 나는 움츠러들었고, 고개를 푹 수그린 채 금방이라도 통통한 볼에 흘러내릴 것 같은 눈물을 꾹 눌러 참았다. 나는 집 안의 불이 모두 꺼진 뒤 화장실이나 내 방에서 소리 죽여 울곤 했다. 반면 분노, 끓어오르고 넘쳐흐르는 종류의 분노는 내게 낯설기만 했다. 그 시절의 내게는 뚱뚱한 것과 흑인인 것 그리고 나 자신을 방어할 뿐임에도 내가 공격한 것처럼 보이게 하는 분노 사이에 복잡한 관계가 있음을 알 수 있는 언어도, 이해력도 없었다.

그럼에도, 초등학생 시절 나는 내 몸이 또래 친구들의 몸보다 빠른 속도로 팽창하고 있기 때문에 조심해서 행동해야 한다는 것을 배웠다. 나는 천식 치료를 위해 프레드니손이라는 스테로이드제를 복용했는데, 그 영향으로 일곱 살에서 여덟 살 사이에 빠른 속도로 성장했다. 당시 나는 다른 이들이 받아들여 줄 만큼, 눈에는 보이되 표적은 되지 않을 만큼 작아지기만을 그 무엇보다 간절히 바랐다. 아이들에게 놀림을 받을 때, 의사가 내 체중이 늘어나는 게 도덕적 실패라도 되는 것처럼 이야기할 때, 나는 화를 내는 대신 내면으로 더 깊이 침잠해 들어갔다. 또래 아이들이 허락도 없이 내 머리를 만지고 점심시간 줄을 설 때 새치기를 하면, 나는 마치 이 잔인한 일이 내가 아닌 다른 사람에게 일어나는 일이라는 듯 아무 말 없이 쳐다보기만 했다.

그러나 내 참을성은 5학년이던 어느 날 바닥나고 말았다. 쉬는 시간에 테더볼*을 하려고 줄을 서 있는데, 이름을 잊은 지 오래인 어떤 애가 내 앞으로 새치기했다. 테더볼을 하던 중 그날 내 주머니에 들어 있던 동전 몇 개가 바닥에 떨어지자 그 애가 동전을 발로 밟아 숨기더니 그대로

---

*   기둥에 매단 공을 라켓으로 치고받는 게임.

주워 갔다.

평소 같았더라면 나는 시비가 붙는 게 싫어서 그 애가 동전 줍는 모습을 못 본 척 넘겼을 것이다. 하지만 그날은 내 안 깊은 곳에 숨겨져 있던 그 무언가가 나더러 그 애와 맞서기를 재촉했다. 피부 아래까지 분노가 치밀어 올라 손이 찌릿찌릿했는데, 지금도 감정에 휩쓸릴 때면 똑같은 느낌이 든다. 그 애가 가져간 적 없다고 발뺌하며 동전을 돌려주지 않자 나는 두 손으로 그 애의 목을 졸라 버렸다. 그 애가 숨을 못 쉴 정도로 목을 죄다가 싸움을 알아차린 선생님이 떼어 놓았을 때에야 멈췄다. 그제야 나는 손아귀에 느껴지던 그 애의 목이 여리디 여렸다는 사실을 깨닫고는 수치심으로 얼굴을 붉혔다. 어쩌다 내가 폭력으로 그 애한테 맞선 걸까?

그날, 다른 사람을 물리적으로 공격해서는 안 된다던 교장 선생님의 훈계를 나는 영영 잊지 못할 것이다. "스스로를 통제할 줄 알아야지. 분노를 표출할 수 있는 다른 방법을 찾아야 한다." 나는 교장 선생님의 말을 가슴에 새기고 다시금 분노를 깊숙이 숨겼다. 심지어 내가 다치게 한 아이에게 사과까지 했지만, 사실 정말 미안한지는 알 수 없었다고 기억한다. 그 애가 내 것을 빼앗았기에, 나는 이에 대응한 것뿐이었다. 그런데 잘못한 사람이 어째서 나일까? 나는 그때 교육제도 내에서 흑인 여학생이 정학당하는 횟수가 백인 여학생의 여섯 배에 달한다는 사실을 모르고 있었지만, 교장 선생님이 나를 야단친 것이 공공의 이익을 위해서 또는 교내의 무관용 정책을 유지하기 위해서만은 아니라는 사실을 알았다. 교장 선생님은 덩치가 크다는 이유로 이미 제 나이보다 더 나이가 많아 보이는 여학생에게 충고했던 것이다. 잘못 전해진 충고였지만 그럼에도 충고라는 사실은 변하지 않았다.

그날 이후 나는 선입견을 걱정하게 되었다. 내가 공격적이거나 통제 불능으로 보일까 봐 걱정스러웠다. 그때를 계기로 나는 아무리 부당한 일을 당해도 분노는 합리적인 대응이 아니라는 사실을 배웠다. 이 교훈은 그 후로 20년이 넘도록, 내가 나이를 먹으며 더 뚱뚱해지고 세상이 뚱뚱한 흑인의 몸을 어떻게 바라보는가를 더 분명히 자각하게 되는 동안에도 계속 내 안에 머물렀다. 나처럼 커다란 몸 안에 깃들어 살아가는 이들은 공격 성향을 띤다는 해로운 추정의 대상이 되며, 무슨 일이 일어났건 간에 다툼을 자극한 것은 큰 몸을 가진 사람이고 다툼을 끝내야 하는 것 역시 그 사람이 된다. 사무실이나 비행기를 비롯한 공공장소에 들어갈 때마다 나는 내 접근을 의식적으로 주의한다. 입가에 미소를 띠고 한 마디 한 마디에 공손함을 담으면서 나는 절대 위협적인 존재가 아니라 그저 공간을 많이 차지할 뿐임을 보여 주려 무진 애를 쓴다. 흑인이고, 뚱뚱하고, 여성이라는 사실이 저절로 나를 위협적인 존재로 만든다는 생각을 밀어내려 나는 스스로를 작게 줄이고 말할 때는 끝을 올리고 글을 쓸 때는 느낌표를 붙인다. 그러나 이런 여러 보호 조치들은 비만혐오나 인종주의로부터 나를 보호해 주지 않는다. 오히려 분노를 피함으로써, 나는 아무런 처벌 없이 위반 행위들이 일어나도록 허용하고 있는 것이다.

이는 흑인 여성의 분노를 정당화할 수 없는 것으로 몰아가는 사회에 존재할 때 일어나는 여러 결과 중 하나다. 퍼트리샤 힐 콜린스가 신기원을 이룬 그의 책『흑인 페미니스트 사상』*에서 설명했듯, 다른 장악적 이미지controlling images들과 마찬가지로 '성난 흑인 여성'이라는 전형은 노예제도에 뿌리를 둔다. 힐 콜린스는 "아프리카계 미국인 여성들을 전형적인 흑인 매미**, 여성 가장, 복지제도의 수혜자, 핫 마마로 그려 내는 것"은 젠더, 인종, 계급의 교차점에서 일어나는 흑인 여성에 대한 억압을 정당화하며, 이렇게 만들어진 장악적 이미지가 정책과 미디어에서부터 빈곤이나 인종문제 같은 오늘날의 사회문제에 이르기까지 "일상의 자연스럽고 평범하며 불가피한 부분"으로 자리잡았다고 주장했다.

책 제목을 딴 대학원 수업에서 이 책을 처음 읽었을

---

* 국역본은『흑인페미니즘사상─지식, 의식, 그리고 힘기르기의 정치』
(박미선·주해연 옮김, 여성문화이론연구소, 2009).
** mammies. 특히 미국 남부의 백인 가정에 고용된 흑인 여성 유모의 정형화된 이미지.

때 나는 오프라 윈프리가 "깨달음의 순간"Ah-ha moment이라고 표현한 그것을 느꼈다. 레이철 A. 그리핀 박사는 "미친," "횡포한"이라고 표현했고 조네타 콜과 베벌리 가이셰프톨은 "고압적이고, 거만하고, 독설을 일삼으며, 수다스럽고, 고압적인, 그리고 물론 남성을 무력하게 만드는"이라는 말로 묘사했던 '성난 흑인 여성'에 대한 힐 콜린스의 설명을 읽으면서, 나는 어째서 교장 선생님이 나더러 사과하라고 부추겼는지를 드디어 깨달았다. 우리의 분노는 위법적인 것, 신중하지 않게 행사하는 것으로 보이며, 따라서 우리를 더 쉽게 무시하고, 묵살하고, 억압할 수 있게 만들기 때문이다. 그렇기에 내 분노가 묵살당하고, 내 논리가 무시당했으며, 상대 역시 내게 잘못을 저질렀음에도 내가 처벌받았던 것이다.

특히 대중문화는 뚱뚱한 흑인 여성의 분노가 위법하다고 생각하게 만들며, 이는 분노가 우리를 존중받게 하는 유일한 수단으로 그려질 때조차 마찬가지다. 한 예로, 2006년 개봉한 로맨틱 코미디 〈팻 걸즈〉에는 모니크가 연기한 재즈민 빌트모어라는 인물이 나온다. 아주 인상적인 한 회상 장면에서 빌트모어는 운동장에서 또래 학생들로부터 "뚱뚱해서 학생식당 문을 통과할 수 없다"며 놀림을 당하고 그의 사촌인 미아(조이풀 드레이크)는 이 모습을 못 본 척한다. 빌트모어의 독백에 따르면 그에게 친구라고는 자기 자신과 일기장, 그리고 조금이라도 날씬해지게 해 달라며 하느님에게 비는 기도가 전부다. 그러던 어느 날, 빌트모어는 물리적으로 반격하기로 마음먹는다. 짝사랑 상대 앞에서 빌트모어를 뚱뚱한 년[fat bitch]이라고 부른 동급생에게 그대로 몸을 날려 그 애를 때려눕히자, 다른 아이들이 둘을 에워싸고 환호를 보낸다. 그 순간, 오랫동안 무시와 괴롭힘을 당해 오던 빌트모어는 드디어 타인의 눈에 보여지게 되며, 이 때문에 타인의 인정을 받을 수 있는 수단은 오직 폭력뿐이라는 생각이 한층 강화된다. 영화 내내 빌트모어는 패스트푸드점 난투극을 비롯한 여러 번의 싸움에 가담하고, 싸움이 끝날 때마다 그전보다 존엄해진 모습으로 그 자리를 나선다. 뚱뚱하고, 흑인이며, 여성인 사람에게 '성난 흑인 여성'이라는 전형을 일축하는 동시에 그에게 가해진 피해를 인정하는 방식으로 분노를 표출할 길은 없다.

세리나 윌리엄스는 뚱뚱하지 않은 근육질 신체를 지녔음에도 선수 생활 내내 정당한 분노를 공공연하게 표출했다는 이유로 처벌과 비난을 받았다. 오사카 나오미와 맞붙은 2018년 US오픈 테니스대회 결승전에서 주심 카를로스 라모스는 계속해서 윌리엄스를 표적으로 삼았다. 그는 윌리엄스가 패트릭 무라토글루 코치로부터 경기 중 금지되어 있는 지도를 받았다고 주장했으며, 라켓을 부러뜨렸다는 이유로도 패널티를 주었다. 결국 윌리엄스는 결정적인 경기에서 오사카에게 패배하고 만다. 윌리엄스의 분노는 모든 면에서 정당하다. 특히 수년간 다른 어느 여성 선수보다 더 많은 약물검사를 받았고, 상대를 육체적으로 압도하고자 고의적으로 몸을 키웠다는 비난을 받았으며, 온갖 인종차별적이고 성차별적인 언사로 비방당한 그가 테니스계에서 오랜 세월 겪어 온 부당한 대우에 비춰 볼 때, 특히나 더 정당하다. 윌리엄스는 아무리 옳아도 잘못되었다. 오로지 그가 깃든 신체 때문에.

내가 분노를 이해할 수 있었던 것은 대학원에 다니며 오드리 로드, 벨 훅스, 퍼트리샤 힐 콜린스, 로빈 보일론 등의 저작을 읽으면서부터였다. 흑인 여성 또한 분노할 권리가 있음을 주장하고 그 중요성을 이론화했을 뿐 아니라 잘못 해석되거나 희화화될지도 모른다는 두려움으로 인해 분노가 표출해선 안 되고 억눌러야만 하는 것이 된 과정을 해체해 보인 흑인 여성들의 저작 말이다. 그 시절 나는, 분노는 "저항운동의 필수 요소"이자 "용감한 행동에 영감을 주는 촉매제 역할을 할 수 있다"고 말한 벨 훅스의 『맹렬한 분노』를 처음 읽고 흠뻑 빠져들었다. 1981년 전미 여성학협회 회담에서 자신은 인종차별에 분노로 응답할 것이며, 분노의 무게를 두려워한들 누구에게도 도움이 되지 않는다고 이야기했던 오드리 로드의 기조연설을 처음 접한 것도 그때였다. 로드의 연설은 그가 인종주의에 대한 대화를 조성하고자 할 때 톤 폴리싱을 시도했던 백인 여성 학자들을 향한 것이었다. 그러나 그의 행동 요구는 압제를

무너뜨릴 수 있으며 무너뜨릴, 흑인 여성 정치학 기획으로
서의 분노와 불가분의 것이다.

　나는 흑인 페미니스트들이 쓴 책과 논문과 연설문 속
에서 나의 분노를 찾아내고 그 정당성을 인식했고, 시비가
붙을까 두려워하지 않고 전적으로 표출하는 방식으로 이
를 이용하기 시작했다. 내가 분노와 새로운 관계를 맺기
시작한 계기는 수업 중에 '흑인 공동체 내에 상존하는 성
차별에 있어 흑인 남성의 역할'에 관해 토론한 것이었다.
내가 한 흑인 남성과 온라인에서 했던 대화에 관해 구체적
으로 언급하고 있는데, 어떤 흑인 남학생이 내 말에 끼어
들었다. "흑인 남자 한 사람이 그랬다고 흑인 남성 전체를
매도하면 안 되죠." 그가 입을 여는 순간 손가락에서 익숙
한 찌릿찌릿함이 느껴졌다. 그 순간, 선택지는 두 가지였
다. 분노를 삼키고 평화를 지킬 것인가, 아니면 내 느낌을
있는 그대로 표현할 것인가.

　로드, 훅스, 보일론, 그리핀, 그리고 브리트니 쿠퍼 박
사의 책까지 읽은 나는 진정한 선택지가 하나뿐이라는 것
을 알고 있었다. 남학생이 말을 잇기 전에 나는 그의 말
을 자르면서 내 목소리에 번지는 분노를 느꼈다. "끼어들
지 마세요." 목소리는 떨렸지만, 나는 내가 옳다고 확신했
다. 그때 내가 정확히 무슨 말을 했는지 전부 기억나지는
않지만, 말이 끝났을 때 강의실 안은 그 어느 때보다 잠잠
했고 내 분노가 강의실 벽에서까지 뿜어져 나오는 것 같

았다. 나는 잠시 양해를 구한 뒤 화장실에 가서 종이 타월을 물에 적셔 얼굴과 목의 열을 식혔다. 내가 학교에서 분노에 나를 맡긴 것은 난생처음이었다. 그리고 그 순간, 나는 태어나서 가장 큰 해방감을 느꼈다. 5학년 때는 몰랐지만, 그때는 내가 분노로서 응답할 수 있다는 사실, 그리고 내 분노가 정당하기에 사과하지 않아도 된다는 사실을 알 수 있었다. 마음을 추스르고 강의실로 돌아온 나는 강의가 끝날 때까지 내가 힐난했던 남학생의 시선을 외면하면서 우리가 나누었던 대화를 되짚었다. 강의가 끝나 모두가 강의실을 나서는 사이에 그 남학생이 내게 다가오더니 내 의견에 동의하진 않지만 내 관점을 존중한다고 말했다. 내가 나의 흑인 페미니스트 윤리에 봉사하면서 분노할 수 있는 데 필요한 것은 그게 전부였다.

나는 초등학생 때 이후로 한 번도 몸싸움한 적이 없었지만, 더 이상 다른 사람들이 나를 밟고 지나가도록 몸을 작게 움츠리지도 않는다. 특히 소셜미디어에서 적극적으로 활동했다. 페미니즘에 대해, 뚱뚱함에 대해, 정치에 대해 말할 때마다 소외 집단에 대한 억압적 서사를 허물어뜨리려 목소리를 높였다. 나는 편집자로서, 작가로서 일하면서도 그렇게 한다. 분노가 내 손가락에 연료를 부어 넣어 사회정의를 고의적으로 곡해하는 이들을 교정하게 만든다.

최초의 흑인 여성 하원위원이자 대선 경선 후보였던

셜리 치점은 개인적 노력이 아니라 공동체를 위한 노력으로서 자신이 정치에 접근하고 있음을 나타내려 "매수되지 않고, 휘둘리지 않는"이라는 슬로건을 사용했다. 1972년 연설에서 그의 이런 태도가 가장 잘 드러난다. "저는 자랑스러운 흑인이지만 흑인의 미국을 대표하는 후보가 아닙니다. 저는 여성이고 마찬가지로 이 사실이 자랑스럽지만 이 나라의 여성운동을 대표하는 후보 역시 아닙니다. 저는 미국 국민의 후보이며 지금 여러분 앞에 선 제 존재가 미국 정치사에 열릴 새 시대의 상징입니다."

"매수되지 않고, 휘둘리지 않는"다는 것은 분노를 더 큰 비전에 봉사할 동력으로서 전략적으로 표출한다는 의미임을 치점은 그 누구보다 잘 이해하고 있었다. 이 슬로건은 흑인 여성이 정치에, 대중문화에, 인생에 취하는 접근 방식을 대표하는 문구다. 치점처럼, 훅스와 로드와 힐 콜린스를 비롯한 수많은 이들이 이론화한 대로, 분노가 우리에게 주어진 가장 큰 선물임을 이해하면 새로운 길을 환히 비출 수 있다.

알게 되기까지도, 받아들이기까지도, 이를 이행하기까지도 오랜 시간이 걸린 일이지만, 뚱뚱한 흑인 여성으로서 느끼는 내 분노를 제대로 이해하게 되면서 나는 자기확신이 생겼다. 이제 나는 화를 잘 못 내는 사람이 아니다. 재빠르게 분노를 향해 돌아서서 분노로 나의 펜에 연료를 넣는다. 내 분노는 나를 치유하는 연고다. 대인관계에 있어서도 제도적인 침해에 있어서도 적법한 대응으로서 분노를 되찾는 것이야말로 마침내 내가 자랑스럽게 참여할 수 있게 된 흑인 페미니즘 기획이다.

이벳 디온(Evette Dionne)은 《빗치 미디어》(Bitch Media) 편집장이다. 『끌어 주고 올라서고—투표권을 위한 흑인 여성들의 투쟁』(Lifting As We Climb: Black Women's Battle for the Ballot Box, 2020)과 『뚱뚱한 여자아이에게도 동화는 필요해—깡마른 것의 반대편에서 희망차게 살기』(Fat Girls Deserve Fairy Tales Too: Living Hopefully on the Other Side of Skinny, 2020)를 출간했다.

죄책감

Guilty

색이 짙은 목조 벽에는 액자에 든 학위증과 커다란 유화 한 점이 걸려 있었다. 눈을 가늘게 뜨고 보아야 형체를 알아볼 수 있는, 흐릿한 보라색과 푸른색으로 그려진 인상주의 풍경화였다. 주차장 너머 바깥에서 LA 러시아워의 윙윙대는 소음이 들려오는, 밸리의 서늘한 10월 저녁이었다. 짙은 갈색 체스터필드 소파가 내 허벅지 뒤쪽에 들러붙는다. 나는 울 소재의 회색 교복 치맛자락을 아래로 끌어내렸다. 우리 학교 여학생들이 치마 속에 으레 입는 하늘색 속바지가 치맛단 아래로 빼꼼 나와 있었다. 고개를 들자 내가 입을 열기만 기다리는 제프리 박사님이 보였다. **질문이 뭐더라?** 왼쪽 손목에 끼고 있던 머리 고무줄이 빠듯하게 느껴진 나는 고무줄을 잡아 뺀 뒤 긴 갈색 머리를 높이 틀어 올려 묶었다.

"뭐라고 대답해야 할지 잘 모르겠어요." 나는 한숨을 내쉬며 열네 살 아이답게 대답했다. 적어도 어느 정도는 사실이었다.

나는 다시 손가락으로 치마 주름을 만지작거려 폈다 접었다 했다. 고개를 들었다. 제프리 박사님은 한쪽 팔을 구부려 턱을 괴고 다른 팔로 팔꿈치를 지탱한 자세로 곰곰이 연구하듯, 내 말이 믿기지 않는다는 듯 나를 바라보고 있었다.

"죄책감을 많이 느낀다고 했지." 박사님이 말했다.

"제가요?"

"그 죄책감은 무슨 의미일까?"

"제가 죄책감을 느낄 만한 잘못을 했다는 뜻이겠죠."

"그 죄책감은 억눌린 분노란다."

나는 대답하지 않았다. 허공에 걸려 있던 박사님의 말이 점점 커져 나를 온통 에워쌌다. 얼굴이 달아올랐다.

"저는 화난 것 같지 않은데요." 내가 작게 속삭였다.

"너는 화를 낼 권리를 얼마든지 가지고 있어, 에린. 너에겐 화낼 권리가 있단다."

"화장실 좀 다녀올게요."

그렇게 말한 나는 서둘러 일어나 커다란 파란색 원반에 매달린 화장실 열쇠를 들고 문 밖으로 나온 뒤 복도를 가로질렀다. 화장실에 들어간 다음에는 문을 닫고 땀에 절어 축축한 손으로 문 위쪽에 달린 걸쇠를 잠갔다. 문에 등을 기대고는 보라색 닥터마틴을 신은 발을 교차시키며 그대로 스르륵 주저앉았다. 화장실 안이 빙빙 돌더니 부풀어 올랐다. 나는 고개를 돌려 한쪽 뺨을 화장실 문에 대고(바닥에 대는 것보다는 덜 역겨운 일이라고 생각하면서) 호흡에 주의를 기울였다. 눈을 감고 숫자를 셌다.

내가 네 살 때, 외할아버지가 돌아가시면서 엄마를 데려가 버렸다. 내게 남겨진 것은 한때 엄마였던 유령이었다. 엄마, 그러니까 예전의 엄마가 그리울 때면 엄마 방에 몰래 들어가 오피움 향수병을 열고 손등에 향수를 살짝 찍어 바른 뒤 온종일 그 냄새를 맡으며 다녔다.

내가 네 살 때, 우리 가족과 친하게 지내던 집 아들이 성난 손가락을 뻗어 내 몸을 구석구석 더듬고 내 안에 분노를 남겨 놓았다. 나는 그 이야기를 아무에게도 하지 않았다. 그 대신 나는 그의 분노가 돌아다니게 두었고, 그렇게 나 자신을 미워하기 시작했다.

내가 네 살 때, 유치원 울타리를 오르다가 그 위에 두 다리를 벌린 채 착지했다. 그날 내가 멜빵바지에 빨간색 티셔츠를 입고 있었던 게 기억난다. 날씨가 완벽했던 것도. 피가 났다. 일주일이나 욕조 안에 소변을 봐야 했다.

이런 사건들이 일어난 순서를 정확히 기억한다면 거

짓말이겠지만, 내가 네 살 때, 나는 잠드는 게 두려워서 캄캄한 침실 구석에 웅크리고 앉아 있곤 했다. 엉덩이 아래에 두 손을 깔고 앉았는데, 그러지 않으면 뭔가를 부숴 버릴 것 같아서였다. 고함을 지르고 싶었다. 분노가 가슴까지 차올랐다. 근원은 알 수 없지만 내 안에 차오른 분노였다. 나는 뜨거운 분노를, 입안을 얼얼하게 하는 사탕껌처럼 동그랗게 뭉쳐 통째로 삼켜 버렸다.

그러다 공황 발작과 불안이 찾아왔다. 가느다란 팔을 내 몸에 두르고 차츰 더 바짝 조여 오는 불안이었다. 불안감이 멎길 바라며 숨을 참고 숫자를 셌다. 손등에 코를 가져다 대고 엄마의 오피움 향수가 남긴 자취를 찾았다.

나는 비밀을 간직하기 시작했다. 내가 이 비밀을 털어놓던 상대는 우리 집 주방 구석에 놓인 골동품 아이스박스 안에 살고 있는 상상의 친구 사이도^{Sai-ee-doe}였다. 아이스박스 속으로 기어 들어가 사이도한테 비밀을 털어놓고 억울한 마음을 삼키면 속이 타들어 가면서 구멍이 생겼다.

내가 여덟 살 때 부모님이 이혼했고, 이제 엄마의 남아 있는 부분은 내가 큰 소리만 내도 날아가 버릴 것처럼 한없이 가볍게 느껴졌다. 엄마의 회색빛 도는 녹색 눈은 내가 아닌 다른 곳만 바라보았다. 나는 죄책감을 느꼈다. 엄마가 나를 돌보기 위해 이 커다란 스페인식 집 안에 나와 단둘이 남았다는 사실 때문이었다. 내게 엄마가 필요 없었으면 좋았으리란 생각을 했다.

열기는 피부 바로 아래까지 치밀어 올라 내 온몸에 피를 돌게 하는 혈관과 정맥 사이의 틈 속에 살고 있었다. 숨 막히는 열기 때문에 어떤 날에는 다시는 숨 쉬지 못할 것만 같은 느낌이 들었다. 이 열기 속에는 내가 알 수 없는 무언가가 깃들어 있었다. 목구멍까지 차올라 내 목을 틀어막는, 뻑뻑하면서도 신물 나는 수치심이다.

내 방 안의 작은 놋쇠 침대 위에 앉아 무릎에 앉은 딱지를 떼어 내고 있던 어느 토요일 오후였다. 통화를 하는 엄마의 작고, 언짢고, 공허한 목소리가 바로 복도 건너편인데도 아주 멀리서 들려오는 것같이 느껴졌다. 피부 아래에 맺혀 있던 열기가 목 뒤까지 번져 올라왔다. 두 귀가 달아올랐다. 나는 내 방 벽을 장식한 로라애슐리 벽지를 쳐다보았다. 내 이불과 어울리는, 흰 바탕에 파란 잔꽃 무늬가 놓인 벽지였다. 방 한가운데 섬처럼 떠 있는 침대 위에서 표류하는 가운데, 자잘한 파란 꽃이 그려진 벽들이 사방에서 좁혀 오는 것처럼 덫에 걸린 기분이 들었다.

나는 2층 욕실에 들어가 문을 잠그고는 내가 무엇을 찾는지도 모르면서 약장을 열었다. 약장 속에는 작은 가위와 소독약과 밴드 반창고와 치실 옆에 금빛 도는 갈색 약병이 있었다. **다보셋***. 약병에는 할머니의 이름이 적혀 있

---

* 미국에서 주로 사용하던 진통제 상표명. 과량 투여로 인한 사망사고와 자살 위험으로 인해 2009년부터 유럽과 미국 등에서 판금 회수되었다.

었다. 사용 기한은 이미 지나 있었다. 무슨 약인지는 알 수 없었지만, 병에 붙은 오렌지색 라벨에 졸린 남자의 옆모습과 작은 공기방울, 남자의 감긴 눈앞을 떠다니는 구불구불한 선이 그려져 있었다. 라벨에는 이렇게 적혀 있었다. "졸음이나 어지럼증을 유발할 수 있음." 내가 느끼는 광기와 분노 그리고 내 허파 안에 얌전히 머물러 주질 못하는 변덕스러운 호흡으로부터 달아날 탈출구가 커다란 붉은 알약 속에 담겨 있었다. 양치 컵에 세면대 물을 받아 알약을 삼키자 구역질이 났다.

나는 다시 내 방, 놋쇠 침대의 섬으로 돌아와 베개 아래에 넣어 두었던 책을 꺼냈다. 『가프가 본 세상』. 서재 벽에 빽빽이 꽂혀 있던 책들 중에서 훔쳐 온 것이었다. 예전에는 불안할 때면, 잠이 오지 않을 때면 책을 읽곤 했다. 이제는 책을 읽어도 예전만큼 잠이 잘 오지 않았다. 나는 책을 넘기면서 밑줄을 쳐 둔 부분을 찾아보거나 눈길 닿는 대로 아무 데나 읽었다. 그렇게 시간이 지나자 머리가 어찔하면서도 무지근했다. 무거워서 고개를 들고 있기도 힘겨운 가운데 약병의 경고 라벨에 그려져 있던 것 같은 조그만 공기방울 수천 개가 머릿속에서 미끄러지고 이리저리 튀는 듯한 기분이 들었다. 눈을 감자 피부 아래를 떠돌던 열기와 목에 콱 막혀 있던 수치심 덩어리가 허공으로 떠올라 손에서 놓친 풍선처럼 둥둥 멀어져 갔다.

그날 이후로 나는 가족은 물론 친구들 부모님의 약장

까지도 뒤지기 시작했다. 라벨에 졸린 눈 아니면 작은 공기방울 속에서 빙글빙글 도는 머리가 그려져 있거나 복용 후 기계 조작을 해서는 안 된다는 주의사항이 적힌 약병을 골라 열어서 내용물을 챙겼다.

내가 열세 살 때, 처음으로 헤로인을 얻었다. 내가 약을 부탁한 상대는 열여섯 살이던 남자친구였다. 쉬운 결정이었다. 결정이라고 말하기도 어려울 정도였다. 광기와 분노는 죄책감과 무의식으로 형태를 바꾸었다.

내가 열네 살 때, 약물 복용을 그만두었다. 내 분노는 손끝에서 활활 불타고 노기에 차 뜨거운 눈물의 형태, 또는 투창처럼 공기를 가르는 언어의 형태를 띠었으며, 투창이 어디에 맞을지는 내가 통제할 수 없었다. 분노는 내가 뽑은 칼, 엄마에게 집어던진 의자, 그리고 그 노여움을 가둬 놓느라 손톱을 푹 찔러 넣은 팔에서 흐르는 피였다.

부모님에게는 선택의 여지가 없었다. 부모님도 알아차릴 수밖에 없었다. 부모님과 그 이야기를 나눈 기억은 없지만, 나는 제프리 박사의 심리치료실을 찾게 되었다. 나는 박사님께 예전에 장난삼아 약물에 손을 대 본 적이 있다고 말했다. 남자친구가 없다고 거짓말했다고, 평소에 어디서 시간을 보내는지도 거짓말했다고 이야기했다. 엄마가 나를 돌보느라 집에 틀어박혀 있는 데 죄책감을 느낀다고 말했다. 이 모든 것들 때문에 크나큰 죄책감을 느낀다고 말했다. 하지만 내가 분노하고 있다는 말은 할 수 없었다. 문을 열어젖히는 순간, 피부 아래의 열기가 나를 활활 태워 버려 아무것도 남지 않을 것 같아 두려웠다.

제프리 박사의 진료실 맞은편 화장실 바닥에 앉아서, 지저분한 문에 한쪽 뺨을 댄 채 눈을 감고 호흡을 하며 숫자를 셌다. 화가 났다. 박사님에게 화가 났다. 내게 표출하지 못한 분노가 있다고 말했기 때문에 화가 났다.

나는 일어나서 세면대로 다가가 수도꼭지를 틀고 흐르는 물에 손을 적신 다음 귀 뒤와 목에 찬물을 묻혔다. 흐릿한 거울 속 내 얼굴을 빤히 보다가 내 뺨을 세게 쳤다. 얼굴에 물을 좀 더 끼얹은 다음 커다란 푸른색 원반에 매달린 화장실 열쇠를 들고 다시 제프리 박사의 진료실로 돌아온 나는 전부 괜찮다고 말했다.

그 뒤로 10년이 넘는 시간 동안 나는 분노와 헤로인 사이를 바삐 오갔다. 약에 취한 상태에서 완강하고 끈질긴 분노로 넘어갔다가 되돌아오곤 했고, 둘 중 하나가 없이는 나머지 하나를 멈출 수 없었다.

그리스신화에서 분노와 광기의 여신인 뤼사Lyssa는 밤의 여신 뉙스Nyx의 딸이다. 뤼사는 의인화된 광기다. 그는 영웅들을 미치게 만들고 개가 광견병에 걸리게 만든다. 뤼사는 헤라클레스를 미치게 만들어 아내와 아이들을 살해하게 한다. 역시 뉙스의 딸이자 뤼사와 자매간인 마니아이

Maniae는 광란을 형상화한다.

여성의 분노는 광기와 닮았다. 나의 분노는 나에게 내 안의 광기처럼 느껴졌고, 다른 사람들의 눈에도 광기처럼 보였다.

만약 사람들이 우리를 분노하도록 내버려 두었더라면 우리는 미치지 않았으리라.

내가 분노할 때마다 사람들은 이런 말들로 나를 표현하곤 했다.

비이성적인

불안정한

유해한

무서운

도움이 필요한

심리치료가 필요한

정신병원에 가야 하는

약물 치료가 필요한

미치광이

천치

편집증 환자

정신병자

히스테리 환자

또라이

비정상

분열증 환자

실성한

미친

정신 나간

사이코

절름발이 개

개 같은 년

쌍년

어린 시절 나는 나의 분노를 두려워하는 법을 배웠다. 내가 화를 내면 엄마는 겁에 질렸다. 사람들은 내가 분노 때문에 정신병원에 입원해야 할 수도 있다고 했다. 내가 화낼 때마다 사람들은 "도대체 뭐가 문젠데?" 하고 짜증을 냈고, 이때 내가 할 수 있는 일은 타들어 가는 구멍 속에 내 마음을 꾹꾹 눌러 놓은 뒤 분노가 아닌 다른 감정의 형태로 표출하는 것이었다.

어른이 되자 나는 나의 분노로부터 도망쳤다. 분노가 나를 잡아먹을 거라고 생각했기에 도망쳤던 것이다. 나는 개년이고 걸레고 거짓말쟁이에 사기꾼이었으니까. 입고 있는 옷이 마음에 안 든다며 신고 있던 앵클부츠를 허공으로 차 버렸을 때, 내 분노는 침실 천장에 신발 자국을 남겼다. 남자친구나 친구에게 쏘아붙인 폭언을 주워 담지 못했을 때, 내 분노는 길게 이어진 욕설의 흔적을 남겼다. 하지만 내가 멀쩡한 정신일 때만 그랬다.

약에 취해 있을 때면 나는 정신없이 사과를 늘어놓았다. **실망시켜서 너무 미안해. 다시 약물에 빠져서 너무 미안해. 또 이렇게 말이야. 거짓말해서, 물건을 훔쳐서, 절대로 하지 않겠다고 했던 일들을 해서 미안해. 내가 존재하는 것만으로도 너를 실망시키고 수치심을 줘서 미안해.**

나는 내 분노를 끄집어내어 내 팔에 주사했다. 나는 내 분노를 끄집어내어 코로 흡입했다. 나는 내 분노를 끄집어내어 은박지에 말아 피우고 크랙 파이프*에 넣어 피웠다. 나는 내 분노를 끄집어내어 커터 칼로 내 다리를 그었다. 주입하고 흡입하고 연기를 들이마시다 보면 결국은 분노가 잠잠해졌다. 내 안의 구멍이 점점 더 커지고 분노와 광기의 여신 뤼사가 그 가장자리로 파고들었다.

나는 결국 내가 바닥을 치고 두 번째로 재활 시설에 갔을 때 모든 게 명쾌해지면서 비로소 내 힘으로 전부 이겨 냈다고 말하고 싶다. 그러나 그런 일은 일어나지 않았다. 나는 같은 일을 반복했고, 자꾸만 도망쳤고, 그러다가 임신하게 되었고, 아이를 낳겠다는, 상식을 거스르는 결정을 내렸다.

* 코카인에 베이킹 소다와 물을 섞은 크랙을 피울 때 쓰는 유리 파이프.

임신한 여성이었던 나는 환히 웃지도 행복하지도 평온하지도 아름답지도 않았다. 겁이 났고, 약을 끊은 지 오래지 않았으며, 자신이 없었고, 무엇보다도 분노하고 있었다. 임신한 기간 내내 단 하루도 빠짐없이 아이를 낳기로 한 결정이 옳았나 의심했고 내 부모도 아이 아버지도 같은 의심을 했다.

나는 내가 아들 애티커스를 낳고 난 뒤 모든 괴로움이 사라졌고 모든 것이 제자리로 돌아갔고 내가 평생 될 수 없을 줄 알았던 좋은 엄마가 되었으며 분노는 내 발에 쌓인 죽은 각질처럼 벗겨져 나갔다고 말하고 싶다. 그러나 이는 완전한 진실은 아닐 것이다. 애티커스가 태어난 뒤 많은 것이 바뀐 것은 사실이다. 나는 나를 미워하는 것보다 더 많이 그 애를 사랑했다. 그 사랑은 나를 앞으로 나아가게 했고, 진정한 도움을 찾아가게 만들었다. 그러나 이런 일이 하룻밤 사이에 일어난 것은 아니었고, 그사이 아기는 소년이 되어 때때로 내 분노가 광기의 형태를 띠는 모습을 지켜보았다.

하지만 나는 정말로 나아졌다.

지난 15년이 넘는 세월 동안, 대화요법, 인지행동치료, 기분 조절제 복용, 영적 연결 계발, 요가, 명상, 유대교를 통한 내 중심 찾기, 기 치료, 그리고 그 무엇보다 위축되지 않는 솔직함을 통해 나는 내가 무엇에 분노하는지를 알아 갔다. 분노는 내 침실에서, 제 분노를 끄집어내어 섹스와 폭력의 형태로 내게 흩뿌렸던 성난 사춘기 소년의 손에서 태어났다. 그리고 이 분노는 나를 보호해 줄 거라 믿었던 사람들의 눈에서 벗어나 점점 더 자라났다. 과잉 반응이라는, 미친 짓이라는 꼬리표를 얻을 때마다 분노는 점점 커져 갔다. 남성이 **권력**을, 물리력을 사용해서 나로부터 행위주체성을 빼앗을 때마다 분노는 꽃피었다. 오랫동안 분노는 갈 곳을 잃고 내 안으로 파고들었다.

나는 분노를 헤치고 걸어가는 법을 배웠다. 분노는 나를 죽이지 않았다. 분노는 광기가 아니다. 아직도 때로 나는 문을 쾅 닫거나 "네가 미워" 하고 소리치거나 전화기를 집어던지거나 내뱉자마자 도로 입속에 주워 담아 삼키고 싶은 말들을 하면서 내 분노를 엉뚱한 상대에게 쏟아낸다. 그러나 그런 순간들은 차츰 드물어진다.

이제 나는 이런 순간들이 찾아와 오래된 열기가 다시금 피부 아래로 바짝 치솟으며 나를 태워 버릴 거라고 을러댈 때, 단순한 행동을 통해 이를 해소할 줄 알게 되었다. 집 밖으로 나가 서쪽 허드슨 강변을 향해 걷거나, 워싱턴 스퀘어 파크 주변을 돌아다니면서 사람들을, 냄새를, 도시의 소음들을 들이마시다 보면 분노는 분자 하나하나씩 증발해 사라진다.

그리고 나는 글을 쓴다. 나는 분노를 헤치고 글을 쓴다. 분노의 에너지를 동기로 삼아 진실을 말한다. 사실은, 나는 실수를 한다. 그리고 사실은, 나는 다시 일어선다. 나는 내 분노를 이용해 나처럼 분노한 다른 사람들의 목소리가 될 수 있다. 그렇게 분노가 가져다준 연료를 받아 진실을 쓰고 말하는 일로써 분출할 때 나는 자유로워진다. 사실은, 내게는 분노할 권리가 있다.

에린 카(Erin Khar)는 《래비실리》(Ravishly)의 편집 주간으로, 매주 연재하는 상담 칼럼 〈에린에게 물어봐〉를 담당하고 있다. 첫 회고록 『중독』(Strung Out, 2020)을 출간했다.

행그리한 여성들

Hangry Women

오래전 나는 엄마가 조그만 접시 위에 한 입 크기의 닭고기와 쌀밥 한 숟가락, 고불고불한 채소 한 줄기를 차리는 모습을 보았다. 내 몫도, 오빠 몫도, 심지어 엄마 몫도 아니었다. 조상들을 위한 음식이었다. 엄마가 조상 몫의 음식을 다 차릴 때까지 나는 세서미 스트리트 캐릭터가 그려진 내 젓가락에 손도 댈 수 없었다.

배고파요, 내가 말했다.

기다려라, 엄마가 대답했다.

왜요? 내가 물었다.

조상님들이 먼저 드셔야지, 엄마의 대답이었다.

엄마는 사람이 죽고 나면 후손들 언저리를 떠돌며 지

켜 주고 나쁜 귀신을 쫓아 준다고 설명했다. 하지만 밥을 먹지 못한 영혼들은 굶주린 귀신이 되고, 굶주린 귀신은 화난 귀신이 되어서 악운을 몰고 온다는 것이었다. 배가 아팠다. 머리도 아팠다. 나는 점점 짜증이 나기 시작했다. 자기 힘으로는 밥을 먹지 못하는 귀신들이 고픈 배로 우리 집을 떠도는 모습이 머릿속에 그려졌다.

나는 항상 배고픈 사람, 그리고 행그리hangry한 사람이었다. 친구나 가족들은 이런 나를 놀려 댄다. 내가 점심은 언제 먹느냐고 물어보면 사람들은 무시무시하다며 난리를 친다. 먹는 양이 많은 건 아니다. 다만 식사를 자주 한다. 아침을 꼭 챙겨 먹고, 11시에는 간식을 먹고, 정오에는 점심을 먹고, 오후에 또 간식을 먹고, 저녁을 일찍 먹는다. 이 글을 쓰는 지금도 허기져 배가 꼬르륵거리고, 사과 한 개 아니면 두유를 넣은 커피라도 먹고 싶은 욕망을 느끼고 있다. 나는 늦은 시간에 저녁을 먹는 게 싫다. 8시에 같이 저녁 먹자는 제안을 받으면 "그래, 좋아" 하고 답장하지만, 그러면서도 나는 그 시간이 될 때까지 계속 배가 꼬르륵대서 화나리라는 것을 알고 있다.

헝그리hungry와 앵그리angry의 합성어인 '행그리'라는 단어는 2018년 옥스퍼드 영어사전에 등재되었다. 바보 같아서 자주 농담의 소재가 되기도 하는 단어다. 뉴스 웹사이트 버즈피드Buzzfeed에「헝그리가 행그리가 되기까지의 실감 나는 25단계」와 「행그리한 사람들이 남몰래 하는 21가지 행동」이라는 기사가 실리기도 했다. 또, 「당신이 음식을 사랑하는 여자라면 겪는 일」이라는 기사도 있었다.

어느 결혼식에 갔다가, 두 남성이 자신들의 가족 중 여자들은 행그리해지면 괴물로 변한다는 이야기를 주고 받는 것을 언뜻 들은 적이 있다. 나 역시 어렵지 않게 그 대화에 낄 수 있었을 것이다. 나는 행그리한 여성의 손에서 자라났다. 굶주림이 쌓이고 쌓여서 마침내 음식을 거부하게 되고, 저녁 생각이 없다며 당신 몫의 국수를 우리 접시에 덜어 주거나 부엌을 나가 버리는 여성 말이다. 나는 한동안 만약의 사태를 대비해 엄마에게 줄 작은 초콜릿을 가방에 넣어 다니기도 했다. 내가 작은 초콜릿을 건넸을 때 엄마가 웃자 나는 굉장한 신약이라도 발견한 것 같은 기분이 들었다.

그런데 그 남자들의 이야기를 듣다 보니, '행그리'라는 말로 묘사되는 대상은 항상 여성이라는 데 생각이 미쳤다. 구글에 '행그리한 여자친구'를 검색하니 8,740건의 결과가 나왔다. '행그리한 남자친구'의 검색 결과는 271건이었다. 자매와 형제, 아내와 남편, 여성과 남성, 소녀와 소년이라는 키워드로도 검색해 보았다. 결과는 항상 여성이 더 많았다. 그럼 남자보다 여자들이 더 행그리한 것일까?

나는 비눗방울 속에서 살아간다. 좌파 성향이며 지식과 책을 사랑하는 사람들로 이루어진 비눗방울이다. 이 비눗방울 속에서는 진화론과 지구온난화, 양성평등에 대한 믿음이 당연한 것으로 받아들여진다. 비눗방울 속에서도 그 성비가 여전할까? 나는 트위터에 '여러분도 행그리해질 때가 있습니까?'라는 투표를 올렸다. 총 139개의 응답을 받았는데, 답변자 중 81퍼센트의 여성이 그렇다고 답했고 남성의 경우에는 63퍼센트에 불과했다. 이 격차는 왜 생기는 걸까? 나는 혼란스러워졌다.

킹스 칼리지 런던의 식품 영양학 강사 소피 메들린은 2018년 BBC와의 인터뷰에서 배고플 때와 화가 났을 때 모두 코르티솔과 아드레날린이 분비된다고 설명했다. 그렇기에 굶주림과 분노에 대한 정신적 반응이 비슷하거나 겹칠 수 있다는 것이다. 그러나 메들린은 여성이 남성보다 더 행그리하다는 근거는 없다고 했다. 사실 "신경학의 관점에서는 남성이 여성보다 생화학적으로 이를 더 많이 경험할 가능성이 높다"고 했다. 그렇기에 여성이 행그리한 상태로 인식되는 경우가 더 많고, 심지어 여성들 스스로도 그렇게 생각하는 경우가 많다는 사실은 한층 더 혼란을 자아낸다.

여성의 감정은 합리성보다는 생물학의 지배를 받는 것이라 간주되는 경우가 많은 것 같다. 여성으로부터 비판을 받았을 때 이를 생리전증후군 탓으로 여기는 것은 그 여성의 관점을 가볍게 무시하는 처사다. 난소와 극단적인 감정을 동일시하는 사고의 뿌리는 오래전으로 거슬러 올라간다. 고대 그리스인들은 자궁이 몸속을 돌아다니기 때문에 여성들이 히스테리 성향을 가진다고 생각했다. 그렇다면 행거hanger란 여성의 분노를 폄하하기 위해 붙인 또 하나의 꼬리표에 불과한 것일까? 오늘날의 히스테리, '머리가 아닌 몸으로 생각하는 어리석고 하찮은 사람'을 뜻하는 또 다른 표현일 뿐일까?

어쩌면 자신이 부정적인 감정을 이성적으로 다룰 줄 안다는 남성들의 믿음을 우리가 지나치게 부추기고 있는 건지도 모르겠다. 사회적으로 남성의 분노가 종종 권력의 상징으로 여겨지는 반면 여성의 분노는 비호감과 비합리를 상징한다. 어쩌면 남성들 역시 행그리하지만 사회가 그들의 분노를 객관적으로 정당화하는 건지도 모른다. 나는 아빠가 눈살을 찌푸리고 퉁명스럽게 군다고 해서 초콜릿을 권한 적은 없다. 한번 해 봐야 할 것 같다.

어쩌면 행그리한 여성이 많은 건 그저 많은 여성들이 행그리하기 때문인지도 모르겠다. 내가 자라나면서 만난 여자 친구들은 누구든지 날씬해지고 싶어 했다. 한번은 같은 학년 여학생들끼리 바닥에 등을 대고 누운 채 배가 얼마나 나왔는지 비교한 적이 있었다. 배가 불룩 튀어나와 있나, 아니면 쏙 들어가 있나? 골반 뼈는 뾰족한 봉우리처럼 솟아 있나, 아니면 산처럼 솟은 배와 이어진 나지막한 언덕인가? 교복 셔츠를 걷어 올리고 있던, 피부에는 드문 드문 여드름이 나 있고, 아직도 자라고 움트는 중인 신체를 가졌던 우리들의 모습이 머릿속에 그려진다. 그 장면을 우스꽝스럽다 치부하기는 쉽다. 하지만 우리는 그저 철딱서니 없는 아이들이었던 것이 아니다. 성적이 좋다는 게 좋은 대학에 들어갈 수 있다는, 즉 좋은 직업을 가질 수 있다는 의미인 것과 마찬가지로, 날씬하다는 건 예쁘다는, 즉 사랑받을 수 있다는 의미였다. 그리고 굶는 것은 사랑받고자 하는 갈망을 잠재운다는 목표를 달성하기 위한 합리적인 노력이었다.

우리는 최고의 다이어트 조언이 실린 잡지들을 돌려보곤 했다. **탄수화물을 먹지 마세요. 지방을 먹지 마세요. 저녁에는 먹지 마세요.** 그중 최악이었던 것은, **포만감이 들기 전에 식사를 멈추세요.** 우리 학교의 여학생 중 몇 명이나 허기진 채로 지냈는지는 모르겠다. 이 글을 읽고 있는 여러분 중에서는 또 몇이나 배고파하고 있는지도 모르겠다. 만약 지금 배가 고프다면, 집중이 잘 안 되지 않을까? 미소를 짓기 힘들지 않을까? 지금 당신 몸의 어느 부위가 긴장하고 있을까?

학창 시절 나는 아무것도 안 먹고도 살 수 있기를 바랐다. 하지만 굶었을 때는 남의 얼굴을 벽돌로 쳐 버리고 싶은 심정이 되었다. 노트북을 바닥에 집어던지고 싶었다. 피 맛이 날 때까지 내 팔을 물어뜯고 싶었다. 멍해지거나 성이 났다. 숙제에 집중할 수 없었고, 공손한 말이 나오지

불태워라

않았다.

　나는 행거를 피할 방법을 찾아보려 애썼다. 그러고 보니 자고 있을 땐 내 기분이 어떻든 간섭하는 사람이 없다는 사실을 알게 되었다. 내가 화나 있다 한들 자고 있을 때는 아무런 상관도 없었다. 자고 있는 나에게 미친년 같다고 하는 사람은 없었다. 그래서 나는 공복인 채로 잠자리에 들기 시작했다. 어둠 속에서는 분노를 느껴도 상관없었다. 나는 마음만 먹으면 음식을 먹을 수 있는 형편이었음에도 고픈 배를 움켜쥐고 잠들었다.

　그렇게 내 몸은 점점 더 말라 갔다. 아침 일찍 잠에서 깼고 몸이 더 가볍게 느껴졌다. 밤에는 악몽을 꿨다. 그럼에도 불구하고 날씬해져야 할 이유들은 한두 가지가 아니었기에 나는 자꾸만 공복으로 잠자리에 들었고 살은 계속 빠졌다. 낮에는 음식을 먹을 수밖에 없었기 때문에 내가 원하는 만큼 깡마른 몸매가 되지는 못했다. 시간이 오래 걸리기는 했지만, 이 글을 쓰려고 자리에 앉아 있자니 나를 억지로 먹게 만들었던 십대 시절의 행거에 이제는 고마움을 느낄 수 있다.

　내 친구 중 하나는 활동가다. 그는 이민자 가정에서 자라났다. 내 친구는 언제나 자신보다 덜 가진 사람들의 권리를 위해 싸운다. 그 친구는 국제 보건을 전공했지만 요즈음에는 과로 때문에 몸이 상하는 바람에 집회에 오래 있지 못한다. 친구는 음식을 정말 좋아한다. 그의 소셜미디어에는 보기 좋은 음식 사진들이 많이 올라온다. 만두 빚는 파티를 열기도 했고, 김치와 닭 요리를 만들기도 했다. 그럼에도 친구는 병원 침대에 누워 있는 모습으로 나를 맞았다. 종잇장처럼 얇은 가운 아래, 피부 위로 불거진 뼈가 도드라져 보였다. 음식을 먹지 않는 바람에 몸이 망가졌던 것이다. 그는 음식을 사랑하지만, 먹지는 못했다.

국립 신경성거식증 및 섭식장애 협회의 발표에 따르면 섭식장애의 직접적인 결과로 사망하는 사람이 62분에 한 명꼴이라고 한다. 거식증을 앓는 여성이 남성보다 많은데, 남성의 거식증이 보고되거나 진단되는 사례가 적을 가능성도 있다. 결국 우리는 거식증이라는 병에서 여성을 연상한다. 굶는다는 것은 여성적인 기술인 모양이다.

세계에 기아가 창궐하는 와중에도 교외의 부잣집에서는 음식이 썩어 간다. 고급 면 침구에서 잠드는 여성이 포만감을 느끼지 못한다면 그것은 병이다. 이 여성들이 피로에 시달리고 쇠약해지고 쓰러져 버린다면 선하고 쓸모 있는 일을 할 수 있는 가능성들도 사라져 버린다. 부유한 국가에서조차 뼈만 앙상한 여성을 이상적인 모습으로 제시한다면, 대체 우리는 어떤 미래를 팔고 있는 걸까?

나는 행그리한 귀신들을 생각해 본다. 음식을 마련해 줄 후손이 없는 망자들을 생각한다. 그들은 영영 가시지 않는 굶주림 속에서 산 자들이 음식을 진탕 먹는 모습을 바라볼 것이다. 이 귀신들을 상상하면 식탁 가운데 놓인 빵 바구니에 손도 대지 않는 수많은 여성들의 얼굴에서 보았던 바로 그 고통스러운 표정이 그려진다. 내 친구와 달리 나는 병원에 실려 갈 정도로 굶은 적은 없다. 가끔, 내가 최악이고 바보같이 느껴져서 자기혐오가 극심해지는 순간에는 그 친구의 자기 통제가 부럽다는 생각도 한다. 그리고 방금 한 말도 안 되는 생각 때문에 곧바로 새로운 분노에 휩싸인다. 자신의 신체를 편안하게 받아들이는 여성이 거의 없다는 사실에 대한 분노. 사랑으로 가는 문은 너무나 비좁으니 이 문으로 들어가려면 굶어야 한다고 어린 소녀들에게 가르치는 사회에 대한 분노.

브로슈어, 잡지, 영화, 책 표지에는 마른 여성들만 등장한다. 대단치 않은 일로 보일지도 모르겠지만, 영화나 잡지에 어떤 사람을 등장시킨다는 것은 시청자나 독자 들에게 그 사람과 공감하기를 요구하는 일이다. 그 사람의 감정을 느끼라고 요구하는 일이다. 그 자리에 마른 여성들만 등장시킨다는 것은 마른 여성들만 공감받을 자격이 있다고 말하는 것이다. 모든 여성들이 똑같이 미디어의 억압을 느끼는 것은 아니다. 어떤 이들은 억압을 무시한다. 어떤 이들은 억압을 느끼고 자신의 신체를 혐오하는 법을 익히면서도 여전히 음식을 먹는다. 때로 취약하고 두려워하며 자기 확신이 부족한 여성이 공감받기를 간절히 바라는 경우, 그들은 너무나도 쉽게 자기 자신을 깎아 없애야 한다고 믿는다.

이렇게 굶는 여성들, 칼슘이 빠져나간 뼈를 가진 여성들이 깊이가 없다고 조롱받는 모습에 나는 또 화가 난다. 이 여성들은 빔보도 버니 래빗도 아니다.* 그들은 성공하기 위해서는 자기 자신을 지워야 한다고 말하는 세계에서 살아간다. 굶는 여성 중 대부분은 여전히 지적이고 진지한 사람이고자 하고, 따라서 마른 몸에 신경을 쓴다는 사실이 밝혀지면 깊이 없는 사람으로 취급되리라 생각한다. 이 헝그리한 여성들은 햄버거를 좋아하지만 오늘은 당기지 않는 척한다. 이미 식사를 하고 온 척한다. 내가 아는 어떤 여성은 오로지 먹는 양을 줄이기 위해서 비거니즘을 선택했다. 내가 아는 또 다른 여성은 음식을 잔뜩 시켜서는 먹지 않고 접시 위에서 이리저리 옮기기만 한다.

몇 년 전에 나는 인슐린 조절에 문제가 있다는 진단을 받았다. 그 진단을 듣고 어떤 면에서 안심하기도 했는데, 내가 배가 고플 때 기분이 나빠지는 게 단순한 이유 때문이었다는 생각이 들어서였다. 그럼에도 나는 음식을 먹고자 하는 욕구를 설명해야 한다는 생각에 시달린다. 배가 고프다고 말했을 때 파트너가 내 배를 토닥거려 주면 내 안에서 무언가 꽉 죄는 느낌이 든다. 수치심이다. 나의 허기가 허약하고 나약하다는 생각을 지울 수 없다. 그 생각

---

* 빔보(bimbo)와 버니 래빗(bunny rabbits)은 모두 여성의 외모와 지성, 성향 등을 자의적으로 엮어 여성을 성적 대상화하는 표현이다.

을 밀어내기가 무척 어렵다.

　우리가 겪는 집단적인 허기를 떠올릴 때면 속에 분노가 차오른다. 가슴속까지 행그리해진다.

　나는 영리하고 사랑스러운 친구들이 허기진 채로 죽지 않았으면 한다. 내 마지막이 무엇이든, 소행성 충돌로 죽건 지구 온난화로 죽건 버스에 치여 죽건, 나는 배부른 상태로 죽고 싶다. 나는 말 그대로 충만한[full] 삶을 살고 싶다. 그래도 되기를 바란다.

로언 히사요 뷰캐넌(Rowan Hisayo Buchanan)은 『당신처럼 무해한』(Harmless Like You, 2017)으로 영국 작가클럽 최고의 데뷔 소설상과 베티 트래스크 상을 수상했다. 소설 『찌르레기의 나날』(Starling Days, 2019)을 출간했으며 《그란타》, 《애틀랜틱》, 《가디언》에 작품을 발표했다.

귀신 이야기, 내 이야기

Enojada[*]

우리 가족들은 귀신 이야기를 자주 한다. 살다가 초자연적인 현상을 맞닥뜨리면 서로에게 전화를 건다. 아이들에게 기이한 무언가가 들러붙은 것 같을 때면 집 안을 정화하고 계시를 얻으러 성당으로 달려간다. 우리 가족 중에는 기도를 하는 이도 있고 주문을 외는 이도 있다. 우리는 눈에 보이지 않는 괴물로부터 스스로를 보호하면서도, 피와 살로 이루어진 괴물을 마주하곤 한다.

　내가 처음으로 들은 귀신 이야기 중 하나는 라 요로나 La Llorona, 즉 흐느끼는 여인 이야기였다. 이 이야기에는

---

[*]　'분노한'이라는 뜻의 스페인어 enojado의 여성형.

여러 가지 버전이 있다. 어떤 이야기에서 라 요로나는 임신한 십대 소녀로 수치심에 못 이겨 아버지를 피해 죽음을 택한다. 또 어떤 이야기에서 라 요로나는 젊은 여성으로 사랑하는 남자와 결혼하기 위해 첫 아이를 교회에 바치겠다 약속한다. 그러나 막상 아이가 태어나자 차마 그럴 수가 없다. 그는 아이를 데리고 도망쳐서는 달래 잠재운 뒤 익사시키고 만다. 라 요로나가 가난한 집에 태어난 아름다운 여인으로 등장하는 이야기도 있다. 그는 귀족 남자와 사랑에 빠지지만 계급 차이 때문에 결혼할 수 없다. 결국 라 요로나는 그의 정부가 되어 아이를 둘 낳는다. 시간이 갈수록 남자의 발길이 뜸해진다. 그러던 어느 날 남자와의 다툼 끝에 라 요로나는 그가 다른 여자와 결혼할 것임을 알게 된다. 그는 분노에 못 이겨 아이들을 강으로 끌고 가 빠뜨려 죽인다. 뒤늦게 자신이 무슨 짓을 했는지 깨달은 그는 아이들의 축 늘어진 몸을 싣고 흐르는 강물을 따라간다. 아이들을 향해 울부짖는다. 그렇게 라 요로나의 영혼은 물줄기 가까운 곳에서 통곡하고 있다고 한다. 아이들은 라 요로나가 자기 아이인 줄 알고 데려가니까 밤에는 깜깜한 물가에 가면 안 된다는 말을 들으며 자란다.

일곱 살 때 내가 선택한 물줄기는 목욕이었다. 작은 욕조에 들어가 물속에 머리를 잠그면 심장이 쿵쿵 뛰었다. 때로는 불안이 온몸에 넘쳐흐르는 기분이 들었다. 불안이 손톱 밑으로 스며들어 나는 손톱을 물어뜯었다. 불안이 내 머리 위에 내려앉아서 나는 마디가 툭 튀어나온 손가락으로 두피에서 비듬이 일어날 때까지 박박 긁어 댔고 머리카락을 잡아 뽑아 꼬불꼬불한 굴곡을 살폈다. 입을 다물고 있으면 내 비밀이 새어 나가지 않을 것 같았다.

　나는 엄마의 남자친구로부터 추행을 당하고 있었다. 그는 집이 조용할 때를 노려 내 방에 슬쩍 들어와 나를 깨웠다. 그것이 몇 년이나 내게 주어진 현실이었다. 나는 숨이 막힐 때까지 욕조의 물속에 잠겨 있었다. 고인 물속에서 두 손으로 내 목을 조르며 하느님 아니면 주변에 떠도는 어떤 영혼이라도 좋으니 그 나쁜 놈을 없앨 방법을 알려 달라고 빌었다. 물 밖으로 몸을 일으키면서 숨이 막혀 컥컥거릴 때까지 울음을 참았다. 우리 집의 어느 누구에게도 내 분노의 요란한 소리를 들려주고 싶지 않아서였다.

　엄마가 무엇으로부터 도망치는지는 알 수 없었지만 어릴 때 나는 엄마를 따라 자꾸만 이사를 다녔다. 여섯 살 때부터 열 살 때까지 총 열 군데의 초등학교에 다녔다. 이사할 때마다 악령이라도 붙은 것처럼 그 나쁜 놈도 따라왔다. 어느 날 오후, 누군가 성이 나서 우리 집 문을 쾅쾅 두드렸다. 엄마가 문을 살짝 열었을 때에야 쾅쾅 소리가 멎었다. 북슬거리는 파마 머리를 한 여자가 엄마한테 고함을 질러 댔다. 그 나쁜 놈이 자기 남편이라고 했다. 그러더니 그를 찾아야겠다며 억지로 우리 집으로 밀치고 들어오려 했다. 엄마가 못 들어오게 막자 그 여자가 엄마 얼굴에

침을 뱉었다. 그러더니 질문을 퍼부어 댔다. **어떻게 우리 가족한테 이런 짓을 할 수 있어? 유부남인 줄 몰랐다니 말이 돼?** 그때 엄마는 이미 나쁜 놈과의 사이에서 아이를 둘이나 낳은 뒤였다. 어린 동생들에게는 온정을 느낄 뿐이었지만 나는 엄마도, 그 여자도 안타까웠다. 엄마한테도, 그 여자한테도 화가 났다. 두 사람은 내가 아는 괴물을 모르고 있었다. 마치 그 나쁜 놈이 성스럽거나 특별하기라도 한 것처럼 홀딱 빠져 있었던 것이다.

일요일 밤, 자기 남편이 어디로 갔는지 모르는 여자들이 서로 주고받는 귀신 이야기가 하나 더 있다. 엄마가 이런저런 카우보이 콘셉트 나이트클럽에서 알게 된 친구들과 주고받는 대화 속에 주로 등장하는 이야기였다. 여기에는 남자를 잡아먹는 귀신이 나왔다. 초승달 뜨는 밤이면 남자들은 물가에서 등이 브이 자로 깊이 파인 딱 달라붙는 하얀 드레스 차림의 여자가 등을 돌리고 있는 모습을 우연히 발견한다. 검고 긴 머리를 가진 그 여자는 금으로 된 빗으로 머리를 빗고 있을 때도 있지만 보통은 그저 가만히 앉아 기다린다고 한다. 그는 아름다운 몸매로 바람기 있는 남자들을 유혹한다. 그 바람기 있는 남자가 다가와 이름을 묻거나 머리 빗는 걸 방해하는 순간, 돌아보는 여자에게는 사람 얼굴 대신 말 머리가 달려 있다. 극심한 공포에 사로잡힌 남자들은 그 자리에서 심장마비로 즉사하거나 신경쇠약에 걸린다는 것이다. 엄마와 친구들은 커피를 홀짝이면서 바람둥이들은 응분의 대가를 받게 된다며 낄낄 웃곤 했다.

나는 불안 발작이 시작되면 벽장 안에 들어가 소리 죽여 울다가 옷걸이에 걸린 셔츠의 부드러운 감촉과 땀에 젖은 신발이 풍기는 냄새에 겨우 진정하곤 했다. 내가 고대의 곤충을 따라 땅에 난 틈새로 들어와 동굴 속에 있는 거라고 상상하곤 했다. 나는 그렇게 상상력을 발휘해 마음을 가라앉혔다. 나와 말이 통하는 동물과 식물로 가득한 세계를 상상하며 숨을 골랐고 내 발이 어디서 시작하며 내 머리가 어디에서 끝나는지를 느꼈다. 나는 내가 안전해질 수 있는 다른 공간들을 만들어 냈다.

꿈을 꾸면 나는 졸졸 흐르는 물소리만 들리는 어두운 방 안에 갇혀 있곤 했다. 바깥에서 바닷소리가 들리는데도 탈출할 수 있는 창문이 없었다. 불안 때문에 두려움에 휩싸였다. 나는 나쁜 놈을 2층에서 아파트 중앙에 있는 수영장으로 집어던지는 상상을 했고, 뼈 부러지는 소리가 들릴 때까지 걷어차는 상상을 했다. 분노는 주기적으로 내 몸을 사로잡아 불안 발작을 유발하곤 했다. 울음을 참으면 온몸이 들썩거렸다. 나쁜 놈이 입을 다물고 있으라고 했기 때문에 나는 누구에게도 진실을 털어놓지 않았다. 마치 내가 원해서 그런 일을 하기라도 했다는 듯이, 그는 엄마가 우리 둘에게 화가 날 거라고 했다.

어릴 때 들었던 이야기 중에는 악마 이야기도 있다.

어른들 말을 잘 듣게 하려고 아이들을 겁주는 이런 이야기에서 악마는 구석이나 어둠 속에 몸을 숨기고 있다. 악마는 부모님 말을 안 듣는 아이들의 발을 움켜쥐고 땅속으로 끌고 들어간다. 그리고 경고의 의미로 아이들에게 긁힌 자국을 남긴다. 작은 지진을 일으키듯 침대를 흔들어 아이들을 잠에서 깨우고 자기가 한 나쁜 행동의 결과를 생각하게 만든다.

나는 그것이 수치심을 쌓아 가는 과정이었다고 생각한다. 그가 내 방으로 들어올 때마다, 내 몸을 만질 때마다, 내 발을 잡고 끌어당기고, 내 작은 손을 자기 손으로 짓누를 때마다 나는 수치심을 느꼈다. 수치심은 사라지지 않았고, 단단하게 굳었고, 내 혀 밑에 종양처럼 자리 잡았다. 수년 간의 수치심은 나를 죽이지는 않았으나 내 머리 위에 먹구름처럼 도사린 채로 내가 할 수 있지만 하지 않았던 것, 해야 했지만 하지 못한 것들에 대한 기억들로 어린 나를 뒤흔들었다.

나는 공황과 비밀과 침묵에 지쳐 버렸다. 어느 날 술에 취한 그가 비틀거리며 내게 다가왔다. 그가 점점 더 가까워지는 소리가 들렸다. 내 침대로 다가온 그가 내 등 아래로 손가락을 집어넣는 것이 느껴졌다. 그때 온몸에 전류가 흐르는 듯하더니 작은 목소리가 "더는 안 돼" 하고 속삭였다. 아드레날린이 쏟아져 들어왔다. 내가 그의 눈을 발로 걸어차자 그는 고함을 질렀다. 나쁜 놈의 고함을 듣고 사촌이 잠에서 깼다. 방으로 들어온 사촌에게 달려가며 내가 울부짖었다. "만지면 안 되는 데를 만졌어." 내가 할 수 있는 말은 그게 다였다. 안심한 기분도 잠시, 엄마가 방으로 들어오는 순간 다시 가슴에 묵직한 바윗돌이 내려앉는 것 같았다. 방금 한 말을 되풀이하자 엄마는 나쁜 놈을 쳐다보았다. 그에게 내 말이 사실이냐고 물었다. 그는 아니라며 고개를 저었다. 엄마는 내 눈을 바라보더니 나더러 다시 자라고 했다.

누군가가 자꾸만 나에게서 무언가를 빼앗아 가고 그 자리에 공황 발작과 가늠 수 없는 두려움과 텅 빈 몸만을 남겨 놓을 때 얼마나 화가 나는가를 내가 잘 설명했는지 모르겠다. 유령 말이다. 분노는 숨 쉬는 것처럼 당연했다. 공황이 공포가 되고 다시 울음이 되었다가 마침내 비명이 되었다. 나는 음울한 청소년으로 자라났다. 성적 학대를 겪은 사람은 자기 자신을 위해 애석해해야 하니까. 어느 누구도 나를 위해 그렇게 해 주지 않을 테니까. 나에게 섹슈얼리티는 뒤틀리고 두려운 개념이었다. 내 몸은 부표였다. 나는 내게 일어난 일 때문에 노여워하는, 옹송그린 갈색 몸이었다. 복수하고 싶었다. 그를 똑바로 보고 고함을 지르고 싶었다. 그를 반으로 부러뜨리고 싶었다. 그의 가족이 보는 앞에서 창피를 주고 싶었다. 그가 어떤 인간인지 온 세상에 알려 주고 싶었다. 내 살갗에는 곰팡이 핀 얇은 막이 달라붙었다. 공황에 빠져 얼어붙을 때면 목구멍으

불태워라

로 쓴 물이 치밀었다. 분노에 휩싸여도 나는 겁나지 않았다. 오히려 차분해졌다. 차분했기에 내 머릿속에 그가 망가지는 모습을 볼 공간이 남아 있다는 생각이 들었다. 내 상상력이 나를 어디로 데려가건 두렵지 않았다. 나는 나의 상상을 포용하고 글을 쓰기 시작했다.

집으로 돌아오니 우리 집 현관문 틈으로 물이 새어 나오고 있었다. 엄마가 문을 열자 온 집 안이 물바다가 된 가운데 나쁜 놈은 거실에 드러누워 자고 있었다. 나는 집 안을 뛰어다니며 귀신을 찾아 온 방을 돌아다녔다. 이건 라 요로나가 나에게 보내는 신호가 아닐까? 이제는 나를 데려가려는 것이 아닐까? 어쩌면 바닷속 생물들이 깊은 물속 자기 집으로 나를 데려가려는 건지도 몰랐다. 아니면 말 머리 여자가 왔는지도 모른다. 이제 나쁜 놈을 데려가려는 것이다.

엄마는 개수대의 수도꼭지를 잠그고 그를 흔들어 깨웠다. 집 밖으로 질질 끌려 나간 뒤에야 그는 잠에서 깼다. 나는 엄마가 그를 품에 끌어안고 괜찮다고, 자기가 다 치우면 된다고 말하는 모습을 보았다. 엄마는 며칠이나 걸려 집 안을 치운 다음에 그 남자가 일으킨 홍수 사태 속에서 우리가 잃은 것들이 무엇인지를 알려 주었다. 엄마가 수집한 우표들이 망가졌다. 봉투 가득 들어 있던 사진들도 망가졌다. 엄마가 제일 좋아하던 하이힐도 망가졌다.

내가 영원히 엄마에게 마음을 열지 않으리라는 것을 엄마 역시 이해할 거라고 생각한다. 엄마의 안부는 여동생에게 전해 듣고 있다. 전화 통화로도, 문자 메시지로도 듣는다. **엄마가 온라인으로 "가족은 소중합니다, 너무 늦기 전에 알아차리세요"라든지 "가족이 서로 대화하지 않고 살아가다 보면 언젠가는 후회하게 된다, 그때가 바로 장례식이다" 같은 글을 자꾸 공유해. 엄마가 언니의 생물학적 아버지를 찾고 있대. 엄마가 나중에 언니한테 전화할 거래.**

내가 처음으로 쓴 단편소설은 귀신 이야기였다. 이야기의 주인공인 화난 유령 소녀는 나뭇가지 위에서 잠을 잤고, 숲에서 길을 잃고 헤매는 남자들을 공격했다. 십대가 된 뒤에는 시로 방향을 틀었다. 연필로 시를 써 대느라 가운뎃손가락에는 둥그렇게 굳은살이 박였다. 기억을 상기시켜 주는 성물聖物이었다. 과거에 있었던 일을 없는 일로 만들지는 못하더라도 조금씩 글로 써 내려가면서 해소할 수는 있었다. 나는 버려지는 일에 대해 썼다. 분노에 대해 썼다. 나쁜 놈에 대해 썼다. 엄마가 내 말을 믿어 주지 않은 뒤로 나는 누구에게도 내가 무슨 일을 당했는지 말하지 않았다.

엄마는 해군 출신의 남자와 결혼했고 그가 미시간주에 배치되는 바람에 가족 모두 따라가게 되었다. 우리는 을씨년스러운 공군 기지 내에 살았고, 때가 되자 백인 비율이 극도로 높은 학교에 등록했다. 예비 소집일, 교무실에 앉아 담임 선생님을 기다리고 있을 때였다. 옆자리에 눈부신 금발 여자아이가 앉았다. 나는 그 애한테서 몸을 멀찍이 떼어 놓았다. 자리가 넘쳐 났는데도 굳이 그 애가 내 옆자리를 골라 앉았던 것이다. 그 애는 자기소개를 하더니 나에게 자기 트라우마를 이야기하기 시작했다. 억양에 비음이 섞여 있었지만 출신 지역이 어디인지는 말해 주지 않았다. 그 애는 어린 시절 내내 아버지로부터 성적 학대를 당했다고 했다. 할머니 집에 와서 살게 된 덕분에 새 학년을 새로운 장소에서 시작할 수 있어 기대가 된다고 했다. 내 이름이 불리는 소리에 나는 그 애를 쳐다보며 손을 흔들어 작별 인사를 건넸다. 미시간에서는 나와 음악 취향이 비슷한 친구들이 생겼다. 우리는 아이라이너와 고스 하트goth hearts를 통해 끈끈한 우정을 맺었다. 하지만 그날 교무실에서 만난 그 애는 두 번 다시 보지 못했다. 그 애가 잘 있기를 바랐다. 지금도 바란다. 그 애가 내 뇌리를 떠나지 않는 것은, 그 애가 자기 이야기를 할 때 조금도 부끄러워하지 않았다는 사실 때문이었다. 그 애는 머뭇거리지도 않고 불쑥 이야기를 털어놓기 시작했다. 그 애가 희망을 품고 있는 것처럼 보여서 놀랐다. 유령의 몸을 받아들이는데 있어서 나와 그 애는 다른 단계에 있었겠지만, 그 애를 만난 덕분에 나 역시 내 몸을 되찾을 수 있으리라는 믿음이 생겼다.

되찾기 위해서는 시간이 필요하다. 온기가 필요하다.

분노가 필요하다. 거듭되는 정화가 필요하다. 맹렬한 무아지경 상태에서의 글쓰기가 필요하다. 아무도 듣지 않는 것 같더라도, 고함을 질러야 한다. 내 목구멍 속 분노를 토해 내 주변 사람들을 겁에 질리게 해야 한다. 당신의 뇌리를 떠나지 않는 이야기들, 당신을 얼어붙게 하는 이야기들, 너무나 생생하지만 유령처럼 느껴지는 이야기들을 수치심 없이 내뱉어야 한다. 수치심을 짊어져야 하는 것은 당신이 아니다. 수치심을 짊어져야 하는 것은 내가 아니다. 내 몸은 살과 내장과 죽은 각질로 이루어져 있다. 내 몸은 별의 물질과 박테리아로 이루어져 있다. 내 몸은 내 것이다. 내 이야기를 말하고 간직하는 것은 나다. 이야기를 앗아 가려는 사람들의 것이 아닌, 내 이야기다.

리오스 데라루스(Rios de la Luz)는 엘패소에 사는 퀴어 치카나(Xicana, 멕시코계 미국 여성)이자 차피나(Chapina, 과테말라 여성)로, 단편집 『차원과 사막 사이의 맥박』(The Pulse between Dimensions and the Desert, 2015)과 중편소설 『이트사』(Itzá, 2017)를 출간했다. 《코퍼리얼 클래머》(Corporeal Clamor), 《브로들리》(Broadly), 《세인트수시아》(St. Sucia), 《위어드 시스터》(WEIRD SISTER), 《WOHE LIT》 등의 지면에 작품을 발표했다.

불태워라

춤추는 소녀

A Girl, Dancing

나는 춤추는 소녀다.

스튜디오의 반짝이는 전면 거울 속에서 내 다리가 롱드장 브*의 반달을 그린다. 아라베스크** 자세를 취한 나의 몸은 하늘을 꿰뚫을 준비가 된 화살이다.

　　한때 나는 내 삶이 끊임없이 변해 가는 신기루 같다고 생각했다. 여덟 살, 열 살, 열두 살, 열네 살이 되어 가며 나는 1년에 두 번, 때로는 그보다 더 자주 낯선 도시의

---

*　　rond de jambe. 발등을 내밀어 발끝을 뻗은 한쪽 다리로 반원을 그리는 발레 동작.

**　　arabesque. 한쪽 다리로 지탱하고 서서 다른 쪽 다리를 뒤로 들어 올리는 발레 동작.

새집으로 이사했다. 그러나 어디로 가건 엄마가 댄스 스튜디오를 알아봐 주었기에 일주일에 사흘 저녁마다 무용 수업을 들을 수 있었다. 재즈댄스와 발레로 시작해 나중에는 현대무용, 힙합, 리리컬에 이르기까지 비용은 전부 조부모님이 치르셨다. 나는 수많은 공연에 섰고, 여러 가지 스텝과 콤비네이션을 익혔다. 불확실성의 바다에서 춤은 내 집이었다. 내 안정제였다. 춤은 내가 있을 내 자리를 만들어 주었다.

스튜디오의 거울 속 내 팔다리는 허공을 가르며 움직인다. 이 동작만큼은 내가 통제할 수 있었다.

내 학위 논문의 주제는 우리 엄마의 신경쇠약과 죽음에 관한 이야기였다. 학위 과정이 끝나 갈 무렵 나는 필라델피아의 어느 노천카페에서 선배를 만나 함께 진 토닉을 마셨다.

"그런데, 이 이야기에서 분노는 어디 있지?" 선배가 물었다.

"분노라고요? 모르겠어요. 그게, 전 딱히 분노한 적은 없었어요."

"그건 무슨 뜻이지?"

"화내는 모습을 보인 적이 별로 없거든요. 어릴 땐 분노에 차 있던 시절도 있었지만요."

"그렇군." 그가 고개를 끄덕였다. "그래서?"

"모르겠어요. 별로 중요한 건 아니라고 생각해요."

"그 분노를 다시 찾아내야 해." 그가 내 원고를 툭툭 두드리며 말했다. "이야기는 그 분노 안에 있으니까."

나는 집으로 돌아와 선배가 한 말을 다시 생각했다. **분노를 찾아내라.** 나는 생각에 잠겼다. 다시 논문을 집필하기 시작했다. 분노가 그 속에 있다는 사실을 나는 깨달았다. 분노가 페이지마다 넘쳐흐르고 있었다. 어떤 부분에서는 추상이나 서정의 형태로, 다른 부분에서는 절충과 공감의 형태로 모습을 감추고 있었을 뿐이다. 나 같은 사람들에게는 분노가 언제나 거칠고 빨갛고 맹렬한 것이 아니다. 나 같은 사람들에게 분노는 내면에서 푹푹 썩어 가는 것이다. 분노는 서늘한 푸른색이고 진청의 바다 위 얼어붙은 채 둥둥 떠 있는 아무것도 없는 섬이다.

나는 술 마시는 소녀다.

나는 열여섯 살이었고 크루즈 선박 안 나이트클럽의 부스에서 '쿨한' 고모와 고모부 사이에 끼어 앉아 있었다. 밸 고모가 주문한 B-52 칵테일을 마시는 동안 우리 몸은 음악에 노곤하게 달아올랐다. 나는 우윳빛 칵테일이며 물을 섞은 럼 코크의 기운을 빌려 아빠를 향한 불만을 고모부에게 털어놓기 시작했다. 나는 아빠에게 200달러를 빌려 달라고 부탁했는데, 아빠는 안 된다면서 에세이를 한 편 쓰면 돈을 빌려주는 게 아니라 그냥 주겠다고 했다.

"빌어먹을 에세이라니!" 구리기 짝이 없는 유로 팝이 쿵쿵 울려 대는 가운데 나는 취기 어린 목소리로 고함을 내질렀다.

"돈을 둘러싼 권력의 역학관계를 주제로 에세이를 쓰지 그랬니." 켄트 고모부는 눈을 찡긋하며 내 쪽으로 코로나 맥주병을 기울였다.

"핵심은 그게 아니잖아요." 나는 혀 꼬인 발음으로 대꾸했다. "돈을 빌려 달랬지, 숙제를 내 달라고 했냐고요."

"하지만 조카야, 돈을 그냥 준다는데 왜 빌리겠다는 거냐?"

"저도 일할 줄 알아요!" 나는 고함을 질렀다. "전 열세 살 때부터 일을 했다고요. 딱 2주만 빌려주면 되는데."

"핵심은 그게 아니잖아!" 고모부가 말했다.

"아뇨, 그게 바로 핵심이라고요. 핵심을 놓친 건 아빠라고요. 아빠도, 고모부도 전부 뭐가 중요한 건지 하나도 몰라!" 나는 그렇게 소리친 뒤 잔에 담긴 술을 훌쩍 들이켜고 댄스 플로어로 달려 나갔다.

"제기랄! 좆같아!" 뜨거운 눈물이 땀과 범벅이 되어 얼굴 위로 흘러내렸고 내 몸은 베이스의 리듬을 타고 흐느적거리듯 움직였다. 거울로 된 천장에 비친 내 모습은 낯설었다. 주눅 든 것 같은 짤막짤막한 동작으로 움직이는 소녀, 열에서 벗어나지 않으려고 하는 누군가였다. 흐르는 법을 잊어버린 소녀였다. 찰나였지만 그 순간 가슴이 찢어져 버릴 것만 같았다.

캘리포니아의 우리 집에서 무슨 일이 일어나고 있는지 아는 사람은 아무도 없었다. 누구도 몰랐다. 우리 엄마가 침몰하고 있다는 것을 몰랐다. 내가 나 자신을 지워 버리고 있다는 것도, 아무도 몰랐다. 엄마를 도저히 낫게 할 수 없다는 고통을 누그러뜨릴 수 있는 것이면 무엇에든 손을 뻗으면서 말이다.

내게는 아빠가 문제의 핵심을 놓친 채 쓸데없는 걱정을 하고 있다고 말할 수 있는 언어가 없었다. 아빠는 돈을 빌려 달라는 내 부탁을 노동 윤리를 가르칠 기회라고 생각했을 뿐, 어째서 내가 여름 내내 친구들 집에서 잠을 자고 내 86년식 닷지 새도의 트렁크 안에서 살다시피 하는지 묻지 않았다.

아빠가 아는 것은 나, 여태 만점만 받는 모범생이던 내가 실패하기 직전이라는 사실이 전부였다. 올해 내 결석 일수가 20일이 넘는다는 것. 나와 더는 말싸움조차 통하지 않게 된 엄마가 속상해서 어쩔 줄 모른다는 게 다였다. 크게 다툰 뒤 엄마가 나를 집에서 쫓아내 버렸지만, 그조차도 진짜 중요한 문제들 때문은 아니었다. 여태 엄마가 한 잘못을 쩨쩨하리만치 하나하나 나열하며 비난을 쏟아냈던 것 역시 십대 딸의 전형적인 반항으로 쉽게 치부했으리라. 그즈음의 나는 거의 매일 술이나 약에 취해 있었고, 결국 엄마는 나더러 연을 끊자고 했다.

이런 내게 아빠가 내린 처방은 '엄한 사랑' 그리고 아빠의 만병통치약인 명상이었다.

그리고 내가 받는 그 많은 댄스 수업의 비용을 대 준 조부모님의 처방은? 그분들은 일주일짜리 크루즈 여행을 가자며 나를 포함한 친가 가족들을 전부 초대했다.

우리는 카리브해 위에서 돔 페리뇽을 홀짝였다.

나는 1교시 기하학 수업 시작 전에 탈의실에서 호세 쿠에르보를 들이켰다.

우리는 크루즈 안 극장에서 B급 마술사들의 공연을 보았다.

나는 술을 마신 뒤 바람이 몰아치는 깜깜한 숲길에서 전조등을 끈 채 목숨 걸고 과속으로 차를 몰았다.

우리는 백조 모양 얼음 장식이 놓인 한밤의 뷔페에서 빈 접시가 그득 쌓일 때까지 즐겼다.

나는 더러운 침대 시트 위에서 아편을 피웠다.

우리는 신트마르턴의 해변 카페에서 4킬로그램이 넘는 로브스터의 껍질을 깼다.

나는 은박지로 만든 파이프로 크랙을 피웠다.

충격적인 대조를 이루는 이중생활이었다.

그 시절에 찍은 사진을 보면 나는 유령 같다, 여자아이의 모습을 한 껍데기 같다. 평소 가무잡잡하던 내 피부는 핼쑥하고 퀭해 보일 정도로 허옇다. 눈구멍 속의 두 눈에는 생기가 없다. 그러나 내 몸속에 펄펄 끓는 구덩이가, 잠들어 있는 휴화산이 깃들어 있었음을 나는 안다.

춤을 그만둔 것은 그즈음이었다.

나는 가라앉는 소녀다.

엄마와 나는 사생활도 경계도 없이 공범처럼 어울리며 즉흥적으로 장거리 자동차 여행을 떠날 것 같은 모녀였다. 독립 영화에나 등장할 법한 모녀, 그런 식으로 살아 본 적 없는 사람이 보기에는 짜릿한 보헤미안 모험담 같다고, 〈여기보다 어딘가에〉 속 수전 서랜던과 내털리 포트먼 같다고 생각할 법하다. 그러나 영화 속에서 근사해 보이는 것들은 대개 현실에서는 혼란스럽고 불안정하다. 역기능 가정의 매력인 얽매이지 않는 생기는 멀리서 볼 때나 별나고 재미있는 법이다.

아이가 둘 딸린 가난한 싱글맘이었던 엄마는 영적 성장에 인생을 바쳤다. 우리는 알 수 없는 신들을 좇아 캘리포니아 전역을 돌아다녔고 아파트와 호텔, 모텔, 통나무집을 전전하며 기도하고 주문을 외우고 교령을 내리면서 엄마가 이상한 강의며 청소 일을 해서 번 얼마 안 되는 돈과

복지 수당, 자녀 지원금으로 살아갔다.

엄마의 은퇴 후 계획은 깨우침이었다.

내가 열두 살이 되자 엄마는 경제적으로 안정을 찾고 북부 캘리포니아 깊숙한 시골에 집을 샀다. 나는 정착할 수 있어서 정말 기뻤다. 그러나 나는 지금까지 우리가 여러 곳을 전전했던 게 목적이 있어서가 아니라 도피에 불과했음을 서서히 알게 되었다. 어쩌면 그렇게 쉬지 않고 움직인 덕분에 엄마의 마음이 품고 있는 어둠 역시 짙어질 겨를이 없었던 것인지 모르겠다.

엄마는 이야기를 늘어놓기 시작했다. 엄마를 동네에서 쫓아내려 했던 사람들에 대한, 아무렇게나 가지를 뻗는 이해할 수 없는 이야기 속에는 매주 새로운 인물이며 사연이 제대로 된 설명도 없이 등장했다. 그 이야기가 진짜인 것과 가짜인 것 중 어느 쪽이 더 두려웠는지 모르겠다. 만약 그게 다 지어낸 이야기였다면, 그건 내 운명 공동체인 우리 엄마가 정신 나간 여자라는 뜻이었다. 엄마가 단순히 민감하거나 직관적인 사람, 초능력이나 영력을 가진 사람이 아니라 정신질환이 있는 사람이라는 뜻이었다. 만약 정말 그랬더라면, 또 무엇이 어디선지도 모르게 우리 삶에 누벼진 걸까?

엄마가 매일같이 장황하게 늘어놓는 이야기에 고개를 주억거리던 나는 서서히 귀를 기울이지 않게 되었다. 위기 대책 계획을 허겁지겁 세워 나가며 엄마 모르게 내

손해를 최소화하는 방법들을 생각했다. 어쩌면 엄마는 내가 결국은 가라앉는 배를 버리고 떠나리라는 사실을 알았을지도 모르겠다. 어쩌면 엄마가 자살하고 싶다는 이야기 끝에 "넌 괜찮을 거야, 내가 걱정하는 건 네 동생이지" 하고 덧붙였던 것도 그래서였을지 모르겠다.

그 시절에 나는 **망상**이라는 단어를 몰랐음에도 그것의 끈적끈적한 그림자를 느낄 수 있었다. 그리고 나는 선생님, 아빠, 조부모님, 고모들, 삼촌들, 친구들에 이르기까지 나를 보고 있는 모든 이들에게 위기를 알리기 위해 신호탄을 쏘아 올리듯 내 팔다리로 어둠을 밀어내기 시작했다. 내가 지워지고 있다고, 내가 추락하고 있다고, 무언가가 정말로, 엄청나게 잘못되고 있다고 알리고 싶었다. 춤을 출 때와 마찬가지로 몸을 사용했지만, 이번에는 즈테*도 재즈 킥도 아니었다. 파티 드레스를 차려입고 입술을 새빨갛게 칠한 분노였다.

분노를 찾아내라.

어린 시절 나는 얌전한 아이였다. 활발하기는 해도 점잖았고 항상 "고맙습니다," "네, 부탁드려요"라는 말을 잊지 않는 아이였다. 순종적이었고 어른들을 존경했다. 엄마는 나더러 "애늙은이"라고 했는데, 그 말의 의미를 정

---

*   jeté. 한 발로 뛰어올라 다른 발로 착지하는 발레 동작.

확히는 모르면서도 나는 그 의미에 걸맞게 행동하려 애썼다. 나는 엄마를 돕지도 구하지도 떠나지도 못했다. 그래서 내가 할 수 있는 일을 했다. 엄마의 말을 들어주는 일이었다. 나의 가치는 들어주는 것, 버텨 주는 것, 견뎌 주는 것이 되어 갔다. 엄마는 내가 받아들일 능력이 있는가에는 아랑곳하지 않고 이야기를 쏟아부었다. 그래도 나는 화낼 수 없었다. 단단한 벽을 세울 수 있을 만큼 격렬하게 화낼 수 없었던 것은, 나 역시 먹는 것과 자는 곳, 그리고 사랑을 엄마에게 의존해 얻고 있었기 때문이다.

그래서 나는 주어진 역할을 수행하면서 엄마를 다치게 할 수 있는 것들을 다급하게 삼켜 냈는데, 내 분노도 그중 하나였다. 솔직히 말하면, 나는 어떻게 말하고 행동해야 가족의 사랑과 지지를 이끌어 낼 수 있는지, 내 욕구 중 어떤 것을 드러내면 상황이 급변할 위험이 생기는지 오래지 않아 알게 됐다.

아빠는 하루 두 번의 명상으로 이루어진 세계 속에서 평온을 향해 나아가고 있으나 나의 삶에는 그런 것들이 없으니까, 엄마가 하는 당혹스러운 이야기를 아빠한테 전해서는 안 된다는 것을 알게 되었다.

조부모님의 요트에서 보낸 햇살 가득한 오후라든지 말도 안 되게 작은 비행기를 타고 바하마 제도에 있는 조부모님 댁에 다녀온 이야기를 엄마한테 해선 안 된다는 것을 알게 되었다.

내게 있는 두 개의 세계엔 서로의 진실까지 담을 공
간이 없다는 것을 나는 알게 되었다. 그래서 나는 그 진실
들을 삼켜 버린 다음에 착한 나를 두 개의 그릇에 나눠 담
았다. 어린 소녀인 내 몸을 늘이고 구부려서 각자가 원하
는 내 모습을 보여 주는 법을 배웠다.

사실 그 누구도 내게 침묵을 지키라고 하지 않았다.
이런 일은 그런 식으로 일어나는 것이 아니다. 나의 침묵
은 학습된 것이고 우발적인 것이었다. 이제는 안다. 애늙
은이라는 것은 내 나이에 아직 알기 어려운 것을 이해하
리라는 기대를 받는다는 것이다. 이해해야만 해낼 수 있는
일들을 말이다. 사실과 사실이어도 된다고 허용된 것 사이
의 간극이 지나치게 커져 버리자, 나는 그 사이의 허공으
로 추락하고 말았다.

죽어 가는 소녀.

엄마가 죽은 뒤로, 그러니까 지금까지 14년 동안, 나
는 엄마가 내 모든 것이었다고 이야기해 왔다. 엄마가 내
집이었고, 영적 전사이자 안내자였으며, 나의 부양자였고,
내 페미니스트 역할 모델이었으며, 나의 최측근, 절친한
친구, 첫사랑이었다는 이야기였다. 그 이야기는 여전히 사
실이지만, 동시에 엄마는 내가 떠맡지 않아도 되는 것까지
떠맡게 만들었다. 내 몸을 질그릇처럼 빚어서 넘쳐흐른 엄
마를 담도록 가르쳤다. 이제는 그것이 여자아이들이 겪는

일임을 안다.

여자아이들은 너무 많은 것을 감당한다. 감당하다 못
해 흘러넘치고 몸에 비해 머리가 너무 무거워 불안정해지
는데도, 해냈을 때는 성숙하고 적응이 빠르다며 칭찬받지
만 해내지 못했을 때는 비난받는다. 분노하지 말라는 훈련
을 받은 우리는 암호를 사용하며 그 표현 수단은 우리의
몸이다. 우리는 타인을 편안하게 해 주기 위해 분노를 조
용히 씹어 삼킨다.

분노를 찾아내라.

나는 나에게 너무 많은 걸 요구하면서도 자신을 도와
달라는 부탁은 할 수 없었던 엄마에게 분노한다.

아무것도 요구하지 않은 아빠에게도. 손녀가 어떤 사
람이 되어야 할지보다는 남들에게 어떻게 보여야 할지를
걱정했던 조부모님에게도.

나는 착한 아이였지만 결국 그런 건 상관없었다. 처
음으로 착한 아이를 벗어난 순간 모두가 나를 버렸으니까.
선생님들도 내게 등을 돌렸다. 어쩌면 올 것이 왔다고 생
각했는지도 모르겠다. *어머니가 그 꼴이니,* 하고 짐작했을 것
이다. 통계적으로 실패할 것이 기정사실이나 다름없는, 또
하나의 망가진 여자아이라고. 가족은 내가 반항을 한다고,
자기중심적인 거라고, 또는 호르몬 때문에 그런 거라고 했
다. 그들은 내가 갖게 된 그것에 온갖 이름을 붙였다, 분노

라는 이름만 제외하고.

나는 숙녀답게 굴어야 한다는 명령을 품은 영성과 성숙과 침착과 고상함의 언어에 분노한다. 그 모두가 암호화된 억압으로 기능하기 때문이다. 나는 우리가 타인을 구원하기 위해 분노를 삼켜야 한다고 배우며 자라났다는 사실에 화가 난다. 춤추는 소녀가 너무나 빠른 속도로 가라앉는 소녀가 되고, 죽어 가는 소녀가 될 수 있다는 사실에 화가 난다.

이는 나에게만 일어나는 일이 아니다. 나를 다시금 삶으로 돌려보내 준 사람들은 결코 다른 사람을 다치게 할 수 없어 스스로를 아프게 하던, 거침없이 분노하던 소녀들이었다. 샤이엔은 화가 나서 알약 한 병을 삼켰다. 맨디는 화가 나서 5번 주간고속도로에서 혼자 히치하이킹을 했다. 샘은 분노 때문에 발코니에서 시멘트 바닥으로 뛰어내렸다.

내 말을 들어 달라.

십대 소녀들은 디바나 드라마 퀸,* 이유 없는 반항아가 아니다. 당신들에게 무언가 말해 주려고, 당신들을 깨우쳐 주려고 우리의 몸을 사용하는 것이다. 우리는 어둠을 밝히기 위해 팔다리에 불을 붙이는 겁 없는 짐승들이다. 우리는 '도움의 불빛'이 되고자 수도사처럼 자기 몸을 태

* 디바(diva)는 변덕스럽고 비위 맞추기 어려운 자기중심적인 여성, 드라마 퀸(drama queen)은 사소한 일을 과장해 호들갑 떨거나 쉽게 화내는 사람을 가리킨다. '여성'을 지칭하는 단어에 부정적 의미를 덧씌운 표현들이다.

운다. 우리는 반쯤 태어난 형상들, 세속적이며 설교를 일삼고 심지어 거만하기까지 한 존재다. 우리는 당신들 흐뭇해하라고 다듬어진 존재가 아니다. 우리는 점치는 지팡이, 손톱을 보고 불의를 감지할 줄 아는, 몸부림치는 감각의 문이다. 위선을 쫓는 사냥개다. 우리는 어리고 순진하고 거칠고, 우리의 언어는 상스러울지 모르나 화가 났을 때는 당신들이 부서뜨려 열 때까지 입을 다물 것이다. 우리를 돌멩이 집듯 들어 올려 샅샅이 보라고, 겁쟁이들아. 우리는 당신들의 비밀과 수치를 파헤칠 것이다. 발에 박힌 기다란 유리 조각을 뽑아내듯이 베고 또 베면서 기어코 끄집어낼 것이다.

그 뒤에야 우리는 다시 자유롭게, 내키는 대로 춤출 수 있을 거다.

니나 세인트피어(Nina St. Pierre)는 럿거스 대학교에서 예술학 석사 학위를 받은 작가이자 편집자이다. 《내러티블리》, 《인스타일》, 《빗치》, 《브루클린 매거진》, 《굿》(GOOD), 《캐터펄트》(Catapult), 《플런트》(Flaunt)에 글이 실렸다. 지금은 북부 캘리포니아 시골에서 벌어진 분신 사건에 대한 회고록, 그리고 성과 영성을 통해 경계를 다루는 에세이집 작업을 마무리하고 있다.

불태워라

내 이름과 내 목소리

My Name and My Voice

나는 남편 앞에 서서 그를 위해 준비한 세 가지 밸런타인데이 선물 중 하나인 하트 모양 케이크를 들고 있다. 남편은 침대 위, 내가 준비한 다른 선물들 옆에 느긋하게 누워있다. 미래의 우리 아이들에게 읽어 줄 어린이책 두 권 그리고 아이스크림 제조기인데, 그가 제일 좋아하는 음식이 아이스크림이기 때문이다. 그는 아무렇게나 찢어 낸 선물 포장지를 만지작거리며 그날 밤 바텐더 일을 하는 동안 자기가 작업을 걸었던 여자들 이야기를 한다.

나는 빅토리아 시크릿에서 산 레이스 달린 분홍색과 흰색의 새틴 가운 차림으로 떨고 있다. 이 옷을 사서 입은 것은 내가 좋은 아내이기 때문이며 나는 의무를 충실히 해

낸 내가 자랑스럽다. 아직 따뜻한 케이크를 품에 안아 봐도 몸이 따뜻해지지는 않는다. 그의 입에서 나온 말들에 내 온몸에 소름이 오소소 돋아나기 때문이다. 작은 돌기들이 아우성치며 내 몸에게 위험을 알려 온다.

서늘한 냉기에 우리 집 안으로 스며들어 오는 혹한기 2월의 찬바람이 더해진다. 남편과 나는 업스테이트 뉴욕의 외진 곳, 두둑하게 쌓인 눈에 둘러싸인 반쯤 무너지고 일부는 타 버린 헛간에 산다. 남편은 2년 전 살림집으로 탈바꿈시키겠다는 목표를 품고 이 건물을 샀다. 그러나 진전은 지극히 산발적으로만 이루어졌다. 우리 집에는 난방 시스템도, 실내 배관 시설도, 조명도, 조리 시설도 없었다. 전기 난방기 몇 개, 서까래에 달아 놓은 전구 몇 개, 핫플레이트뿐이었고 화장실이 없어서 헛간 뒤 수풀에 들어가 일을 보았다.

함께하는 삶에 대한 남편의 충성도는 헛간 재건축의 진행 속도와 마찬가지로 사그라들었다. 처음에는 애정, 카리스마, 헌신으로 가득했던 그는 내가 사랑했던 모습과는 딴판으로 변해 갔다. 아니, 사랑했던 모습이 아니라, 내가 보고자 하는 것만을 보고 그 밖의 다른 경고 신호는 무시하면서 믿었던 모습과는 딴판으로 변했다고 해야 맞을 것이다. 처음 사귀기 시작했을 때 그는 자신이 토목 기사이며 건축 관련 학위를 따는 중이라고, 유명한 회사에서 연수를 받고 나서 배운 것을 써먹을 수 있을 거라고 했다. 결

불태워라

혼한 뒤에야 그가 그 과정을 따를 생각이 전혀 없다는 사실이 드러났다.

인간은 에너지의 매개이며 에너지는 창조 또는 파괴에 쓰인다. 난폭한 사람들 내면의 핵심에는 불안정이 도사리고 있다. 작고 무기력하고 공허한 기분으로 살았던 그는 나를 파괴하는 데 에너지를 쏟았다. 나는 내 목소리를 입속에 인질로 묶어 두고, 그는 나를 이 집안에 인질로 붙잡아 둔다. 내 감정을 입 밖에 내는 것은 착한 여자, 순종적인 딸, 자애로운 아내가 되어야 한다는 보편적 계약에 반하는 이단 행위나 다름없다. 그래서 나는 아무 말도 하지 않는다. 상냥하게 애교를 부리고, 굽히고 순응하면서 그의 요구를 묵인하고, 돌 주위를 휘돌아 흐르는 물처럼 그의 분노를 비껴 나간다.

매일 아침, 매일 밤, 아침에 눈을 떠서 밤에 눈을 감는 순간까지 나는 페미니스트인 내 삶의 형편이 믿기지 않는다. 어쩌다가 이렇게 되었는지를 톺아보기 시작했다. 매주, 매달, 나는 내가 번 돈을 이 집에, 차에, 우리 두 사람의 각종 고지서를 처리하는 데 고분고분 쏟아붓는다. 그가 다른 여자 이야기를 하니, 내가 버는 족족 우리 혼인 관계에 갖다 바치는데도 내게는 어떠한 법적 소유권도 권리도 없다는 데 생각이 미친다. 모든 계약서며 임대 계약은 그의 이름으로 되어 있다. 마찬가지로, 그의 요구와 기분을 맞춰 주기 위한 감정 노동은 나만의 몫이며 그는 이득만

챙길 뿐이고 나는 만성피로와 정서적 결핍에 시달린다. 갑자기 성질이 나서 울화통을 터뜨릴 때면 그는 내가 "진짜" 아내가 아니라 "그린카드" 때문에 아내가 된 것이라는 말로 내 영주권이 결혼으로 유지되고 있다는 사실을 상기시켜 준다. 법적으로 내가 그의 부양을 받고 있으며 자신의 사랑은 언제든 거두어 갈 수 있는 것임을 상기시켜 준다.

철없던 어린 시절에 나는 상스러운 나의 분노에 목소리를 주는 반역을 저지르기도 했다. 열여덟 살의 나는 연쇄 포식자나 다름없던 고등학교 교사를 향해 할 말을 했지만, 주변 어른들이 곧바로 내 입을 막았다. 스무 살 때는 아버지한테 지나치게 단정적인 말투를 썼다며 절연을 당했다. 분노에 목소리를 준 대가를 치르고 나자, 나는 나도 모르는 사이에 내가 작고 조용하길 바라는 남자와 내면화된 처벌에 바탕을 둔 학대적인 결혼 생활에 공모하게 되었다. 사랑이 타협이라 배웠기 때문이었다.

나는 내가 서서히 지워지는 일에 공모하는 가운데서도 간신히 몇 가지를 지켜 냈다. 결혼 전 원래의 성, 그리고 매일 글쓰기를 통해 느끼는 내 내면의 목소리에 대한 확고한 믿음이었다. 그는 내가 글 쓰는 것을 조롱하고 내 마음속 작고 안전한 공간만큼은 훼손할 수도 침범할 수도 없다는 사실에 분개한다. 매일같이 집 주변 숲속을 달릴 때마다 나는 때로 이렇게 되뇐다. "내 이름과 내 목소리, 내 이름과 내 목소리. 내 이름과 내 목소리." 어떤 날에는 10, 12, 15킬로미터를 달리는 내내 이 문장이 마치 나를 어머니 대지에 묶어 놓는 탯줄이라도 되는 것처럼 읊기도 한다. 나는 무척 많은 것을 빼앗겼으나 이 두 가지만은 빼앗기지 않았다. 그가 만들어 내는 혼란과 지워짐 속에서도 내 팔다리, 내 숨, 나 자신이라는 확실성만은 잃지 않았다는 걸 느끼기 위해 나는 점점 더 긴 거리를 달렸다.

침대에 널브러져 누운 그를 바라보며 내 마음이 속삭인다. *내 이름과 내 목소리.* 그러고 보니 나는 내 성과 이름의 의미조차도 모른다는 생각이 든다. 알아야만 하는데.

"왜 또 그런 식으로 말해?" 나는 상냥하고 이해심 넘치는 말투를 쓰려 애쓴다. 용 앞에 비둘기가 달려드는 형국이다. "불평하거나 다투고 싶은 건 아닌데, 당신이 다른 여자를 원한다거나 갖고 싶다고 말하면 나도 상처받아."

우리 두 사람이 사는 곳은 다른 집이나 사람들로부터 아주 멀리 떨어져 있고, 문명에서 단절되다시피 해서 통신사 신호조차 잡히지 않는 곳이었다. 지나치게 단정적으로 말하면 무슨 일이 일어날지 두렵다.

그가 케이크를 향해 손을 뻗더니 손으로 집어 먹는다. 웃고, 케이크를 씹더니, 어깨를 으쓱 추어올린다. "자기도 내가 행복하길 바라잖아, 아니야? 나도 행복할 자격이 있어. 남자는 다 그래. 어쩔 수 없어."

그의 말은 순식간에 나를 열한 살 때로 되돌려 놓는다. 방글라데시에 살던 시절, 나보다 스무 살 많은 사촌이 예고 없이 쏟아지는 비처럼 내게 접근했던 순간이다. 이미 예상한 사태였는데, 어느 정도는 폭풍우가 다가온다는 걸 땅이 아는 것과 같은 본능 덕분이었고, 어느 정도는 가족 중 누군가가 이미 경고한 바 있어서였다. 그가 추행을 시도했으나 다행히 나는 가지고 태어난 지혜와 살면서 얻은 지식을 총동원해 빠져나올 수 있었다. 나는 분노로 폭발하기 직전인 상태로 아버지에게 달려가 방금 일어날 뻔한 일을 털어놓았다.

"남자애들이 다 그렇지." 아버지는 당신이 배운 바를 읊을 뿐이었다. "흔한 일이다. 특히 사촌지간에는."

그 순간 느낀 슬픔이 너무 뜨거워서 불이 붙을 것 같다고 생각했던 게 기억난다.

수십 년이 지난 지금 여기서 "남자애들이 다 그렇지"라는 말을 떠올리게 하는 "남자는 다 그래"라는 말이 무방비하게 벌거벗은 내 가슴에 가문의 문장처럼 뜨겁게 달구어진 남편이라는 낙인을 찍고 있다.

심호흡을 하자 내가 들이마신 숨은 몸속으로 들어가 언제나 내 몸 안에 도사리고 있는 허기를 어루만진다. 하고 싶은 말을 조용히 억누른 것과 마찬가지로 굶주림을 자초하는 것 역시 오랜 연습을 통해 완성된 습관이다.

주변을 돌아보며 나를 둘러싼 사물들을 자세히 살펴보니, 그제야 여태까지 내가 '집'이라고 여겨 왔던 것의 본모습이 눈에 들어온다. 그것은 경제적, 지리적, 그리고 법적 의존을 통해 강제된 감금 상태다. 나 역시 힘을 합쳐 만든 덫이다. 온 힘을 다해 내 목소리와 몸, 정신, 영혼을 작게 만들려던 내 노력 때문에 더 복잡해진 덫이다.

두 가지는 떼어 놓을 수 없이 얽혀 있다. 남성의 학대가 일상적으로 지속되기 위해서는 우리가 줄어들어야 한다.

남편은 손가락을 쭉쭉 빨았다. "케이크 맛이 좋네. 좀 줄까?"

"아냐. 고마워, 여보. 당신 주려고 만든 거야."

언제 어떻게 생기건 간에, 거식증은 여성의 힘과 목소리와 친절을 부정하는 데 탁월한 세계에 대항하고자 극도의 완벽주의를 통한 통제 비슷한 것을 바라는 여성의 절박한 욕망에서 태어난다. 기억하길 바란다. 감정을 포함한 모든 것은 에너지이고, 에너지는 창조 또는 파괴에 쓰인다. 십대에서 이십대를 보내는 동안, 세월이 쌓이면서 나를 학대한 이들도 늘어났고, 새로운 상처가 생길 때마다 내 주변을 둘러싼 이들의 비굴한 침묵이 뒤따랐다. 가해자에 대한 분노를 삼키고 타인에게 무시당할 때마다, 갈 곳 잃은 분노는 점점 더 강렬해졌다.

열한 살 때의 내 사촌, 열여덟 살 때의 교사, 스물세 살 때의 강간범, 스물네 살 때의 고용주에 이르는 포식자들 앞에서 나는 목소리를 얻지 못한 분노로 활활 탔고, 이 분노가 너무나도 거대하고 환했던 나머지 나는 처음 앓기 시작할 때부터 이미 거식증 전문가였다. 신체적 돌봄과 휴

식과 음식을 거부하기가 힘들었다는 사람들도 있지만 나
는 그렇지 않았다. 거듭되는 상심에서 태어나 거품이 부글
거리는 내 분노는 강력했기에 이 분노가 하루 동안, 일주
일 동안 아무것도 먹지 말라고 지시하면 내 몸은 이에 충
실히 응했다.

온전한 인간이라 할 수 있으려면 감정을 느끼고, 생
각을 표현하고, 타인에게 목소리 내는 것이 허가되어야 한
다. 이 허가가 거부되고 목소리가 침묵당할 때 살아갈 능
력은 사그라지고 스스로를 다치게 할 능력은 커진다는 산
증거가 바로 나다. 피는 온기를 잃고, 살은 부드러움을 잃
고, 심장은 갈망을 잃고, 정신은 명징함을 잃는다. 허기를
느끼고 자양분, 친밀함, 소속, 연결을 갈망하는 미약한 충
동이 신체에서 증발해 버린다. 마찬가지로 타인에게서 친
절함을 기대하고 요구할 능력도 서서히 사라진다. 폭행과
이에 따르는 침묵의 결합을 통해 이제 나는 학대를 위태롭
게 참아 낸다.

남편이 트림한다. "배부르군. 당신 나한테 참 잘해."

"고마워, 여보."

그는 요란하게 하품한다. 까칠하게 자라난 수염 여기
저기에 케이크 부스러기가 묻어 있다. 부스러기들은 침대
에도 떨어진다. 나는 부지런히 부스러기를 한쪽으로 쓸어
내고, 남편이 배불리 먹고 남은 케이크를 받아 다시 포장
해 둔다. 몸에 익은 리듬에 따라 바닥에 떨어진 남편의 재

킷과 양말, 신발을 집어 들어 치운다. 구겨진 술집 영수증이 손에 닿는다. 여자 이름과 핸드폰 번호를 휘갈겨 놓은 영수증.

다른 여자의 이름을 보니 온몸에 아드레날린이 퍼진다. 질투도, 고통도, 슬픔도 아닌, 연대감 때문이다. 수년간 침묵함으로써 나는 그가 나뿐 아니라 다른 여성에게도 불경하게 대할 수 있게 만들었다는 생각이 든다. 나와 그 여자를 입맛에 따라 골라 먹을 수 있는 음식처럼 대할 수 있도록 말이다.

이제 내가 입을 여는 것은 그 여자와 나, 둘 모두를 위한 일이 된다.

"여보." 나는 몸을 숙인 채 주변을 정돈하며 입을 연다. "나는 '남자가 다 그래'라는 말로 당신 행동을 정당화할 수는 없다고 생각해. 내가 느끼기엔……."

"참 나." 그가 코웃음을 치더니 내 목소리가 묻히도록 목소리를 높인다. 내 손에서 영수증을 가져가더니 강조하듯 영수증을 향해 손짓한다. "호들갑 떨지 마. 과민 반응하지 말라고. 별것도 아니잖아."

오랫동안 나는 내가 침착함을 유지하고, 그의 행동을 합리화하고 용서하고, 그의 무게를 왜곡하고 그것과 타협함으로써 남편과 내 결혼과 내가 학습한 정체성에 충실히 행동해 왔다고 생각하며 입술을 깨문 채 견뎠다. 나는 우리를 학대한 사람이든, 아버지든, 파트너든, 남성이란 우리가 풀어야 할 수수께끼, 우리가 견뎌 내야 하는 의무, 우리가 달래야 할 고통이자, 우리가 돌볼 책임이고, 우리가 복종할 주인이라고 배웠다.

남편은 셔츠와 청바지를 벗고 이불 속으로 들어갔다. 자신을 바라보고 있는 내 시선을 알아차린 그는 더없이 미국적이고 근사한 미소를 해사하게 지어 보인다. 다른 여자의 이름이 적힌 종잇조각은 다시 바닥에 떨어져 있다. 그는 아무렇지도 않게 우리를 잊어버렸다.

내 이름과 내 목소리. 내 마음이 애원하면서, 숨을 쉬라고 일깨운다. 내가 누구인지 일깨우고, 내가 누구에게 속해 있는지를 일깨운다. **내 이름과 내 목소리.**

가부장제가 여성의 분노를 잘못 진단하였기에, 나는 여성의 분노 역시 남성의 분노와 유사한 뿌리를 가졌으리라 생각하며 나의 분노를 믿지 않아야 한다고 배웠다. 그러나 평생 동안 내가 느낀 분노의 이유는 내가 아는 남자들의 분노와는 달랐다. 나는 끊임없이 타인을 이해하고 집단의 조화에 헌신하는 양육자로 길러졌다. 내가 분노를 느꼈던, 그리고 느끼는 건 불의를 목격하고 경험하는 순간이다. 이와 대조적으로 내 남편은 다른 남성들이 그렇듯 독립적인 존재로 길러졌으며 지위, 권력, 부라는 형태의 개인적인 이득을 좇으라는 교육을 받았다. 따라서 그는 자신의 에고와 영토가 위협받을 때 분노한다.

나의 분노는 불의가 존재함을 알린다. 반면 그의 분

노는 모욕받았을 때 솟구친다. 내 분노는 수치스러운 것이 아니라 **고귀한** 것이다. 세상이 여성의 정신을 받들어 만들어졌더라면 전쟁마저도 윤리적으로 치러졌으리라.

이런 이야기를 하는 것은, 만약 내가 전쟁을 일으킨다면 이는 전적으로 올바름을 위해서라고 말하려 함이다.

선명하면서도 뜨거운 무언가가 내 몸통을 지나 입 밖으로 치솟는다. 내가 낳은 혜성이다. 이를 내 목소리라고 불러도 좋다. 내 분노. 내 올곧음이기도 하다. 나 자신과 어린 시절의 나와 내가 갖게 될 아이 그리고 나와 연결되어 있는 다른 여성들을 향한 나의 사랑이라 해도 좋다. 그 이름이 무엇이건, 그것이 고함을 지르기 시작한다.

"**안 돼.** 이렇게 살 순 없어. 나는 당신이 내게 강요하는 것보다 더 큰 이야기를 위해 태어난 사람이야. 나는 당신보다 더 큰 삶을 위해 태어났다고."

그의 눈동자가 휘둥그레지고 얼굴이 분홍색으로 달아오른다. 그가 웃는다. 그러다가, 자신의 반응이 내게 어떤 영향도 미치지 못했다는 것을 깨닫고는 노여워한다. 그는 씩씩거리다, 고함을 치고, 이리저리 서성거린다. 나는 세수를 하고, 이를 닦고, 잠자리에 든다. 그는 자꾸만 내 관심을 끌려 한다. 나는 그에게 눈길을 주지 않는다. 나는 잠시 노트북을 켜고 글을 쓴다. 그날의 말들을 페이지 위에 내려놓고 나니 만족감이 내 눈꺼풀을 어루만져 달랜다. 나는 노트북을 끄고 침대 옆 바닥에 내려놓은 뒤 잠든다.

그 운명적인 밸런타인데이 저녁이 지나고 몇 주 뒤, 그는 나를 집에서 쫓아낸다.

며칠 뒤 나는 나의 자아감^{sense of self}을 확인하려 내 이름의 유래를 찾아본다. 리마는 인도의 전쟁의 여신이자 상처받은 세계의 보호자이고 치유자인 두르가^{Durga}의 다른 이름이라는 사실을 알게 된다. 신성한 어머니의 맹렬한 화신인 두르가는 새로운 것을 창조하고 힘을 불어넣기 위해 기꺼이 분노를 분출해 옛것을 파괴한다.

이혼 합의서를 작성할 때 내가 요구하는 것은 오로지 단 하나, 그와의 완전한 단절이고, 그것은 궁극적으로 모든 것이나 다름없다. 내게 필요한 것은 내 이름과 내 목소리가 전부다.

리마 자만(Reema Zaman)은 문학상을 수상한 작가이자 연사, 배우이자 대변자다. 방글라데시 출생으로 하와이와 태국에서 어린 시절을 보내고 지금은 오리건에 살고 있다. 2018년 오리건 문예재단의 유색인 작가 창작지원사업에 선정되었으며, 회고록 『나는 당신의 것』(I Am Yours, 2019)을 썼다. 《뉴욕 타임스》, 《가디언》, 《미즈》, 《럼퍼스》, 《게르니카》, 《내러티브리》, 팟캐스트 '디어 슈거스'(Dear Sugars) 등에 글이 실렸다.

물려받은 분노

Inherited Anger

세 살 난 내 아들은 일주일에 한 번 방과 후에 '유치원 브로드웨이' 수업을 듣는다. 지치고 배고픈 어린아이 열 명이 교실 안을 어정어정 돌아다니고 있으면 강사가 그 아이들을 러그 위로 불러 모은다. 아이들이 대강 모였다 싶으면 강사는 아이들에게 감정을 하나씩 말해 보라고 한다. 아이들이 "슬퍼요," "행복해요," "화나요," "무서워요" 하고 열심히 외친다. 그러면 강사는 얼굴 표정으로 그 감정을 표현해 보라고 한다. 내 아들은 이를 드러내고 과장되게 씩 웃었다가, 파란 눈을 놀란 듯 휘둥그레 떴다가, 입꼬리를 아래로 축 내린다.

수업이 끝나고 나서 아들은 나한테 이 연습이 재미없

었다고 했다. 왜냐고 묻자 아들은 대답했다. "난 화난 표정이 없는걸요." 분명히 말하는데, 내 아들에게도 화난 표정은 **있다**. 그런데 그 표정을 꾸며 낼 줄은 모른다. 화는 우리가 잘 이야기하지 않았던 감정이다. '슬픈,' '무서운,' '낙심한' 감정에 대해서는 이야기했으면서, 왜 화에 대해서는 이야기하지 않았을까? 그것은 내가 아들을 위해 분노 없는 세계를 신중하게 가꾸어 왔기 때문이다.

어린 시절 우리 집에는 분노가 속속들이 스며들어 있었고 결국 내 안으로도 배어들었다. 여덟 살 때 나는 아버지가 약물 중독자라는 사실을 알았다. 열여섯 살에는 아버지와 거리를 두기 시작했다. 스물한 살에는 완전히 절연했다.

내가 아들을 분노로부터 지켜 내고자 했던 것은 어린 시절의 내가 분노 없이 지낸 날이 단 하루도 없었기 때문이다.

나는 차를 세우라며 아버지한테 고함을 질렀다.

아버지가 길가에 차를 대려고 코롤라의 핸들을 꺾는 순간 차 바닥에 있던 빈 탄산음료 깡통이며 포테이토칩 봉지와 온갖 쓰레기가 날아오른다. 아버지의 차 안에서는 언제나 플로리다 늪지대나 고등학교 탈의실 냄새가 풍겼다. 차가 포석 위로 튀어 오르기 직전에야 아버지는 멈췄고, 그 바람에 학교에서부터 시속 80킬로미터로 다섯 블록을 달려오는 내내 반쯤 열린 채 펄럭거리던 조수석 문도 드디어 쾅 닫혔다. 내가 다시 조수석 문을 열고 으슬으슬한 가을 밤공기 속으로 비틀거리며 내리자 아버지는 속도를 높여 떠나 버렸다.

눈물범벅이 된 얼굴이 찬 공기 때문에 얼얼하게 쓰라렸다. 나는 얼굴에 얼어붙어 영영 사라지지 않는 눈물 자국을 상상했다. 먹구름 너머에서도 달이 선명하게 빛나고 있었다. 태어나서부터 여태껏 살아온, 낮에는 그토록 안전하고 익숙하게 느껴지던 교외 동네의 거리들이 축축한 어둠 속에서는 살기등등하게 느껴졌다. 집에서 1.5킬로미터 정도 떨어진 곳이었다. 아버지는 예정대로 롱아일랜드철도 역으로 엄마를 데리러 가기 전에 충분히 나를 집까지 데려다줄 수 있었을 것이다. 엄마는 조금 기다리게 되더라도 개의치 않았을 것이다. 열여섯 살 난 딸이 한밤중에 혼자 1.5킬로미터를 걷게 하느니 차로 안전하게 집에 가는 게 낫다고 생각했을 것이다. 온종일 일하고 온 엄마는 5분 정도는 더 기다려 줄 수 있었을 것이다. 그러나 아버지는 코카인에 흠뻑 취해 있어서 도저히 말이 통하지 않았다. 아버지는 자꾸 나를 조수석에 태운 채로 철도역까지 가겠다고 우겼고, 나는 그런 상태의 아버지와 그만큼 오래 차 안에 있을 수 없었다.

다시는 아버지 차에 타지 않을 거야, 집까지 걸어가는 내내 그렇게 생각했다.

집까지 가는 15분 동안 아버지가 내게 외쳤던 **이기적인 년**이라는 고함 소리가 자꾸만 귓가에 울려 댔다. 얼음처럼 차가운 빗방울이 떨어질 때마다 더 화가 났다. 그러다가 물웅덩이를 밟는 바람에 반스 스니커즈에 물이 스며드는 순간, 부디 아버지가 철도역에 도착하기 전에 무슨 일인가가, 무슨 일이라도 일어났으면 좋겠다는 생각이 들었다. 내 수치심과 상처는 얼어붙어 강철 같은 분노가 되었다. 누가 내 몸에 띠를 감고 점점 더 바짝 조여 대는 것 같았다.

"내 아버지는 학대를 일삼는 사람이었다"라는 말을 입 밖에 내기까지는 그 뒤로도 5년이 더 걸렸지만, 나는 아주 어린 시절부터 그 사실을 알고 있었다. 나는 법정에 설 준비라도 하듯 머릿속으로 목록을 만들기 시작했다. 엄마한테 아버지가 "약물 중독자"냐고, 그게 무슨 뜻이냐고 물으려 마음의 준비를 하던 여덟 살 내가 느꼈던 불안감, 우리 집에서 열린 내 생일 파티에서 약에 취한 아버지가 핼러윈에 썼던 좀비 가면을 쓰고 괴성을 지르며 뒷마당을 뛰어다니는 바람에 나와 내 친구들이 공포에 떨었던 것, 가족이 함께 쓰는 컴퓨터로 근친상간 포르노를 틀어 놓았던 일이 한두 번이 아닌 것, 6학년 첫날 새 학교에 등교하는 내 등 뒤에 대고 "저 새끈한 애는 누구냐?" 하고 외쳤던 것…… 목록은 끝이 없었다.

코카인에 취한 채로 학교에서 집까지의 거리 절반을

과속으로 달려온 일이 마지막이어야 했다. 오늘 저녁 일어난 일, 그리고 여태까지 있었던 모든 일을 이야기하고 나면 엄마가 아버지를 한집에서 살게 놔둘 리가 없다고 생각했다. 모두가 잠든 밤에 제한속도가 시속 40킬로미터인 교외의 도로를 시속 80킬로미터로 달려온 아버지는 나를 신체적 위험에 처하게 했다. 게다가 코카인에 취한 채로 학교에 나타났다. 엄마가 오늘 밤 당장 아버지를 쫓아낼 수도 있겠다는 생각이 들었다.

집 앞에 도착한 나는 걸음을 멈추고 심호흡을 했다. 코롤라는 아직 우리 집 진입로에 돌아와 있지 않았다. 부모님이 귀가하기 전에 마음을 가다듬고, 아버지와 같이 사는 게 나한테 위험하다고 엄마를 설득할 방법을 궁리할 만한 시간이 있었다. 나는 계단을 달려 올라가 내 방으로 들어간 뒤 가방을 바닥에 던져 버리고 침대에 엎드렸다.

집에 돌아온 엄마가 내 방문 앞에 나타나자마자 나는 엄마에게 달려가 오늘 밤 있었던 일을 설명했다. 또 지난 몇 년간 아버지가 저지른 최악의 행동들도 줄줄 읊었다. 침대에 걸터앉아 한 손으로는 하얀 페인트를 칠한 철제 침대 프레임을 움켜쥔 채로, 다른 한 손을 허공에 정신없이 흔들어 대며 손짓했다. "이제 더는 아버지랑 한집에서 못 살겠어요!"

"무슨 답을 듣고 싶은 거냐, 머리사?" 엄마의 목소리에는 피로와 패배감이 역력했다. "그러면 할머니 할아버지 댁에 가서 살겠다는 소리니?" 엄마는 조용히 눈물을 흘리기 시작했다.

그날 밤 엄마는 나를 구해 주지 못했다.

나는 엄마의 질문에 대답하지 않았다. 그 대신 엄마에게 혼자 있고 싶다고 고함을 지른 뒤 그 말에 방점을 찍듯 문을 쾅 닫았다. 그 뒤에는 까마득한 침묵 속에서 침대에 가만히 앉아 있었다. 난 조부모님 댁에 가서 살아야 하는 걸까? 말도 안 되게 억울한 일이었다. 조부모님은 우리학교 그리고 내 친구들로부터 45분 거리에 있는, 길 건너에 노인 요양 시설이 있는 퀸스의 아파트에 살고 계셨다. 잘못한 건 내가 아닌데 어째서 내가 쫓겨나야 하는 거야?

나는 침대 프레임을 붙잡고 있던 손을 펴서 얼굴을 훔쳤다. 내 분노가 방 안을 가득 메웠다.

열여섯 살에 나는 엄마가 결코 아버지를 쫓아내지 않을 것임을 알게 되었다. 그게 아무리 잘못된 일이라 해도, 아버지와 같이 사는 것이 잔혹하고 위험한 일이라는 내 말이 옳다 해도 달라질 건 없었다. 결국 나를 보호할 사람은 나밖에 없었다.

나는 가방에서 펜과 공책을 꺼내 글을 쓰기 시작했다.

그날 밤 내가 아버지를 향해 급히 써 내려간 편지를 아직도 똑똑히 기억한다. 나는 아버지를 이름으로 부르면서 앞으로 당신을 부모로 대하지 않겠다고 썼다. 말을 걸어도 못 들은 척하겠다고 썼다. 편지의 마무리는 협박이었다. 언젠가 내가 아이를 낳았을 때 손주 얼굴을 보고 싶은 마음이 있다면 나를 건드리지 말라고 말이다.

당연히 아버지는 내 편지를 무시했다. 그러나 그날 이후로 나는 벽을 쌓았다. 아버지가 나를 향해 욕지거리를 하거나, 더러운 농담을 하거나, 눈이 벌겋게 되어 집으로 돌아올 때마다 벽은 더 굳건해졌다. 나는 이제 아버지 말을 듣지 않았다. 코카인에 취한 90킬로그램짜리 고릴라 같은 남자가 이 집에 없다는 듯이 구는 건 전혀 쉬운 일이 아니었지만 내 분노가 그의 덩치보다 더 컸다.

내 분노가 한계점에 도달해 막을 내린 것은 스물한 살 때, 또 한 번의 코카인 남용 사건으로 세상에서는 죽은 사람이나 마찬가지가 되어 버린 아버지가 있는 집으로 내 빨래를 가지러 갔을 때였다. 나는 집을 떠나 살고 있었고, 엄마는 아버지가 집에 있을 것이며 문도 잠그지 않을 것이라고 말했었다.

나는 손마디가 아릴 때까지 문을 두드렸다. 현관 앞에서 미친 사람처럼 고함을 질렀다. 화가 나서 뜨거운 눈물이 흘렀다. 내가 가져오지 못한 빨래 바구니가 마치 그가 망쳐 버린 하루하루, 그가 내게 겪게 한 끔찍한 순간 하나하나처럼 느껴졌다. 나는 그 빨래 바구니를 원했다. 그리고 그것을 되돌려 받을 작정이었다.

그래서 나는 주먹으로 유리창을 깼다.

날카로운 유리 파편이 다이아몬드처럼 내 주변에 흩날렸다. 아팠을 테지만 아픔이 기억나지 않는다. 소리가 났겠지만 들리지 않았다. 그리고 2층 어딘가에서 정신을 놓고 있었을 아버지 역시도 깨지는 소리를 듣지 못했는지 깨어나지 않았다. 내가 집 안으로 들어가 주방에서 몸을 벌벌 떨며 악을 쓴 뒤에도 마찬가지였다.

다이아몬드처럼 폭발하는 유리 조각들은 어쩐지 아름다웠다. 어쩌면, 아름다웠던 것은 분노를 표출한 나 자신이었는지도 모르겠다.

우리 집 고양이가 나와 내 발밑에 흩어진 유리 파편 더미를 쳐다보았다. 내 분노를 꺾은 것은 고양이의 눈길이었다. 나는 악에 받쳐 날뛰는 부류가 아니었고, 지금도 아니다. 나는 '꼭지가 도는' 일이 거의 없다. 그러나 그날 이후 나는 내 분노가 가진 힘을 부정하지 않았다. 그날 이후 나는 여성이자 작가, 지금은 어머니로서 온갖 유리창을 주먹으로 깨뜨리며 살아왔다.

임신했을 때는 유전을 걱정했다. 가족력을 묻는 소아과 의사에게 나는 아직 태어나지 않은 아들에게 물려줄 DNA 안에 깃든 아버지의 존재를 인정하는 수밖에 없었다. 아들이 몇 살쯤 되면 내 아버지에 대해 물어 올까, 그리고 나는 몇 살쯤 되면 그 물음에 솔직하게 답할 수 있을까 생각했다.

불태워라

나는 아들이 내 아버지를 닮을까 봐 겁났었다. '나쁜 유전자'를 받았을까 봐 겁이 났다. 내 아들이 나쁜 남자, 이기적인 남자, 아이를 다치게 할 수 있는 그런 남자가 될까 봐. 내 아들이 약물 중독자가 될까 봐. 어떻게 하면 태어나지 않은 아이가 나를 키운 남자처럼 자라나지 않게 막을 수 있을까?

하지만 우리의 유전자가 우리를 정의하는 것은 아니다. 핏줄이 가족을 정의하지도 않는다. 그렇게 주장하기 위해 나는 과학과 사회규범에 대항하고 나와는 다르게 생각하는 친척이며 친구 들과 맞서 싸워야 했다. 열여섯 살 이후로 나는 아버지와 내가 핏줄로 연결되어 있다는 사실에는 아무 의미도 없다고 결론 내렸다. 나는 하이픈(-)으로 연결되어 있던 내 성을 엄마의 결혼 전 성으로 바꾸기 위해 길고도 답답한 법적 절차를 거쳤다. 내가 우리 집에서 겪고 있는 상황을 교사에게, 심리치료사에게, 다른 가족들에게 솔직하게 이야기하면서도 상대가 직접적으로 물어오지 않는 한 아버지를 언급하지 않았으며 그나마도 그를 내가 부모로 인정하지 않는다고 설명하기 위해서만 입에 올렸다. 대학에서 만난 친구들은 내게 아버지가 없거나 이미 돌아가셨을 거라고 추측했다. 그가 어린 시절 내가 쓰던 침실에서 스무 발자국 떨어진 곳에 살고 있으며 내가 사랑을 담아 종종 언급하는 엄마와 여전히 결혼 생활을 하고 있다는 사실을 모른 채로 말이다. 일상 속에서 '가족'을 새로

정의하는 게 가능하다는 근거는 나 자체로도 충분했다.

그러나 내가 엄마가 될 것임을 알고 다가올 미래의 무게를 느끼기 시작하자, 내가 내 부모보다 나은 부모가 되려면 아버지가 나의 일부임을 인정해야 한다는 사실을 알게 되었다.

아버지는 내 아들이 태어난 그 주에 죽었다. 작은 선물이기는 했지만, 내 아들과 나의 살아 있는 따뜻한 몸속에 숨은 그의 DNA를 파낼 수는 없다. 그러나 나는 무력감을 느끼는 대신 지금 이 순간 내 혈관을 흐르는 피가, 내가 그 역사를 견뎌 내던 그때도 똑같이 흐르고 있었다는 사실을 떠올린다.

나는 평생 분노를 헤치며 글을 썼으나, 아들이 생기기 전까지는 이 분노를 향해 질문해 본 적이 없었다. 이 분노를 숙고하며 질문을 던져 본 적은 한 번도 없었다.

분노여, 어째서 사라지지 않는가? 분노여, 내게 무엇을 주려는가? 분노여, 내가 치를 대가는 무엇인가?

엄마가 된 뒤로 나는 종종 이런 질문을 머릿속에 굴려 본다. 어린 시절부터 어른이 된 지금까지도 나를 지켜주고 있는 분노에 감사한다. 분노는 나의 연료가 되어 주었고, 곤경 속에서 몸부림치는 순간에조차 내게 에너지를, 성공할 의지를 주었다. 두려움이 밀려오면 나는 이 두려움이 분노라 여긴다. 그러고 나면 이 감정을 제압할 수 있다는 생각이 든다. 나는 내가 분노를 통제할 수 있음을 안다.

내 분노는 내 사랑만큼이나 강렬하다. 나는 내 아이가 영영 분노를 경험하지 않기를 진정으로 원하지도, 기대하지도 않는다. 다만 나는 아이의 어린 시절이 안전한 감각에 집중되기를, 그래서 아이가 화날 때면 화내도 된다고 확신할 수 있기를, 또 바란다면 그 감정을 가족들과 나눌 수 있기를 바란다. 내 아이는 화가 날 때 내가 그를 도와주고, 그의 분노를 이해하려 노력할 것임을 알게 될 것이다. 내 아이는 나로서는 경험하지 못한 방식으로 지지받고 있다고 느끼게 될 것이다. 내 아이에게는 어른들의 사정 속을 홀로 헤쳐 나가야 하는 일이 없을 것이다. 그 애는 나와 같은 어린 시절을 보내지 않을 것이다. 더 잘하는 방법을 내가 알기 때문이다.

내 아이는 나와 제 아빠, 그리고 자기 자신을 닮았다. 아이에게서 내 아버지의 모습은 보이지 않는다. 내 아이는 분노 속에서 자라지 않을 것이다. 그 애의 어린 시절은 자기 핏줄을 상대로 치르는 전쟁이 되지 않을 것이다. 내 아이가 생각하는 가족은 자신을 사랑하며 자신이 사랑하고자 하는 사람들로 이루어질 것이며, 집이란 안전하고 편안한 곳이 될 것이다.

그 애는 나로부터 많은 행동과 질병과 불안을 물려받겠지만, 분노로 잠식된 나의 일생은 물려받지 않을 것이다. 그 대신 내가 배운, 분노를 행동으로 바꾸는 방법이 아이에게 도움을 줄 것이다. 내 아이는 분노가 제약이 아니라 동기 부여가 될 수 있음을, 분노를 표출하는 방식을 우리가 조율할 수 있음을 배울 것이다. 내 아이도 언젠가 자기 유리창을 주먹으로 깨게 될 것이고 그날이 오면 나는 그 아이를 응원해 줄 것이다.

나는 내 어린 시절의 어떤 조각들을 언제 그 애와 나눌지 신중하게 결정하겠지만, 그럼에도 나는 아이와 그 시절을 나눌 것이다. 이 나눔이야말로 내 아이를 좋은 사람, 내 아버지를 닮지 않은 남성으로 길러 내게 해 줄 것이다.

머리사 시걸(Marisa Siegel)은 《럼퍼스》의 편집장이자 운영자다. 캘리포니아 오클랜드의 밀스 칼리지에서 시로 예술학 석사 학위를 받았다. 뉴욕에 살면서 글을 쓰고 편집을 하지만 하루에 스무 번씩 서부로 돌아가는 상상을 한다.

미뤄 둔 분노

On the Back Burner

나는 걸어 다니는 가운뎃손가락이다. 내 심장은 얼마 전부터 내 주제곡이 된 레이지 어게인스트 더 머신*의 〈킬링 인 더 네임〉 베이스 라인에 맞추어 쿵쿵 뛴다. 물론 완경기의 중년 여성에게 들려주려고 레이지 어게인스트 더 머신이 이 곡을 쓴 것은 아닐 것이다. 이 곡의 의미는 더 크겠지만 내게 있어 그 의미의 정수는 리드 싱어가 처음에는 말하듯이, 나중에는 고함을 지르듯이 내뱉는, 내가 가장 하고 싶은 그 말, "Fuck you, 당신이 시키는 대로 하지 않

---

* 록 사운드에 랩을 결합한 음악으로 1990년대에 인기를 누린 미국의 뉴 메탈 밴드. 대표곡 〈킬링 인 더 네임〉은 미국의 제도적 인종주의와 흑인 탄압을 비판하는 내용을 담고 있다.

을 거야"라는 가사다.

특히 요즘에는 혼자 차를 몰 때마다 선루프를 열어 둔 채 이 노래를 크게 틀어 놓고 성난 리드 싱어처럼 머리를 마구 흔들어 대곤 한다. 물론 차가 달리는 동안만이다. 정지 신호 앞에 서면 음악 소리를 줄이고 몸가짐을 반듯이 한다. 착한 여자아이가 되라는 교육을 받으며 자라 왔으니까. 나는 당신이 시키는 대로 하지 않을 거라며 고래고래 소리칠 수는 있겠지만 아마도 시키는 대로 할 가능성이 높다.

변화의 첫 조짐을 느낀 것은 밤 시간이었지만 피부 열감을 통해서는 아니었다. 나는 내가 느끼는 막막한 심정을 남편 트레버에게 설명하려고 애쓰고 있었다. 우리 가족은 부모가 넷, 아이가 둘인 혼합 가정이다. 덕분에 일이 꼬일 때 의지할 수 있는 다른 어른들이 있는 셈이다. 내 입장에서는 지원사격을 해 줄 사람이 언제나 있으니 전통적인 가족보다 더 효율적이어야 마땅하다. 그러나 주중에 집안일을 하며 소란을 떠는 와중에 의붓아들의 풋볼 헬멧이 어디론가 사라져 버렸고, 다음 날은 그 애의 첫 연습 날이었다. 혈관 속에서 피가 덜그럭거리는 기분이 들었다. 심장은 전쟁가를 불러 대고 말이다.

트레버는 대체 그게 뭐가 그렇게 대수냐고, 그냥 넘어가라고 했다. "그게 그렇게 중요해? 고작 헬멧 하나 없어진 걸 가지고."

"고작? **고작이라니?** 내일 내가 해야 할 일이 얼마나 많은지 짐작이나 해? 코치한테 전화해야지. 애 데리러 가는 시간도 바꿔야 할 거야. 우리 때문에 다른 사람들에게도 폐를 끼치게 될 테고. 어른들이 간단한 일 처리 하나를 잘 못하는 바람에 애가 내일 연습을 못 할 수도 있어. 다들 우리가 게으르고 무능하고 자식 인생에 관심 없는 부모라고 생각하겠지. 아무 일도 아닌 게 *아니라고.*"

그러자 트레버는 한숨을 쉬더니 물었다. "『마음챙김의 기적』* 읽어 봤어? 그 책 꼭 읽었으면 좋겠다."

나는 눈을 굴렸다. 트레버는 몇 달째 내게 그 책을 읽히려고 안달을 내고 있었다. 내가 지금 이 순간을 살아가는 법을 익히면 감정 기복이 잦아들 거라는 생각에서였다. 그 책을 읽으면 그렇게 될지도 모르겠지만, 나는 더 이상 화를 억누르고 싶지 않았다. 분노하고 싶었다.

뜨거운 눈물이 흐르기 시작하는 바람에 나는 더 화가 났다. 나는 방 안을 이리저리 돌아다니며 마치 커다란 야생 조류를 달래기라도 하는 것처럼 격렬한 손짓을 하며 트레버도 나만큼 화나게 만들려고 용을 썼지만 실패했다.

"책으로 해결될 문제가 아니야. 예전에는 짜증만 났는데 이제는 다 미워서 죽여 버리고 싶어." 오랫동안 억눌러 왔던 분노가 내 피부 아래까지 바짝 치밀어 올랐다.

---

* 세계적인 선불교 승려 틱낫한의 명상집으로, 국역본은 『틱낫한 명상』(이현주 옮김, 불광출판사).

나는 불을 끈 뒤 어둠 속에서 앞니로 아랫입술을 물며 조용한 항의의 첫 음절인 F를 발음했다. *Fuck You!* 배속이 조여 왔다. ck라는 음절을 강하게 발음하며 카메라 셔터처럼 목구멍이 빠르게 닫혔다. you를 묵음으로 처리하는 것은 더 쉬웠다. 평소에는 절대 쓰지 않는 말이었다. 나조차도 내가 이렇게까지 화가 난 줄은 미처 몰랐다.

　　그 뒤 곧바로 여성의학과를 찾았다. 증상이 뭐였느냐고? 마흔아홉이나 먹어서는, 패스트푸드 음식점에서 일하는 조무래기들에게 일터엔 어른이 필요하다고 말하고, 도로에서 내 앞으로 거칠게 끼어든 차를 쫓아가서 "운전 좆같이 한다"고 말하고, 옷장 앞에 서서 입을 옷이 하나도 없다며 울부짖는 게 내 증상이었다. 이미 자신이 느끼는 분노에 충격을 받고 우는 여자들을 수도 없이 본 의사는 굳이 혈액검사를 할 것도 없이 내게 갱년기장애가 찾아왔음을 확인해 주었다. 호르몬요법을 시작할 게 아니라면 달리 처방할 수 있는 구제책은 없다고 했다. 나는 호르몬요법을 원치 않았기에 묵묵히 견뎌 보다가 정 안 되겠다 싶으면 다시 내원하기로 했다.

　　그렇게 나의 고투가 시작되었다. 오랫동안 드러내지 않고 꾹꾹 다져 놓은 이 분노를 어떻게 하면 좋을까? 허튼 짓은 용납하지 않는 쪽으로 삶의 태도를 바꾸려는 위대한 계획이 있었던 것은 아니다. 한평생 원치 않는 일에도 좋다고 대답하고, 학교 일이 끝난 다음 대가 한 푼 없이 방과

후 회의에 참여하고, 나 자신의 평온에는 아무런 도움이 안 되는 관계를 지속한 대가로 나는 예비 범죄자가 된 것만 같았다. 어느 순간 꼭지가 돌아 버린 내가 감옥으로 끌려가는 걸 보면서 이해한다며 고개를 끄덕일 사람은 내 또래 여자들밖에 없을 것이다. 그러나 나에게는 내 폭발적 분노를 측정하는 기준이 될 만한 역할 모델이 없다. 내 어린 시절에는 어떻게 경계를 긋고 화를 표출해야 하는지를 알려 줄 건강한 본보기가 존재하지 않았다.

나는 부당한 일을 당한 순간 솔직하게 말하는 여성을 단 한 번도 보지 못했다. 내가 알던, 자신의 심리적 영역을 지켜 냈던 몇 안 되는 여성들은 남성은 물론 여성들에게조차 불안정하거나 통제할 수 없는 사람 취급을 받았다. 이들에게는 "쌍년"이나 "히스테리를 부린다" 같은 꼬리표가 붙었다. 내가 존경하는 여성들은 내게 분노가 여성의 영역이 아니라고 가르쳤다.

내게 있어 여성들이 분노를 안전하게 표출할 수 있는 유일한 공간은 믿을 수 있는 다른 여성들 사이였다. 남편들이 출타 중일 때면 엄마는 친한 여자 친구들과 분풀이 파티를 벌였다. 엄마들이 불만을 토로하는 모습이 내겐 놀라웠는데, 엄마들이 열 받을 만한 상황들을 본 적이 없어서가 아니라, 다들 그 순간에는 별로 힘든 티를 내지 않았기 때문이었다. 핼러윈이 지나 75퍼센트 할인가에 떨이하는 사탕들이 넘쳐 나는 것 또한 놀라웠다. 엄마들은 큼직한 핸드백에 담아 온 사탕을 커피 테이블 위에 쏟아 놓았다. 제물인가? 입장료인가? 엄마들은 허심탄회하게 속내를 털어놓고 그 빈자리를 사탕으로 꾸역꾸역 채웠다. 때로는 담배를 피우기도 했는데, 부옇게 남은 담배 연기가 이야기의 내용을 조금 누그러뜨리는 효과를 내기도 했다. 엄마들은 이야기하는 동안 밖에 나가 놀라며 딸들을 내보냈지만, 우리 역시 이야기를 띄엄띄엄 엿들을 수 있었는데 주로 남편들 욕이었다. "……매일 애들한테 소리를 질러." "……수지라는 난잡한 여자랑 놀아나더라니까!" "……미친 사람처럼 차로 따라붙는 거 있지." 엄마 친구 집의 70년대 풍 호박색 거실은 지금까지 참아 왔던 모든 말들을 내뱉을 수 있는 공간이었다.

"그때 그 말을 했어야 하는데……" 같은 말들 뒤에는 종종 깊은 좌절감이 뒤따랐다. 때로는 방에 있는 엄마들 중 누군가가 자신이 충격적일 정도로 솔직하거나 공격적인 말을 했다고도 했다. "그래서 내가 이랬지. '나한테 그 따위로 말하지 마! 문제는 당신이라고!'" 그러나 진짜로 그런 말을 했느냐고 누가 물으면, 금세 아니라고, 그러지 않았다고 시인했다. 그래도 그 말을 했더라면 좋았으리라고 생각한 건 사실이었다. 누구도 그를 탓하지 않았다. 때로 분노한 순간이 지나가고 난 뒤에야 상황 파악이 되면서 할 말이 생각난다는 데 다들 공감했으니까.

불태워라

그래서 나는 분노가 여성의 영역이 아니라고 믿기 시작했다. 여성들이 다람쥐처럼 비밀스레 모여 여성의 분노를 쏟아 내는 모임은 그들이 이곳 외의 모든 곳에서 유지하는 침묵과는 뚜렷한 대조를 이루었다. 나는 입을 꼭 다물고 눈을 가늘게 뜬 채 미소를 짓는 것이 분노를 억누르는 방법임을 배워 갔다.

분노는 남성의 영역이었고 남성들은 사회에서 무한한 안전을 보장받는 것 같았다. 엄마는 화난 남자를 대하는 방법을 내게 알려 주었다. 고개를 숙이고, 입을 꼭 다물고, 이번 울화통을 끝낼 수 있거나 다음번 울화통을 피할 수 있는 일은 뭐든지 하는 것이었다. 온순해야 한다. 작아져야 한다. 바쁘게 지내야 한다. 남자들은 분출한다. 여자들은 흡수한다.

언제나 화가 나 있는 아버지의 딸로 태어난 나는 어린 시절부터 칭찬을 받으려면 아버지가 흐뭇해할 때까지 기진맥진하도록 온 힘을 다해야 한다는 사실을 알았다. 아버지의 커다란 손이 들어가지 않을 정도로 좁은 공간에서 스패너를 돌리기 위해 나는 기꺼이 아버지의 팔에 거꾸로 매달린 채 엔진에 손을 뻗었다. 부탁하지 않아도 차가운 음료와 짭짤한 안주를 가져다주었다. 나는 딸인 내 역할이 나의 노력과 침묵으로 평화를 유지하는 일임을 알았다. 아버지의 기분은 내 책임이라고 여기기로 했다. 아버지의 인정을 받고 우리 가족이 행복해질 수 있는 유일한 방법이 나의 봉사였다.

아버지의 분노는 달리던 차도 멈추게 했다. 어린 시절 우리 집 앞 도로는 제한속도가 시속 40킬로미터였지만 다들 고속도로인 양 쌩쌩 달렸다. 아버지는 우리 집 앞에서 과속하는 차를 보면 온몸을 야생동물처럼 부풀리고 도로로 뛰어나가 위협적인 표정으로 얼굴을 일그러뜨렸다. 그다음에는 마치 고대 시칠리아의 저주라도 걸듯이 운전자의 얼굴에 손가락질하며 "속도 늦추라고!" 하고 온 힘을 다해 우렁차게 고함쳤다. 커다란 흉통 속에서 메아리치는 아버지의 고함은 입 밖으로 나왔을 때도 그 위력이 그대로였다. 아버지가 고함을 지르면 나무에 앉아 있던 새들도 떠나 버렸다.

아버지는 연안 경비대, 캐나다 국경 감시원, 그리고 라디오색* 계산원으로 일했다. 그 누구도 아버지의 분노할 권리에 의문을 제기하지 않았다. 아버지가 분노 때문에 사회적으로 곤란한 상황을 겪는 일도 없었다. 나는 아버지를 보면서 화난 남자는 강하고 위험하다는 것을 배웠다. 남자들이 고함을 지르기 시작하면, 마치 가만히 있어야 표적이 되지 않는다는 듯이 시선을 피하고 최대한 눈에 띄지 않는 것이 최선이었다. 아마 벨로키랍토르가 눈앞에 나타났을 때 할 법한 행동이리라.

* 미국의 전자 기기 소매점 체인.

이제 에스트로겐이 감소한 덕에 나는 아버지와 겨룰 만한 맹렬한 분노를 느낀다. 아버지가 마음껏 분노를 표출할 수 있었던 데 반해 내 분노는 거듭 환영받지 못하고 있다. 내 결혼 생활에서는 고함지르는 것이 금지되어 있다. 내가 제안한 협약이자 내 삶에서 지켜졌으면 했던 약속이다. 그런데 요즈음은 내가 그 약속을 지키기 어렵다. 규칙을 깰 때면 고함 소리는 상대방을 불쾌하게 한다는 말을 듣는다. 아버지처럼 되지 말라는 주의도 듣는다. 내가 목소리를 높이기 시작하면 여자 친구들이 한 손을 내 팔죽지에 얹어 내 말을 막는다. 그러고는 나를 제정신으로 돌려놓으려는 듯 "다니," 하고 부른다. 내가 화를 내기 시작하자마자 누군가가 화제를 바꾸려고 애쓰는 게 뻔히 보일 때면 기분이 최악이다. 나는 순순히 따른다. 그러나 그건 노여운 마음보다 호감 가는 사람이 되고 싶은 마음이 조금은 더 크기 때문일 뿐이다.

나는 아버지의 분노가 싫었고, 아버지가 분노를 조금도 조절하지 못하는 것이 싫었고, 그럴 때마다 내가 겁에 질리고 작아지는 것이 싫었다. 항상 우리에게 성내는 아빠 때문에, 그로 인해 내가 스스로의 가치를 생각하는 방식이 달라져서 분했다. 나는 내 의붓자식의 성장 과정에 내 분노가 끼어들어 우리 사이를 망가뜨리길 원치 않는다. 고함치고 성내는 분노는 내 DNA 맨 위에 새겨져 있다. 좌절감이 들 때마다 나는 이 분노로 응답하고 싶다. 하지만 그럼에도 나는 착한 여자아이가 되어야 한다고, 분노는 마음속에만 간직해야 한다고 배웠기에, 내 분노는 혐오스럽다기보다는 부자연스럽게 뒤틀린 것처럼 느껴진다. 이 사실 역시 분하다.

얼마 전 손님 치를 준비를 하던 늦은 밤, 식료품 저장실을 정리하는 나를 도우러 온 의붓딸이 툴툴거리는 소리가 들렸다.

"참 나, 남자들은 손이 없나." 딸아이가 작게 내뱉었다. 그 순간 나는 그 애의 막막한 감정을 읽을 수 있었다. 남자들은 그날 일이 다 끝났다는 듯 소파에 앉아 있었다. 나는 여전히 일하고 있었다. 딸아이는, 남자들은 느끼지 않는 여성이라는 동류의식과 책임감을 느꼈다. 불공평한 상황에 기분이 나빴는데도, 그 기분을 나에게밖에 드러내지 못했다. 나는 청소를 멈춘 뒤 딸아이더러 남자들한테 가서 그 말을 하라고 했다. 그 애는 못 하겠다고 했다. 나는 이해했기에 더 이상 강요하지 않았다. 그러나 우리는 둘 다 화가 났다. 그 애는 여성으로 자라나는 동시에 내가 익히 아는 체계를 주입받고 있었다. 여성 가장에게 숭배와 감사로 사례하면서도 불만을 토로할 공간은 주지 않는 체계 말이다. 나는 딸아이에게 화내도 괜찮고, 이를 입 밖에 내도 괜찮다고 말해 주었다. 분노를 식료품 저장실 안에 숨길 필요가 없다고 말이다.

그날 밤 나는 아빠와 남동생과 함께 쉬라며 의붓딸을

불태워라

소파로 돌려보냈다. 나는 그 애가 분노를 살펴보는 한편으로 표출함으로서 그것을 통제하는 법을 배우기를 바란다. 내가 그 애에게 도움이 되기를 바란다. 아직도 나는 내 문제를 놓고 분투 중이다. 중년이 된 나는 이미 헛소리를 충분히 참아 냈다. 내 분노가 정당한 것으로 느껴지고, 오랜 침묵 끝에 내게도 세상 만물을 향해 내 분노를 비처럼 쏟아부을 자격이 있다는 기분이 든다. 그러나 나는 그런 일을 하도록 길러지지 않았다. 아마 내 분노는 소나기보다는 이슬비를 닮았을 것이다. 어쩌면 우리 집 거실에서 허공을 가르고 날아가는 『마음챙김의 기적』 한 권을 닮았을지도 모른다.

다니 보스(Dani Boss)는 고더드 칼리지에서 예술학 석사 학위를 받았으며, 예전에는 고등학교 영어 교사로 일했다. 태평양 북서부 지역에 살면서 사회계층과 소속감에 대한 회고록을 쓰고 있다.

"이건 기초 수학이라고"

"Basic Math"

내가 실수한 게 틀림없어. 학과 동기 너새니얼의 화난 얼굴을 보며 나는 그렇게 생각했다. 2006년, 코넬 대학교에서 소설 창작으로 예술학 석사 과정을 밟던 나는 트랜지션 4년 차였고 학교 사람들에게는 이 사실을 밝히지 않은 상태였다. 너새니얼은 수업의 필수 과제 중 하나로 소설의 기본 요소를 토론하기 위해 나머지 열다섯 명의 학생들 앞에서 소설 작법을 강의하는 중이었다.

너새니얼은 우리에게 이야기 구조와 시점 사이의 다양한 관계를 나타낸 그래프가 그려진 유인물을 나누어 주었다. 그중 잘못 그려진 그래프가 있었다. 플래시백을 설명하는 부분에 마치 비디오를 되감는 것처럼 시간이 거꾸로 가는 것을 의미하는 선이 그려져 있었다. 플래시백은 그런 식으로 작동하는 것이 아니다. 과거의 어느 시점으로 뛰어넘을 수 있지만, 그곳에 도착하는 순간부터 사건은 다시 앞으로 나아가니까.

나는 손을 들었다.

"두 번째 그래프를 좀 더 명확하게 설명해 줄래?" 내가 물었다. 그런 다음 그가 설명하는 바가 정확하게 표현되어 있지 않은 것 같다고, 다르게 표현하는 방법이 있을 것 같다고 말했다. 나는 매사추세츠 공대에서 기술 조교로 2년을 일하는 동안 매일같이 이런 표를 만들고 비슷한 정보를 효과적으로 나타내는 방법을 다룬 책이며 논문을 마르고 닳도록 읽었다. 그렇기에 어떻게 하면 그래프를 더 정확하게 만들 수 있는지 알고 있었다. 그럼에도 나는 너새니얼이 내 말을 오해할까 봐 부드러운 어조를 썼다. 내가 나를 여성으로서 드러내기 시작한 뒤로 나는 남성을 비판할 때는 진술, 심한 경우 주장의 형태로 표현하기보다는 질문의 형태를 취해야 상대의 자존감을 꺾지 않으면서 스스로 잘못을 교정하게 할 수 있다는 것을 알게 되었다.

내가 그를 존중하려 애썼는데도 너새니얼은 내 질문을 기분 나쁘게 받아들였다. 심지어 내 질문이 의미하는 바에 모욕감까지 느낀 듯 칠판에다 내가 지적한 그래프를 오류가 있는 그대로 다시 그린 다음 5분 전에 했던 설명을 똑같이 되풀이했다. 그가 그린 그래프는 여전히 설명과 달리 특정 시간대로 시점이 이동하는 게 아니라 시간이 거꾸로 돌아가게끔 되어 있었다. 설명을 끝낸 너새니얼은 이제는 이해가 되느냐고 내게 물어 왔다.

"아직도 좀 헷갈리는데." 나는 이번만큼은 그가 오류를 수정할 수 있기를 바라면서 그렇게 대답했다. 차라리 어떻게 하면 그래프를 정확히 만들 수 있을지를 솔직하게 말하는 게 좋았을 텐데, 이미 첫 질문으로 그의 기분을 상하게 해 버린 이상 너무 늦은 것 같았다.

"이건 기초 수학이라고, 메러디스." 그가 대답했다. 그 순간, 잠깐이었지만 틀린 건 혹시 나인가 하는 생각이 들었다. 하지만 다음 순간에 너새니얼이 제가 남성이라는 이유로 내 판단을 깎아내리도록 내가 내버려 두었음을 깨달았다. 그래프를 그린 경험은 내가 더 많은데도, 알게 모르게 흡수해 온 '여성은 남성보다 수학적 능력이 뒤떨어진다'는 메시지가 내 머리에 박혀 있었던 데다 내게 "기초 수학" 운운하는 너새니얼의 말이 나의 자기 회의에 불을 지폈던 것이다. 너새니얼이 강의를 이어 나가는 동안 나는 스스로에게 충격을 받은 채로 가만히 앉아 있었다.

만약 이 일이 트랜지션 이전에 일어났더라면, 나는 그냥 너새니얼의 오류를 지적했을 테고, 그가 내 지적을 의심한다면 나는 내 말이 옳다고 주장하며 그 이유를 설명했을 것이다. 너새니얼은 자신보다 경험 많은 남성의 의견

불태워라

을 인정했을 테니 애초에 감정싸움으로 번질 일도 없었을 것이다. 그런데 여성인 나는 적어도 무의식적으로는, 적어도 그 강의실 안에서만큼은 내가 가진 경험들을 다 내던져 버렸다.

사회의 젠더 편견을 그대로 흡수하려고 여성이 된 것은 아니었다. 나는 젠더가 코트처럼 갈아입을 수 있는 것이라고, 어느 날 자신이 여성이라 결정하고 남성성의 모든 덫을 벗어던진 다음 여성성의 덫을 걸치는 것이라고 생각지 않는다. 젠더는 그보다는 세상이 우리를 바라보는 양상을 제어하는 수많은 채널을 가진 이퀄라이저 같은 것이다. 한때 남성의 기본값에 맞춰져 있던 나의 젠더는 트랜지션을 통해 여성의 기준으로 바뀌었다. 하지만 그렇다고 해서 예전의 것들이 완전히 사라진다고 보지는 않는다. 나는 평생 동안 소녀, 여자로 보여 온 이들과는 다른 방식으로 새로운 역할을 입는다. 남자아이로 자라났기에 나의 정신은 젠더 때문에 여성이 남성보다 못한 존재로 취급받는 다양한 방식들을 끊임없이 의식했고 이를 받아들이기를 거부했다.

그러나 내 두뇌의 의식적 측면이 젠더 불평등을 있는 그대로 바라보는 한편으로 내 두뇌의 무의식적 측면은 내가 저절로 남성보다 능력이 부족한 존재가 된다는 비논리적인 관념을 흡수했다.

만약 이 일이 여성으로 살게 된 지 15년이 지난 지금 일어났다면, 나는 아마 여성이라는 젠더가 할 수 있는 유일한 방법으로 상황을 헤쳐 나갔을 것이다. 대립을 원치 않는 것처럼 보이기 위해 자기 통제력을 마지막 한 방울까지 짜내 침착함을 유지하는 한편으로, 이 침착함에 너새니얼을 비롯한 수업 참여자들이 내 판단을 진지하게 받아들일 만한 딱 그만큼의 확신을 담았을 것이다. 지나치게 친절하면 내 생각이 쉽게 무시당하고, 지나치게 단언하면 내겐 쌍년이라는 낙인이 찍힐 테니까.

여성으로 살아가기 시작한 지 얼마 되지 않았기 때문에, 나는 내 지성에 대한 너새니얼의 노골적인 모욕을 그저 눈감아야 한다는 사실을 몰랐다. 그냥 흘려보낼 수 없다면, 남성의 신경을 건드리지 않도록 닫힌 문 뒤에서 여자 친구들에게 불만을 털어놓고 그들의 공감 어린 포옹을 받으며 기분을 풀되, 남자들이 여성을 제멋대로 대하도록 내버려 두어야 한다는 사실을 몰랐다. 나는 여성이 된다는 것에 남성은 객관적으로 틀렸을 때조차 자신의 에고를 보호하려 공공연하게 여성의 지성을 깎아내릴 권리가 있음을 받아들여야 한다는 것까지 포함되는 줄 몰랐다. 또 이런 행동에 분개하는 여성은 비합리적이라는, 사소한 데 트집을 잡는다는, 심지어는 히스테리를 부린다는 말까지 듣는다는 것도 몰랐다.

그러나 의식적으로는 깨닫지 못했던 그 사실들을, 나는 너새니얼의 강의가 끝날 때까지 입을 열지 않고 수업이 끝난 뒤에야 친구들에게만 그가 틀렸음을 확인받음으로

써 겉으로 표출하고 있었다. 너새니얼은 내가 기분이 상한 걸 봤을 텐데도 아무 말 없이 강의실을 나섰고, 그 뒤 며칠이 지나도록 사과하지 않았다. 그 일을 생각하면 할수록 도저히 그냥 넘기기가 어렵다는 생각이 들었다. 여태 내가 너새니얼을 배려하느라 일주일에 한 번 그가 아내와 외출할 수 있도록 아이를 돌봐 주었던, 착한 여성들이 대가 없이 베푸는 친절을 떠올리니 화가 가시지 않았다. 나는 그 후로 그와 말을 섞지 않았다. 내가 아이를 봐 주러 나타나지 않았을 때도, 몇 안 되는 전공 동기들에게 이제 우리가 친구가 아니라고 말했을 때도 너새니얼은 놀라지 않았을 게 분명하다.

　이 사건이 내 안의 댐을 무너뜨리는 바람에 나는 수업 중 맞닥뜨린 다른 성차별 행위들을 더는 참지 않기로 마음먹었다. 나는 소설 창작 교수에게 그가 남성 둘 여성 여섯으로 구성된 우리 워크숍 그룹에서 유독 너새니얼에게 발언 기회를 많이 주었음을 지적했다. 워크숍 리더와 다른 교수들에게는 너새니얼이 같은 학생의 입장이 아니라 마치 교수라도 된 양 피드백을 한다고, 동료보다는 권위자처럼 다른 학생들의 작품에 대해 이야기한다고 지적하기도 했다. 너새니얼을 비롯한 남성들이 내가 말할 때 끼어들지 못하게 했는데, 우리 학과의 다른 여학생들은 이런 일을 관례적으로 허용하고 있었다. 나는 젠더 불평등 사례가 눈에 띄자마자 곧바로 지적하는, 분노하는 페미니스트가 되었다. 그러나 남성과 여성이 실제로 동등하게 대우받는 집단 내 문화를 만들어 나가는 데 거의 관심이 없는 사회적 환경 속에서 내 행동은 커다란 방해물로 여겨졌고, 사람들은 나와 친하게 지내면 교수에게 불이익을 받을지 모른다는 생각에 나를 멀리하기 시작했다.

학기말 무렵, 나는 그렇게 멀어졌던 여학생 중 하나와 커피를 마시며 오해를 풀고 지난 일을 이야기하는 시간을 가졌다. 나는 나와 마찬가지로 같은 전공 내에 몇 없는 유색인 여성 중 하나이던 그가 나와 소원해졌을 뿐 아니라 적극적으로 너새니얼 편을 들며 그와 친하게 지낸 데 실망했다. 이서커의 혹독한 겨울이 지나고 5월의 따사로운 날 우리는 야외 벤치에 함께 앉았다.

그가 말했다. "네가 그 일을 왜 그렇게 크게 생각하는지 모르겠어. 그와 친구로 지내지 않겠다고 굳이 다른 사람들에게 이야기한 것도 이해가 안 돼."

그제야 나는 내가 처벌을 받은 게 단순히 여성인 나 자신의 지성을 지나치게 중시해서가 아니라, 여성들이 그 무엇보다 가치를 두어야 하는 일인 다 같이 사이좋게 지내기보다 나의 지성을 더 중시했기 때문이라는 사실을 알게 되었다. 지적인 여성으로 살아가기 위해서는, 충돌하기 쉬운 두 개의 가치 사이에서 신중하게 균형을 유지해야 했고, 지적으로 보이는 한편 소속 집단의 균형을 깨뜨려서는 안 되었던 것이다. 이는 노력이 많이 필요한 일로, 나는 그

때부터 지금까지 줄곧 그 노력을 해 왔다. 사회가 여성을 대하는 방식에서 내가 취할 선택지는 얼마 없었다.

그러나 코넬 대학교에서는 이미 늦은 뒤였다. 나는 여전히 예술학 석사 과정을 밟고 있었지만, 타의 모범이 되는 환경을 창출한 데 자부심을 느끼며 누군가가 이에 의문을 제기하면 발끈하던 학과장과 척을 진 존재였기에, 학과장이 매년 개강 전에 여는 큰 파티에 초대받지 못했다. 이는 무시할 수 없는 불쾌감의 표현이었다. 예술학 석사 과정 학생들에게는 교수가 소개하는 인맥이나 교수의 추천이 무척 중요했기에 나는 학과장을 비롯한 교수의 지원을 받지 못한 대가로 중요한 사람들에게 소개될 기회나 내게 맞는 장학금에 대한 지도 등 작가로서의 경력을 이어 가는 데 필요한 많은 것들을 잃게 되었다.

내가 쌓아 온 작가로서의 경력은 그때의 예술학 석사 과정이나 교수들과는 완전히 별개다. 코넬 대학교에서 맞닥뜨린 성차별적 인식을 참아 내지 못한 대가로 내 앞날을 망쳐 버리고 말았다는 생각에 수년간 시달린 끝에 나는 인터넷에서 나와 비슷한 생각을 가진 사람들을 찾을 수 있었다. 그들은 자신들도 비슷한 일을 겪었다고 했고, 그중 어떤 편집자들은 내가 내 능력을 선보일 수 있는 기회를 주기도 했다.

나는 아직도 한 남성과 시비가 붙어 나 자신의 지성을 의심했던 그 순간을 되돌아보곤 한다. 지금은 그 일이 단지 내가 부정적인 사회적 길들임을 흡수했기 때문에 벌어진 것만은 아니라는 사실을 안다. 실제로는 나의 정신이 여성임에도 남성과 전적으로 동등하다고 믿는 위험으로부터 나를 보호하려 했던 것이다. 여성 전체를 깎아내리게 되더라도 눈앞의 이익을 얻기 위해 스스로를 남성보다 못한 존재라고 애써 믿으려는 마음이었다.

내가 스스로를 낮추는 법을 배웠더라면 나는 세상과 어울릴 기회를 얻었을 테고, 언젠가 내 능력을 알아보는 멘토가 나타나 나를 성공으로 이끌어 주기를 바랄 기회도 생겼을 것이다. 여성인 나는 자신의 재능을 의식적으로 소유한 특성이 아니라 기분 좋은 깜짝 선물처럼 여기도록 길들여져 왔기에, 내 성공에 스스로 놀라 경탄했을 것이다. 여성인 나를 낮추는 일이 내게 이득이 되었을지도 모르지만, 나는 스스로를 남성보다 못한 존재로 만들려는 무의식적 유혹을 이겨 낼 수 있어 다행이라는 생각이 든다. 때로 최선의 이익을 거스르는 이런 유혹과 싸워 왔고 계속해서 싸워 간 덕에 앞으로는 스스로를 낮추어야 하는 여성들이 더 적어질 것이기 때문이다.

메러디스 탤루선(Meredith Talusan)은 여러 에세이 선집에 참여했으며 《가디언》, 《뉴욕 타임스》, 《애틀랜틱》, 《더 네이션》, 《와이어드》(WIRED) 등에 글을 실었다. 《컨데나스트》(Condé Nast)의 LGBTQ+ 디지털 플랫폼 창립 편집자로서, 현재는 기고 편집자로 활동 중이다. 첫 회고록 『페어리스트』(Fairest, 2020)를 출간했다.

무슬림의 빛깔

The Color of Being Muslim

어린 시절부터 나는 분노를 색으로 바라보곤 했다. 처음에는 아직 말로 표현할 수 없는 감정들을 표현하는 놀이로 시작했다. 바가지 머리를 한 톰보이 시절 내 분노는 코니아일랜드에 갔을 때 본 바다 같은 푸른색과 짙은 녹색 속에 둥둥 떠 있었다. 커다란 가슴을 XL 사이즈의 스웨트셔츠 속에 감추던, 급속도로 성숙한 내 몸매를 숨기라는 엄마의 잔소리를 귀에 못이 박히게 듣던 불안한 십대에 내 분노는 밤하늘의 색을 띠었다. 예의 바른 처신이라는 수면 아래서 아른아른 빛나는 자주색이었다.

내 세계 속 파키스탄계 미국인 무슬림 소녀들은 부모에게, 손위 형제에게, 선생님에게, 우리 몸을 집적거리는 가게 점원에게, 우리 인생을 쥐락펴락하려 오지랖을 부리는 친척 아주머니들에게 대놓고 화내지 않았다. 대놓고 분노를 표현하는 것은 지나치게 미국인 같은 일이며 예의 없는 일이었다. 그럴 때마다 내 마음의 눈이 가진 진실의 프리즘 속에서는 색채들이 춤을 췄고, 나는 날선 말을 삼킬 때마다, 다툼을 피해 내 방으로 들어갈 때마다 나타나는 수많은 색깔들을 경이에 차 바라보았다.

그러다 내 분노가 줄곧 빨간색을 띠게 된 것은 버시마를 만난 뒤부터였다. 그저 빨간색이 아니었다. 시간이 갈수록 점점 짙어지는, 고통과 환멸 때문에, 억눌린 섹슈얼리티 때문에, 혈관 속을 흐르는 타자성이라는 감각 때문에 비명을 질러 대는 핏빛 띤 적갈색이었다. 내게 무슬림 미국인으로 존재한다는 것은 이런 빛깔이었다.

버시마를 처음 만난 건 열다섯 살, 브루클린에서 고등학교를 다닐 때였다. 스페인어 수업에 들어갔다가 버시마를 만났다. 흑단 빛깔의 피부에 이는 가지런하고, 유혹적인 곡선을 살며시 드러내는 꼭 맞는 청바지 차림의 버시마는 꼭 여왕처럼 머리에 빨간 스카프를 두르고 있었다. 빨간색은 파키스탄 공주의 색, 루비의 색이었다. 빨간색은 저항의 색이었다. 그리고 그 색은 버시마에게 꼭 어울렸다. 버시마는 당당했고, 반짝거렸고, 무슬림이라는 정체성을 서슴없이 드러냈다. 그 애는 아름다웠다.

나는 버시마를 만나기 전까지 히잡이, 무슬림으로 살

아가는 것이 아름다울 수 있다는 생각을 해 본 적이 없었다. 어린 시절 내 무슬림 정체성은 종교보다는 파키스탄인 공동체 내의 문화적 기대로 이루어진 것이었다. 기도할 것, 의미를 모르더라도 쿠란 속 아랍어 읽는 법을 배울 것, 라마단 기간에는 금식할 것. 그리고 계속 반복할 것. 청소년기로 접어들자 새로운 규칙들이 추가되었다. 몸매를 드러내는 옷을 입지 말 것, 졸업 무도회에 가지 말 것, 데이트는 꿈도 꾸지 말 것. 이런 금기 사항들이 이슬람 문화에 바탕을 둔 것인지 아니면 자식들이 파키스탄 뿌리와의 연관성을 잃어버릴지도 모른다고 두려워하던 우리 부모님이 정한 것인지는 알 수 없었다.

그렇게 나는 하루에 다섯 번씩 기도했고 딱히 의문을 품지 않은 채로 신을 믿었다. 무슬림으로 산다는 것이 대체 뭐가 그렇게 특별한 것인지 알 수 없었다. 나에게 있어 무슬림으로 산다는 것은 파키스탄 출신인 것과 마찬가지로 나를 남들과 다른 별난 애로 만드는 인생의 여러 요소들 중 하나일 뿐이었다. 이런 요소들은 서로 대체 가능한 것이었다. 그런데 그 시절 내가 지키던 규칙 중에 히잡은 없었다. 나도, 우리 공동체의 다른 여자아이들도 파키스탄인들의 파티나 축제가 열리면 색색의 샬와르 카미즈*를 차

---

*　　shalwar kameez. 긴 상의와 헐렁한 바지로 구성된 인도, 파키스탄 지역의 민족의상.

려입고 바람에 머리를 흩날리며, 참견할 빌미를 찾아 돌아
다니는 아주머니들의 눈을 피해 남자아이들의 시선을 끌
려 애썼다.

머리카락을 가리기 시작한 몇몇 보수적인 여자아이
들이 있기는 했지만, 내게 히잡이란 낙타와 사막이 있는
외국에 사는 여자들이나 쓰는 것이었다. 파키스탄 전통 옷
을 입을 때 반짝이 달린 시폰 스카프를 두르는 게 아니고
서야 머리쓰개는 낙후된 지역에서나 하는 것 아니면 어린
시절 보던 싱거운 발리우드 영화에나 등장하는 것이었다.
결코 아름답지 않았다.

그러나 일류 모델이 부럽지 않은 패션 감각을 가진
아프리카계 미국인 무슬림 소녀 버시마가 쓴 히잡은 일종
의 선언이자 무슬림 정체성에 대한 찬가처럼 느껴졌다. 히
잡은 색채이자 노래였고 나는 그 색채와 노래에 감싸이고
싶어졌다.

버시마와 친해진 뒤로 나는 히잡을 쓰는 게 어떨까
하고 진지하게 생각하기 시작했다. 아침마다 학교에 가기
전 욕실에서 스카프를 머리에 써 보았다. 그리고 그때마다
겁이 나서 스카프를 다시 서랍 안에 쑤셔 넣었다.

그렇게 비밀스러운 소망을 곱씹던 1993년, 세계무역
센터 북쪽 타워 지하에서 폭발물을 가득 실은 승합차가 폭
발했다. 여섯 명이 사망하고 그 밖에 천 명가량의 부상자
가 발생했다. 그날 저녁 텔레비전을 켰다가 화면에 뜨는

통계를 보고 알게 된 수치였다. 아빠는 걱정하셨다. 줄담배를 피우며 묵묵히 라디오에 귀를 기울이셨다. 첫 체포가 이루어져 범인들이 무슬림이라는 것을 알게 된 다음에야 나도 아빠의 걱정을 이해할 수 있었다. 수업에 늦지 않으려 복도를 달려가던 나는 1년 전부터 남몰래 짝사랑하던 학교 육상 팀의 금발 남학생과 부딪치고 말았다. "아, 사과 안 하면 네가 학교에 폭탄 던질까 봐 겁난다." 그가 자신을 방어하듯 두 손을 들어 올린 채 뒷걸음쳤다. "너희들 다 제정신 아니잖아."

웃으면서 자리를 뜨는 그의 모습을 보자 내 얼굴에서도 미소가 순식간에 지워졌다. 사회 수업에 들어가서 버시마를 찾았다. 하지만 버시마는 보이지 않았다. 내 귓가에 대고 작게 속삭이는 그 애의 목소리를 듣고서야 스카프는 온데간데없이 머리를 높이 올려 묶은 버시마가 내 뒷자리에 앉아 있었음을 깨달았다.

"아빠가 당분간은 무슬림 티를 안 내는 게 좋겠다고 하셔서." 버시마가 말했다. "너처럼 하고 다니는 게 낫지. 그러니까 종교적이지 않게 말이야."

그 순간, 처음 버시마를 만났을 때 내 눈에 보석처럼 빛나 보이던 그 애의 빨간색은 조용하게 내재화된 내 분노의 짙은 붉은색으로 바뀌었다. 나는 속으로 분노를 끓이며 나를 모욕했던 백인 남학생을 후려쳐서 그 새하얀 피부에 벌건 손자국을 남기면 기분이 어떨지 상상했다. 맞은 자국은 서서히 사라질까 아니면 푸른색과 보라색 테두리를 두른 멍으로 변할까? 실제로는 결코 할 수 없을 일이겠지만 그런 상상이 위로가 됐다.

그날 이후 버시마와 내 사이도 변했다. 스카프 없이 드러난 그 애의 머리를 보고 있으면, 그 무엇도 포기하지 않고도 우리를 혐오하는 사람들 사이에 섞일 수 있었던 내 비겁함과 특권이 미묘하게 비난받는 기분이 들었다. 우리는 그 이야기를 입에 올리지는 않았지만 서서히 멀어졌다. 버시마와의 우정을 잃은 것이 너무나 슬펐고, 우리를 갈라 놓은 이 상황에 남몰래 분노했다.

나는 이 숨죽인 분노를 오랫동안 간직했다. 처음에 내 분노는 오로지 내가 파란색 여권을 가지고 있고 뉴욕에서 태어났음에도 덜 미국인인 것처럼 느끼게 하는 이슬람 혐오자들만을 향했다. 내 믿음과 정체성을 깎아내리는 사람들만을 향한 쉽고 분명하고 순수한 분노였다. 그 사람들은 나를 알지도 못하면서 혐오했다. 그래서 나도 그들이 미웠다. 하지만 그 미움 속에서조차 나는 피로할 정도로 세심한 균형을 유지하려 애썼다.

무슬림 미국인의 분노는 여러 겹으로 이루어진 복잡하고 위태로운 감정이다. 분노가 너무 많으면 불안정한 사람, 혈관에 지하드의 피가 흐르는, 사회를 위협하는 존재로 보이게 된다. 분노가 너무 적으면 어쩐지 이슬람이라는 종교의 마스코트가 되어 버리고 만 일부 무슬림의 잔혹성을 규탄할 의지가 없는, 따라서 그들의 범죄에 동조하는 수동적인 참여자로 보인다. 그리고 분노를 드러내건 드러내지 않건, 내가 엄격한 규율 그리고 맥주와 베이컨이 주는 즐거움을 금지하는 겉보기엔 괴상한 금기 사항들로 가득한 설명할 수 없는 이슬람 세계를 대표한다는 사실은 변하지 않는다. **알라후 아크바르***라는 외침으로 끝도 없이 뉴스를 채우는 테러리스트를 자꾸만 양산하는 이슬람 디아스포라와 연관되어 있기에 나는 유죄다.

하지만 내겐 비밀이 있었다. 내가 두 개의 세계 중 어느 쪽에도 진정하게 속해 있지 않았다는 비밀이다. 소속되고 싶지 않았던 것이 아니다. 그러나 대학에 진학하면서 부모님의 엄격한 규칙으로부터 벗어난 나는 부모님과 공동체가 만들어 낸 안전한 세계 너머를 탐색하고 싶어졌다. 공동체 내의 다른 많은 이들처럼 철저한 이중생활로 부모님을 속이고 싶지 않았다. 거짓말을 할 수 없었기에 나는 취약한 존재, 남들과 다른 존재가 되었다. 무슬림 공동체의 아웃사이더가 된 것이다.

그래서 나는 스스로를 새롭게 만들어 가기로 했다. 한때 내 정신적 지주였던 기도문은 내가 종교적, 문화적 정체성 너머의 나를 찾아가는 과정에서 어떤 위로도 되어 주지 않았기에 순식간에 내 삶에서 중요하지 않은 것이 되

---

* Allahu Akbar. '신은 위대하다'는 뜻의 무슬림 기도 구절.

어 버렸다. 그러나 나를 진정으로 괴롭힌 것은 내 몸과 욕망에 대한 갑작스러운 자각이었다. 나는 이런 쾌락이 결혼 전까지는 금지되어 있다고 굳건히 믿으며 자랐다. 그러나 여성으로서의 자주성을 탐구하면서 나는 어째서 나의 섹슈얼리티가 하람*인지를 자문하게 되었다. 나는 갈등했다. 뉴욕의 클럽에서 내 허리를 감싸는 남자의 양손을 느끼고 싶었음에도 막상 그런 일이 일어났을 때는 그 자극을 즐길 수 없었다. 결국 나는 죄책감과 수치심에 사로잡혀 몸을 피했다. 그렇게 짙어진 감정들은 분노로 변했다. 내 공간을 침범한 그 남자에 대한 분노이면서, 동시에 무슬림 여성은 이런 행동을 하면 안 된다는 엄마의 목소리가 귓가에 울려 퍼지는 바람에 그의 손길에서 쾌락을 느낄 수 없었던 나 자신에 대한 분노였다. 내가 스스로에게 쏟아 내는 분노는 오렌지색에 가까운, 불꽃처럼 밝은 색을 띠었다.

그런 일이 있고 나면, 나는 속죄 삼아 파키스탄인 무슬림 공동체에서 열리는 파티에 갔다. 이들과 어울리겠다고, 나의 죄 많은 욕망에서 벗어나 무엇이 옳고 그른지 분명히 아는 사람들 속에서 위안을 찾아보겠다고 마음을 굳게 먹은 채로 말이다. 하지만 그곳에서도 소속감을 느낄 수 없었다. 내 웃음소리는 너무 컸고, 내 스카프는 스커트

---

*　haram. 이슬람 율법의 종교적·도덕적 금기 사항. 반대로 이슬람 율법이 허용하는 사항들은 할랄(halal)이다.

를 덮지 않을 만큼 짧은 내 블라우스조차도 제대로 가려주지 않았으며, 어린 시절 친구였던 남자들의 눈길을 너무 많이 끄는 바람에 어머니들이 아들더러 나한테서 떨어지라고 경고했다. 평생을 알고 지낸 사람들 사이에서도 표류하는 기분이 들었다. 흑백으로 이루어진 그들의 세상 속 나는 허드렛물 같은 칙칙한 회색이었다. 그러다 나는 그들 중 대다수가 나를 무슬림으로서 부족한 존재로 불쌍히 여기고 있다는 사실을 알게 됐다. 나는 모든 면에서 부족해 그 누구도 결혼하려 들지 않을 여자였다. 파키스탄인이라기에도 충분하지 않았고, 무슬림이라기에도 충분하지 않았으며, 미국인이라기에도 충분하지 않았다. 나는 충분히 괜찮은 사람이 아니었다.

그 시절은 자유낙하 같았다. 나는 줄에서 풀려나 방황했다. 어디에도 속할 수 없다는 억울함 때문에 이슬람혐오자들뿐 아니라 내가 속한 공동체를 포함한 온 세상 사람들을 향해 맹목적인 분노를 느꼈다.

하지만 늘 그래 왔듯 무슬림 미국인 공동체를 향한 분노를 인정하기는 여전히 복잡하며 까다로웠다. 나는 나와 내가 선택한 삶을 경멸 어린 시선으로 바라보는 그들 때문에 속을 끓이는 한편, 다른 사람 앞에서는 이들을 강한 의리로 맹렬하게 변호하기도 했다. 나를 못마땅하게 여기고 동정하는 공동체 사람들이 미웠지만, 나는 결코 동족에 대해 나쁘게 말해서는 안 된다고 배웠다. 같은 무슬림 미국인들을 비판하면 우리를 모욕하라고 외부인에게 문을 열어 주는 셈이 된다. 내가 양쪽 세계 모두로부터 침묵하라는 숨 막히는 억압을 느낀다는 것을 조금도 이해하지 못하는 이슬람혐오자들이 나를 구원의 대상인 억압받는 무슬림 여성으로 규정할 빌미를 주는 셈이 된다. 그래서 나는 분노를 삼켰고 분노는 다시금 새로운 색을 띠었다. 붉게 그을린 흙색이었다. 포기 그리고 혼란으로 물든 빛깔이었다. 비판의 색이었다.

나는 가장 친한 친구를 사랑하게 되었다. 그는 나처럼 파키스탄계 무슬림이었지만, 두 개의 세계를 당당하게 포용할 줄 알았다. 금요일에는 기도회에 참석하고, 라마단 기간에는 금식했다. 백인 여성과 잤고 술도 마셨다. 그러면서 이를 숨기지 않았다. 옳고 그름, 할랄과 하람, 무슬림과 비무슬림으로 이루어져 있는 나의 방어적 공동체 속에서 그는 내게 오롯이 이해할 수 있는 수수께끼처럼 느껴졌다. 나는 처음으로 거리낌 없이 그의 품에 안기면서 수용과 자유라는 새로운 감각을 느꼈다.

우리가 자라난, 판단과 제약으로 이루어진 세계에서는, 서로의 몸과 마음을 주고받는 것이 오로지 몇몇 이들만 나눌 수 있는 선물이었다. 아직 섹스에 대해 보수적인 관점을 가지고 있던 내게 그는 부담을 주지 않았다. 그가 나의 성적 억제를 이해하고 존중해 주었기에 우리는 섹스가 아닌 다른 방식으로 함께 섹슈얼리티를 탐구했고 그때의 자각이 나를 변화시켰다. 오랫동안 어디에도 속하지 못했던 내가 마침내 집을 찾은 것만 같았다.

그러던 어느 날, 내 집 거실에서 우리 두 사람은 얼굴을 바짝 맞붙이고 목소리를 높였다. "너는 나와 결혼하고 싶어 하는데, 결혼이 우리 둘만의 문제라면 우린 행복하겠지." 그가 말했다. "그런데 아니잖아. 난 너를 우리 가족한테 못 데려가. 우리 어머니는 너를 인정하지 않을 테니까. 넌 우리 공동체에 어울리지 않아."

그리고 그 말과 함께, 그를 만난 이후로 줄곧 수면 아래 잠들어 있던 잔혹한 적갈색이 나를 휩쌌다. 내 분노에서 핏빛이 보였다. 상상 속 내가 손톱으로 할퀸 그의 연한 밤색 눈에서 흘러내리는 핏빛. 정신력을 끌어모아 그에게서 돌아서는 순간 내 얼굴 역시 같은 빛깔로 물들었다.

나를 아프게 한 것은 그 관계였다. 그가 나를 결혼할 만한 상대로 생각지 않았다는 것이 문제가 아니었다. 은연중 알고 있었던, 내가 둘 중 어느 사회의 기준에도 들어맞지 않아 두 개의 세계 모두로부터 소외된 존재임을 확인했기에 아팠다.

그와 헤어지고 며칠이 지난 뒤 나는 기도용 깔개를 꺼냈다. 깔개 위에 무릎을 꿇고 울기 시작했다. 더 이상 눈물조차 나오지 않을 때까지 울고 나니 오랜만에 머릿속이 가벼워졌다. 나는 오랫동안 타인의 숨 막히는 기대에 따라오는 분노를 삼키며 살았다. 첫째는 무슬림이라는 이유로 내가 스스로를 미워하게 만드는 외부인들을 향한 분노, 그다음은 경직된 예법 규정에 의문을 품는 내가 이방인이 된 것처럼 느끼게 만드는 무슬림 공동체 내부 사람들을 향한 분노였다. 그리고 마지막으로, 내가 받아들여졌다는 기분을 느끼게 한 다음 그에게서 더 많은 것을 필요로 하는 순간 나를 배신한 남자를 향한 분노였다. 어린 시절부터 억눌러야 한다고 배웠던 분노는 나를 산 채로 잡아먹고 있었다. 그러나 그날 기도용 깔개에서 일어서며 나는 이 분노에 목소리를 주겠다고 다짐했다. 물러서지 않는 큰 목소리를 주기로 했다.

다음 날, 그리고 그 후로 매일같이 나는 출근길에 맵시 있는 짧은 드레스나 스커트를 입었고, 퇴근한 뒤에는 온몸을 긴 스카프로 감싼 채 어느 누구도 보지 않는 나만의 침실에서 홀로 저녁 기도를 드렸다. 내 기도는 이제 오로지 나만을 위한 것이었고, 다른 무슬림이 나의 독실함을 재단할 수 있는 성취가 아닌, 나를 신에게 영적으로 연결하는 명상이었다.

나는 무슬림이 아닌 친구와 동료 들 속에서 무슬림 여성으로서 목소리를 내기 시작했다. 과거에는 그저 흘려넘기던 말들을 이제는 토론과 논쟁의 소재로 사용했다. 나는 내 종교적 정체성을 공공연하게 드러냈고 내 생활 방식과 믿음 사이의 불일치를 지적받을 때마다 반박했다. 나는

불태워라

더 이상 분노를 가면 뒤에 숨기지 않았다. 대신 글을 써서 세상에 내보내고 무슬림 여성으로서 내 정체성에 대해 대중 앞에 이야기하면서 분노를 자유로이 풀어 주었다. 이제는 내 삶의 온갖 측면을 비판하는 사람들을 끌어모으기가 두렵지 않게 된 나는 그들의 판단과 오류 앞에 거울을 들이댄다. 당당한 나 자신으로 살아가겠다는 내적 변화를 겪고 몇 달 뒤, 나는 한 파키스탄계 캐나다인을 만났다. 그는 나를 오래도록 괴롭혔던 나라는 사람의 특성 그 자체를 사랑했다. 폭풍 같은 연애 끝에 우리는 결혼해서 지금은 각자의 개성이 뚜렷한 세 아이를 낳아 기르고 있다.

그럼에도 지난 수년간 무슬림 여성이 목소리를 내기는 그리 쉽지 않았다. 2016년 대선이 불러온 이슬람혐오와 외국인혐오의 물결이 나를 뒤흔드는 바람에 때로는 차라리 침묵하는 것이 쉬우리라는 생각이 들었다. 오래전 버시마의 말이 맞았다. 나는 전통적인 의미에서 종교적으로 보이지 않았고 그것이 나를 한 꺼풀 덮어 보호해 주었다. 지난 수년 사이에 가까운 친구가 된, 히잡을 착용하는 멋진 여성들과는 달리, 나는 상황이 여의치 않을 때면 사람들 속에 섞여 들어 숨을 수 있었다. 그렇게 분노를 삼키며 더 나은 때를 기다릴 수 있었다.

그러나 십대 딸을 가진 엄마로서 나는 침묵이 선택지가 아님을 금세 깨닫게 되었다. 내 딸은 나처럼 공동체 안에서 따돌림을 당하지 않으려면 분노를 억눌러야 한다고 배우며 자라지 않았다. 내 딸은 색깔로 분노를 표현할 필요가 없다. 그 애한테는 세상에 자신의 분노를 소리쳐 알릴 목소리가 있기 때문이다. 무슬림을 향한 적대감이 갈수록 커져 가는 세계에서 내 딸은 자랑스러운 무슬림이자 미국인으로 살고 있다.

그래서 나는 내 딸을 본받아 숨지 않기로 한다. 대신 나는 나를 위협적인 존재로 보는 이슬람혐오자들을 향해, 동시에 자신들이 통제할 수 없는 이들에게 수치심을 주려 애쓰며 평가를 일삼는 무슬림 공동체 사람들을 향해 공공연하게 발언하기 위해 분노를 사용한다. 양쪽 집단의 악플러들이 보내는 역겨운 이메일이며 소셜미디어에서 받는 협박은 물론, 보수적인 친척들이 전하는 은근한 비난도 참아 낸다. 그런 경험들이 오늘날 내가 느끼는 무슬림의 빛깔, 정당한 분노를 담은 짙은 붉은빛을 이루었다.

하지만 아마 내 딸에게는 다르리라. 얼마 전 딸에게 무슬림을 연상시키는 빛깔이 무엇인 것 같으냐고 묻자, 아이는 미소 지으며 이렇게 대답했다. "분홍색이오, 사랑의 색깔이니까."

새힌 파샤(Shaheen Pasha)는 『베일 위의 거울―히잡과 가림에 대한 사적인 에세이 모음집』(Mirror on the Veil: A Collection of Personal Essays on Hijab and Veiling, 2017)의 공동 편집자이며, 《댈러스 모닝 뉴스》, 《내러티블리》, 《USA 투데이》, 《데일리 비스트》(The Daily Beast), 《쿼츠》(Quartz), 뉴잉글랜드 공영 라디오 등에 글을 실었다. 지금은 파키스탄계 미국인 이민자의 경험과 광기에 대한 회고록을 쓰고 있다.

분노의 가마로부터

Homegrown Anger

62번 고속도로는 얼라이언스라는 작은 마을을 가로지른다. 이 좁다란 포장도로를 따라가면 우리 오빠가 사는 집이 나온다. 62번 고속도로를 따라가는 내내 온 사방에서 볼 수 있는 것들을 꼽자면 MAGA* 표지판이며 현관에 걸린 남부연합기**, 위협적일 정도로 거대한 픽업트럭들 그리고 여섯 가지 총이 나란히 놓인 그림 위로 "당신에게 가족이 있듯이 내게도 내 가족이 있다"라는 글귀가 적힌 그

---

*   도널드 트럼프의 대선 출마 슬로건인 '미국을 다시 위대하게'(Make America Great Again).

**   미국 남북전쟁 당시 노예제에 찬성한 13개 주를 형상화한 깃발로 오늘날 극우의 상징으로 쓰인다.

유명한 범퍼 스티커다.

대부분의 사람에게는 분노가 깃드는 집이 없다. 나에게는 있다. 그 집의 이름은 오하이오다. 오하이오에서 내 눈에는 언제나 분노가 선명히 보였다. 이곳에서 논란은 급수탑들이 서 있는 지평선 그 너머까지 깊숙이 파고드는 농지만큼이나 선명했다. 오하이오에는 분노를 표출할 공간이 있다.

이민자의 딸로 태어나 필리핀의 디아스포라에 대한 이야기를 들으며 자란 나는 이주에 대해 잘 알았다. 내가 여덟 살일 때 우리 가족은 뉴저지를 떠나 오하이오로 이사를 왔고 나와 형제자매들은 농장이며 끝없이 펼쳐진 언덕들을 보고 촌 동네라며 야유했다. 나는 새로운 동네에 잘 적응하지 못했다. 동부 해안이 그리워서 울었지만, 엄마는 우리가 이곳으로 온 덕분에 얻은 것들을 끊임없이 주워섬겼다. 세금이 낮고, 환경오염이 덜하고, 삶의 속도가 느리다는, 내게는 전부 외국 화폐만큼이나 무의미한 이야기들이었다. 이곳의 황금빛 옥수수밭이며 아름답기 그지없는 석양마저도 치가 떨렸던 것은 내가 교회나 식료품점에 갈 때마다 진득한 시선이 따라붙었기 때문이다. 애틀랜타나 로스앤젤레스, 뉴욕에서 놀러 온 사촌들은 우리더러 자는 소 넘어뜨리기를 하면서 노느냐며 놀렸고 우리처럼 갈색 피부를 가진 사람들은 왜 없는지 궁금해했다.

"아미시 공동체*의 삶은 참 멋지지?" 외출했다가 아

미시 교인들을 보면 엄마는 이렇게 말했다. "단순한 삶을 살잖아. 부럽지 않니?"

소형 승합차를 타고 가는 길에 말이나 사륜차를 타고 가는 아미시 교인들을 보면 엄마는 차창 밖을 향해 미소 지었고 나는 심드렁하게 "아뇨" 하고 대꾸했다. 하지만 그때마다 나는 머릿속으로 그 사람들과 우리가 가진 단 한 가지 공통점을 생각했다. 우리도, 그들도 이 길에 속한 사람들이 아니라는 것만은 똑같다는 사실이었다.

분노는 어린 시절부터 시작되었다. 내 생각에 내 분노는 지속적인 마찰에서 태어났던 것 같다. 새까만 머리카락과 적갈색 피부, 외국 억양을 쓰는 부모님, 그리고 서양의 개인주의와는 먼, 가족 중심적 문화 때문에 내가 끊임없이 눈에 띄었기 때문이다.

초등학교에 다닐 때 나는 물을 쏟아 내기 전에 머뭇거리는 녹슨 수도꼭지처럼 화가 나면 말을 더듬었다. 학교에는 항상 내가 숨조차 쉴 수 없게 만드는 백인 남자아이들이 있었다. 그 애들은 복도에서 마주칠 때마다 눈을 귀쪽으로 길게 당겨 면도날처럼 가늘게 만든 다음 나를 칭크chink라고 놀려 댔다. "너희 나라로 돌아가!"

그리고 엄마가 보온 도시락에 싸 준, 재스민 쌀로 지

---

*   Amish. 보수적인 침례교의 한 종파로, 현대문명과 단절한 채 자신들만의 전통을 유지하며 생활한다.

은 밥에 따뜻한 돼지고기 아도보*를 섞은 것 아니면 올리브를 섞은 피카디요** 같은 필리핀 음식을 볼 때마다 땅콩버터와 포도 젤리를 바른 샌드위치를 먹던 심술궂은 여자아이들이 내 도시락이 개똥 같다며 창피를 주었다. 나는 결국 엄마에게 앞으로는 도시락으로 필리핀 음식을 싸지 말아 달라고 부탁해야 했다. 살아남기 위해서는 동화되는 수밖에 없었다. 나는 언어 체계를 바꾸는 방법, 두 개의 문화에 한 발씩 걸치는 방법, 철통같은 경계선을 만드는 법을 배웠다. 점심 도시락으로는 오로지 미국 음식만을 먹고 저녁 식사로는 닐라가나 칼데레타,*** 아니면 김이 오르는 고봉밥에 스팸을 곁들여 배를 채웠다. 집에 오면 프랭크 시나트라의 음반을 배경음악으로 틀어 놓고 필리핀에 장거리 전화를 걸어 껄껄 웃어 대며 통화하는 아빠가 있었다. 학교에서 나는 못 알아들은 척 눈을 굴리면서 분노를 삼키는 법을 배웠다.

엄마에게 학교를 그만두고 싶다고 수없이 빌고 나서 평소보다 감정적으로 격앙되어 있던 어느 밤, 엄마는 나에게 금색 자물쇠와 열쇠가 달린 파스텔 톤의 일기장을 주었

---

* adobo. 닭고기나 돼지고기에 간장과 마늘이 들어간 소스를 부어 졸인 요리.

** picadillo. 쇠고기나 돼지고기를 갈아서 토마토, 올리브 등과 함께 걸쭉하게 끓인 요리.

**** 필리핀식 스튜 요리. 닐라가(nilaga)는 고기와 채소를 넣은 맑은 스튜, 칼데레타(kaldereta)는 토마토 소스가 들어간 스튜.

다. 둥글둥글한 필기체로 가득 채웠던 그 어린 시절의 일기장은 한 소녀가 분노, 열망, 경계와 협상해 가는 과정을 보여 준다. 일기장은 내가 겪고 있던 감정을 나눌 수 있는 하나뿐인 장소였다. 내가 가질 수 없던 것들을 갈망하는 것이 일상이 되어 갔다. 내가 원하는 것은 나를 안전한 곳, 성장이 고통의 다른 이름이 아닌 장소로 데려가 줄 탈출구였다. 나는 모든 무지와 잔혹함을 장소와 연관 지어 생각하게 되었다. 마음의 상태^{state}가 아니라 실제 주^{state}, 즉 오하이오를 탓했던 것이다.

나는 자라나면서 다양한 형태의 편협함을 경험했다. 여성혐오, 동양인혐오 정서, 무지, 백인우월주의, 정착형 식민주의, 모범적인 소수자라는 신화, 성차별주의, 이국화, 물신화, 토크니즘****. 나는 비가시화된 동시에 과잉가시화된 존재였다. 오하이오에서 나는 수많은 사람들에게 불가해한 존재였으며 갈색 피부를 가진 동양인 정체성에 대한 무지한 질문을 오랜 세월 동안 감내해야 했다. "동양인들은 다 똑같은 것 아니야?" "교환학생이니?" "어떻게 영어를 그렇게 잘해?" 그리고 그 시절 내내, 비록 내가 그것의 존재를 미워했다 하더라도, 분노는 언제나 나의 동반자였다. 어디를 걸어도 머리 위에 하늘이 있는 것처럼, 어

**** 겉치레와 명분만 앞세우는 형식주의를 말하는 것으로, 사회적 소수자 극히 일부를 조직에 편입함으로써 불평등 문제를 해소하려는 관행을 비판적으로 일컫는다.

디로 가건 분노가 나와 함께했다. 두 뺨이 달아오르고 심장은 쿵쿵 뛰고 팔에 난 털은 하늘로 비쭉 솟아올랐으며 나를 억압하는 백인들이 수적으로 나를 압도할 때면 현기증까지 났다.

나는 가정에서도 학교에서도 종교적인 교육을 받았기에 분노란 적대감, 폭력, 악의, 증오에 가까운 위험한 감정이라고 배웠다. 분노 자체는 나쁜 것이 아니지만 그것의 가까운 사촌인 격노wrath는 일곱 가지 원죄 중 하나였다. 분노와 공존하기는 어려웠다.

그리고 마침내 분노와 공존할 수 있게 되었을 무렵 나는 오하이오를 떠났다.

나는 태평양 북서부를, 다시 보스턴을, 또 뉴욕을 향했고, 자유사상을 꽃피운 곳으로 이름 높은 근사한 대도시들을 거치며 또 다른 형태의 편협함을 경험했다. 형태는 달라도 본질은 같았다. 동양인의 재현 방식도, 음식에 대한 선택지도 훨씬 다양했으며 군중 사이에 섞여 들기도 쉬웠지만, 어디에서 살고 또 어디를 여행하건 비슷한 느낌이 끈덕지게 따라붙었다. 새로운 곳으로 갈 때마다 나는 백인성과 우월주의가 어떻게 종교, 인구, 정치에 맞추어 변이되는가를 알 수 있었다. 니카라과 그리고 심지어 내 조상들의 고향인 필리핀에서 한 달씩 머무르는 동안에도 나는 각각의 장소에서 필리핀계 미국인이라는 나의 정체성이 다른 의미를 띤다는 사실을 알게 되었다. 필리핀에서 정체성은 보다 계층화된 것이다. 처벌과 보상은 체형, 국적, 언어 숙련도, 정규교육 수준, 소속 종교단체와 사회계층에 따라 정해졌다. 나는 내가 온전히 속할 수 있는 장소를 찾아 헤맸지만 찾지 못했다. 대신 가는 곳마다 나 자신의 일부를 찾아냈기에 내가 다양한 장소에 적응할 수 있음을 알게 되었다.

2016년, 여러 도시에서 살아 보고 오하이오 안팎을 다섯 번이나 들락거린 이후 나와 내 삶의 파트너 닉은 경제적인 이유와 가구 지원을 이유로 두 아이를 데리고 뉴욕을 떠나 콜럼버스로 이사하기로 했다. 신시내티(남부였고 지나치게 논쟁적이라 편안하지 않았다)와 클리블랜드(호수 때문에 너무 흐리고 눈이 많이 왔다)에서 지내 보고 나니, 소문으로는 음식이 유명하고 성소수자 정책에 우호적인 혁신적 안식처라고들 하는 콜럼버스가 우리에게 꼭 필요한 절충안일 것 같았다. 이삿짐 나르기는 고되었지만 그래도 나는 앞으로 민주당 우세 지역에 살게 될 우리가 다 함께 최초의 여성 대통령의 탄생을 축하하게 되리라 기대했다. "성기를 움켜쥐고"라는 말이 담긴 녹음이 공개된 뒤였고* 오하이오주의 여론조사 결과 힐러리가 우세했기 때문이다. 나는 최근 미국 대선에서는 항상 오하이오에서 이긴 후보

---

* 　트럼프가 2005년에 방송인 빌리 부시와 나눈 성희롱 언사(grab 'em by the pussy)가 담긴 녹음 파일이 대선 과정에서 밝혀져 파문이 일었다.

가 당선되었다는 사실을 되새겼다. 오하이오 주민들이 민주당 후보를 지지하는 한 민주당 후보가 당선될 것이었다.

대선 한 달 전, 황금연휴를 맞아 나는 콜럼버스에서 워싱턴 DC를 향해 차를 몰며 아이들이 타지 않은 조용한 차 안이라는 사치를 만끽하고 시시각각 바뀌는 창밖 풍경을 음미했다. 오하이오가 무성영화처럼 휙휙 스쳐 지나갔다. 그 영화에 담긴 이야기는 미국 그 자체였다. 도시 풍경은 목가적인 시골의 정경으로 바뀌어 갔다. 오하이오 남동부에 가까워질 무렵, 내 머릿속에서 적대적인 지역으로 접근할 때마다 울리는 직관적인 경보음이 울리기 시작했다. 옥수수밭 주변에는 **미국을 다시 위대하게**라고 적힌 거대한 현수막이 옥수숫대를 깃대 삼아 걸려 있었고, 땅 위에는 *2016년 트럼프/펜스*라는 표지판이 말뚝으로 꽂혀 있었다. 오하이오 남동부에서 트럼프를 지지한다는 사실은 새로울 것이 없었지만 그때 느낀 시각적 충격은 이전과는 다르게 느껴졌다. 오하이오 사람들이 트럼프를 위해 일어선다는 사실을, 이들이 분노하고 있다는 것을 감지할 수 있었다. 트럼프가 오하이오를 접수했다는 사실이 분명히 느껴졌는데, 이곳에서 트럼프가 이기면 그가 대통령으로 당선될 것이었다. 이런 이야기를 워싱턴 DC에 사는 친구와 활동가 들에게 들려주자 그들은 말도 안 된다는 듯 고개를 갸웃했다. 내가 아무리 주장해도 그들은 똑같은 말만 되풀이했다. "그럴 일은 없어, 리사. 트럼프가 당선될 방법은

불태워라

애초에 없다고."

하지만 우리도 알다시피, 백인 남성에겐 언제나 방법이 있다.

2016년 대선 이후 오하이오는 내가 여태까지 겪어 본 어떤 것과도 다른 새로운 정치적·개인적 각축장으로 변모했다. 그러나 이번에는 나 혼자만 겪는 게 아니었다. 내가 아는 거의 모든 사람이 새로운 상처를 내는 동시에 오래된 상처를 다시 열어젖히는 이 정치적 변화로 인해 개인적 관계와 가족 관계에서 삐걱거리는 것 같았다. 이러한 정치적 기후는 온갖 종류의 분노를 불러왔는데, 내가 목격한바 사람들이 겪고 있는 가장 확연한 난관은 분노로부터 이득을 얻기 위한 전제 조건인 분노의 오랜 지속을 견디지 못하는 데서 왔다. 사람들 대부분이 오로지 폭발적이고 불편하고 파괴적인 형태의 분노에만 익숙한데, 이는 분노가 가진 정체성의 극히 일부에 불과하다. 이것이 다가 아니다. 분노에는 이보다 많은 속성이 있다.

처음에 나는 지속적인 분노 속에서 살아가기가 힘들었다. 분노는 그 자체로 부자연스러운 상태이고, 따라서 의식적으로 해방에 초점을 두고 활동하는 노동자이자 작가라는 나의 이상향과는 정반대에 있다고 스스로 생각했기 때문이다. 분노가 너무나 깊어지면 순전한 즐거움을 누릴 기회를 잃을까 봐 두려웠다. 그러나 알고 보니 문제는 분노가 아니었다. 분노를 억누르는 것, 그리고 분노를 표출하는 법을 배울 만큼 이를 깊이 이해하지 못하는 것이 문제였다. 장기화된 분노는 창조와 저항의 연료로 증류될 수 있으며, 궁극적으로는 포착하기 어려운 기쁨과 소속감의 순간을 가져다줄 수 있다. 그러나 분노가 이런 모습으로 변이하기 전에 우선 분노를 옷처럼 입고 길러 내야 그 것을 단순히 내 서사의 일부로서가 아니라 나라는 사람 그 자체로서 이해할 수 있다.

분노를 단순히 장애물로만 인식할 때 자동적으로 나오는 반응은 반발 그리고 제거다. 우리는 자꾸만 누구를, 무엇을 버려야 할지를 생각하는 데 그친다. 친구들이 누구에게 투표했나 하는 문제로 오래된 친구와 절교하는가? 오로지 폭스 뉴스만 틀어 놓는다는 이유로 가족의 집에 발길을 끊는가? 집을 떠나 가급적 오하이오에서 먼 곳으로 이사하는가? 그러면서 간직할 가치가 있는 것들이 무엇인지는 묻지 않는다.

분노를 낯설게 느끼는 이들은 종종 몸부림치곤 한다. 판단을 내리고 싶은 욕망, 나와 같은 생각을 하는 친구들을 찾아 해안 지역으로 미친 듯이 달려가고 싶은 충동을 유발하는 불길을 견딜 수 없기 때문이다. 나에게 오하이오에 산다는 것은 나와 반대되는 사람들 속에서 산다는 것이었고, 분노는 내가 세상 속을 움직이고 관계를 유지하고 나의 행복을 그 무엇보다도 우선순위에 놓을 수 있게 무기고를 지어 주었다. 오하이오는 내가 분노를 지속 가능한 생활 방식 속에 병합하게끔 만들었다. 내 기분과 감정을 지키는 것이 습관이 되어 갔다. 단체, 학교 소모임, 예배, 문학 행사, 공동체 식사, 창작 프로젝트 등 무언가에 참여하기 전에 언제나 자세한 정보를 물어보게 되었다. 추구할 가치가 있는 불화는 어떤 것인지 선별하기 시작했다.('내가 이 사람과 논쟁하는 것은 이 관계를 깊게 만들기 위함인가, 내 주장을 강조하기 위함인가?') 분노 속에서 거의 40년을 보내고 나면 분노가 조직화를 이끌어 낸다는 사실을 알게 된다. 그 대상에는 사회운동뿐 아니라 겉보기에는 보잘것없는 일상의 세부 사항도 포함된다. 그러나 준비 작업을 모두 마치더라도 정서적, 심리적 또는 신체적 안전을 얻을 수 있으리라는 보장은 없었고, 따라서 나는 그 어떤 것도 당연하게 받아들여서는 안 된다는 것을 알게 되었다.

또다시 이사해서 조금이라도 덜 디스토피아적인 현실로 도피한다는 선택지는 언제나 있었지만, 그럼에도 진보나 해방이라는 허상은 금세 닳아 없어지고 똑같은 집 안에서 다른 창을 내다보게 될 것임을 나는 이제 안다. 어느 지역에서나 여성 그리고 LGBTQIA 공동체, 선거권, 복지 주택 공급, 보편적 의료 서비스, 그리고 생활임금을 위한 투쟁이 벌어진다. 이 투쟁은 영영 계속된다. 계속되는 긴장 상태라는 의미에서는 우리 모두가 오하이오에 살고 있는 것이나 다름없다.

62번 고속도로를 타고 가다가 남부연합기 또는 '한

명의 남성, 한 명의 여성=진정한 결혼'이라고 적힌 대형 광고판을 지나칠 때, 나는 지금이 내 아이들에게 내가 알고 싶었던 것을 알려 주기 딱 좋은 기회라는 생각이 들었다. 분노를 수용하는 방법, 불의를 마주하거나 정치적, 종교적 프로파간다를 비판적으로 해석할 때 분노를 천연자원으로 삼는 방법 말이다. "저 큰 광고판 보이지?" 종교단체에서 걸어 놓은 대형 광고판을 지나치면서 내가 아이들에게 물었다. "세상에는 자기와 조금이라도 다른 사람을 두려워하는 이들이 많단다. 이렇게 두려움으로 가득한 사람들은 누구를 사랑해야 하는지, 어떻게 사랑해야 하는지, 누구와 친구가 되어야 하는지를 다른 사람들에게 정해 주려 하지만, 우리는 우리와 다르다는 이유로 다른 사람들을 두려워하지 않아. 우린 그런 사람들이 아니니까."

나는 아이들에게 분노는 잘 갖추어진 무기고라고, 그리고 이 무기고는 오로지 오하이오만을 위한 것이 아니라고 알려 준다. 그것은 삶을 위한 것이다. 트라우마와 고통이 물리적으로, 분자 단위에서 한 세대로부터 다음 세대로 전해진다는 사실은 최근 과학적으로 입증되었다. 두려움과 습관적인 복종이 내 성장기의 한 축을 차지했으나, 내게는 신랄한 인종차별 경험을 보호와 치유를 위한 무기고로 바꾸는 법을 알던 연금술사 어머니가 있었고, 나 역시 그것을 내 아이들에게 전해 줄 수 있으리라 믿는다.

내가 분노는 힘의 원천이라는 사실을, 자신의 무기고

를 구축하는 법을, 저항과 관계로 이루어진 삶을 향한 초대장인 분노와 더불어 사는 법을 내 아이들을 비롯한 타인들에게 가르칠 수 있는 것은 모두 내가 한 선택 덕분이다. 분노가 없었더라면 나는 급성장하는 인터넷과 소셜미디어의 지형 속에서 나와 같은 생각을 가진 유색인 사상가, 작가, 학자, 활동가 들을 찾아 나서지 못했을 것이다. 분노가 없었더라면 나는 다른 유색인 커뮤니티, 특히 미국의 인종차별적 여성혐오라는 유산의 큰 부분을 감내해 온 흑인 여성들의 역사적 주변화를 탐구하고 인지할 연료를 얻지 못했을 것이다.

분노를 이기지 못해 오하이오를 떠나고 말리라 다짐한 적이 한두 번이 아니었다. 그러나 분노를 반드시 필요한 잔혹함과 성장의 발견지라고 여기며 그것과 친구가 되고 나니, 이제는 오하이오를 특수한 종류의 가마로 바라보게 되었다. 진흙을 굳혀 작품으로 만드는 경이로운 작업에는 뜨거운 열이 있어야 한다는 사실을 깨달은 곳이기 때문이다.

리사 팩토라보셔스(Lisa Factora-Borchers)는 필리핀계 미국인 작가이자 『친애하는 자매에게—성폭력 생존자들의 편지』(Dear Sister: Letters from Survivors of Sexual Violence, 2014)의 편집자이며 《캐터펄트》 외부 편집자로 활동하고 있다. 여러 선집에 참여했으며, 《럼퍼스》, 영국판 《인디펜던트》, 《리파이너리 29》(Refinery 29), 《인 더 프레이》(In The Fray), 《트루스아웃》(Truthout), 《페미니스트 와이어》(The Feminist Wire), 《인터내셔널 이그재미너》(International Examiner), 《무타》(Mutha) 그리고 《아노 바》(Ano Ba) 온라인에서 만날 수 있다.

영혼을 지우는 범죄

Crimes against the Soul

나는 치마나 드레스에 하이힐 차림을 즐기고 머리와 손톱을 손질한다. 반짝이와 메이크업을 좋아하며 둘 다 할 때가 많다. 세상에서 제일 큰 가슴을 타고나는 축복을 받지는 못했지만 내 가슴은 썩 보기 좋은 편이다. 대체로, 화장을 하고 반짝이를 바르고 드레스를 입고 등을 덮는 길고 붉은 머리를 가진 내가 눈앞에 나타났을 때, 여성임을 알아보는 것은 **그다지** 어렵지 않다. 최소한 나는 내가 온몸으로 "남자"라고 외치고 있지는 않다는 걸 안다.

그런데도 여전히 나에게 남성용 경칭을 쓰는 사람들이 있다. 또 "그(남자)"he/him라고 부르기도 한다.

오랫동안 나는 미스젠더링*을 당하는 것이 충분히 패

싱** 하지 못한 내 탓이라고 생각했다. 트랜스 공동체에 속한 우리에게는 이렇게 문제를 자기 탓으로 돌리는 나쁜 버릇이 있다. 그런데 사실을 말하자면 나는 여성이고, 그렇기에 내 외모가 곧 여성의 외모다. **모든 트랜스여성은** 여성의 외모를 하고 있다. 모두가 성공적으로 패싱하고 있다는 얘기가 아니다. 우리가 '통과'pass하느냐 아니냐는 우리가 의문을 제기할 필요가 없는 문제라는 이야기다. 우리는 여성으로 지칭되기 위해 여성적 외모에 대한 가부장제의 자의적 기준을 충족할 필요가 없다.

우리는 그럴 필요가 없다. 그런데도 우리는 그렇게 한다.

내 평생은 내가 알고 있는 여성으로서의 나 그리고 타인들이 말하는 남성으로서의 나 사이의 전쟁이었다. 트랜지션 전까지 나는 거울 속 내 모습을 알아보지 못했다. 내가 느끼는 나 자신과 거울 속에 비친 모습이 연결되지 않는, 일종의 해리를 겪었던 것이다. 나의 정신은 거울에 비친 이 모습이 나라는 사실을 받아들이지 못했다.(그건 내가 아니었으니까.) 밤마다 나는 하느님이 이 실수를 교정하고 나를 고쳐 주기를 울며 기도했다. 밤마다 거울 속에서

---

* 트랜스젠더의 성별을 의도적으로 잘못 지칭하는 것.
** 사회에서 특정 성별에 대해 기대하는 특성이나 조건에 외양, 태도 등을 맞추는 것.

나를 조롱하는 이 몸을 주신 하느님을 저주했다. 그러다가 밤마다 신은 존재하지 않는다고, 자애로운 신이라면 도저히 한 인간에게 이런 짓을 할 수 없다고 부정했다. 내 성기는 잘라 내야 할 혹이고 고쳐야 할 암이었다. 어떤 밤에는 한없이 울다가 내가 미쳤다고 생각하며 잠들기도 했다.

나는 진정한 나를 두려워하면서 나의 정체성을 아무도 모르는 비밀로 간직했지만, 결국 더는 숨길 수 없는 순간이 왔다. 내가 살면서 가장 두렵게 걸음을 내디뎠던 순간은, 나를 둘러싼 사람이 아니라, 그리고 내가 보는 내 몸이 아니라, 내 정신과 마음을 믿기로 결심한 순간이다. 나는 하마터면 영영 걸을 수 없게 될 뻔했던 심각한 교통사고를 겪은 뒤에 커밍아웃을 했다. 내가 사람들에게 있어 남성인 채로 죽는다고 생각하니 너무나 고통스러워서였다. 남성으로 단 하루라도 더 살아가느니 여성인 채로 죽는 것이 나았다.

사실, 우리 중 트랜스젠더가 **되기를 요구한** 사람은 아무도 없다. 만약 선택의 여지가 있었더라면 대부분은 트랜스젠더가 되지 않았을 것이다. 내 영혼은 이 신체를 바란 적이 없었다.

하지만 지금의 나는 이렇게 존재하며, 이런 모습으로 만들어졌다. 내가 여성으로 여겨지지 않는 신체를 가지고 태어난 것은 내 잘못이 아니다. 만약 내 영혼을 들여다볼 수 있다면, 누구도 내가 여성임을 의심하지 않을 것이다.

그러나 내가 타인에게 내 영혼의 한 조각을 드러내며 아니야, 이 몸은 잘못된 거야, 라고 말할 때, 상대에게선 잘못된 것은 내 **영혼**이라는 답이 돌아온다. 말 그대로 영혼이 으깨지는 것 같은 경험이다.

미스젠더링은 폭력이다. 상대의 동의 없이 그의 신원과 정체성에 통제를 행사하는 일이다.

미스젠더링과 성폭력의 경계는 생각보다 흐릿하다. 한번은 병원에 갔을 때 간호사가 접수하는 내내 꿋꿋이 나를 잘못된 성별로 불렀다. 그다음에는 내게 허락을 구하지 않은 채 손을 뻗어 내 가슴을 몇 번이나 찔러 보면서 신나게 웃었는데, 내 가슴이 **진짜**인지 궁금해서 그랬다고 했다.(진짜다.)

그 간호사는 미스젠더링을 통해 내 여성성을 빼앗음으로써 나를 성추행할 권한을 스스로에게 허락했다. 만약 내가 여성이 아니라면, 간호사가 내 가슴을 만짐으로써 잘못을 저지르는 일은 없었을 것이다. 미스젠더링은 내 가슴을 움켜쥐는 행위와 마찬가지로 내 여성성에 폭력을 가하는 일이다. 그 목적은 똑같다. 나를 내 자리에 집어넣기 위함이다.

미스젠더링은 가장 캄캄한 곳에서 내가 길러 내고 아끼고 유지해 온, 그리고 가장 캄캄한 곳에서 나를 길러 내고 아끼고 유지해 온 여성성을 빼앗아 짓이겨 버리는 일이다. 그 존재를 부인하는 것이다. 나아가 그것이 존재할 가치를 부정하는 것이다. 미스젠더링은 내가 식별될 수 있을 만큼 충분히 여성이 아니라고 말하는 것이다. 내가 아예 여성이 아니라고, 내가 미쳤다고, 내가 나를 아는 것보다 그들이 나를 더 잘 안다고 말하는 것이다. 이런 일이 일어나면 내 분노는 고통이 된다. 분노가 내 신체 부위는 아니지만 마치 심장을 두들겨 맞는 것처럼 내 안의 깊은 곳에서 본능적인 통증이 느껴진다. 나는 이를 악물고 숨을 몰아쉰다. 말이 느려지고 목소리는 나직하면서도 더 날카로워진다. 미스젠더링을 당했을 때의 분노는 내가 분노를 통제할 때 느끼는 기분, 내가 여성이 아니라는 말 앞에서 다정하면서도 타인에게 여성적으로 받아들여질 수 있는 모습을 유지할 때 느끼는 기분이다.

나는 온갖 곳에서 미스젠더링을 당한다. 식료품점에서도(점원들은 트랜스젠더가 무슨 수로 직업을 구하는지 설명해야 육가공품을 팔겠다고 했다), 식당에서도(내가 여자 화장실에 들어가자 지배인은 화장실 문을 말 그대로 부숴 버리려 들었다), 병원에서도.(가장 기억에 남는 사건은 어느 간호사가 "당신은 트랜스젠더가 아니에요, 그냥 드래그퀸이죠" 했던 것.)

다른 변호사들에게서 미스젠더링을 당하기도 한다. 내가 처음 커밍아웃을 했을 때 ARDC(일리노이주 변호사 등록 및 징계 위원회) 사람들이 트랜지션은 대중을 "기만하는" 일이기 때문에 해서는 안 된다고 했다. 그다음에는 내가 법정에서 몇 달이나 데드네임*을 사용하도록 강제했다. 드레스와 하이힐과 메이크업을 갖춘 모습으로 법정에 서더라도 변론과 소송에서 데드네임을 사용해야 했다. 규정을 바꾸려고 청원을 넣자 ARDC 측은 어느 주에서도 트랜스젠더 변호사가 자신이 선택한 이름을, 심지어 법적으로 변경한 이름이라도 사용하도록 허용한 사례가 없기에 일리노이주에서도 허용할 수 없다는 간단한 답신을 보내 왔다.(어떻든 그 말은 사실이 아니다.)

결국 나는 제정신으로 살아가기 위해 내 법적인 이름이자 여성 이름, 즉 내 진짜 이름을 쓰겠다는 결단을 내렸다. 이후로 어떤 변호사들은 여성대명사나 내 법적 이름으로 나를 호명하는 일이 ARDC의 결정을 위반하는 일이라며 나와 대화하기를 거부했다.

내가 커밍아웃 했을 때 내 상사는 나를 여성she/her으로 부르기를 거부했다. 그는 법정의 내 의뢰인 앞에서도 나를 남성he/his/him으로 지칭했으며, 내 말을 가로막고 다른 이들에게도 똑같이 하라고 지시했다. 나를 여성대명사로 지칭해 달라는, 몇 번째인지도 모르는 요청을 했을 때 그는 이렇게 말했다. "자네 기분까지 보살펴 주기에는 난 바쁜 사람이야." 내가 항의하자 그는 이렇게 대답했다. "트랜스젠더가 되기 전에 나한테 상의하지도 않았는데, 내가 왜 자

---

*   트랜스젠더의 개명 전 이름.

네 트랜스젠더 문제를 해결해야 하지?" 그 주가 지나기 전 그는 나를 해고하며 이렇게 말했다. "나에게 쌍년처럼 굴고 싶어서 성전환을 한 거구만?"

쌍년이라는 그 말이 그가 나를 부르는 말 중에서 가장 여성에 가까운 지칭이었다.

트랜스젠더 변호사를 고용하려 들지 않는 로펌들이 많았기에 나는 힘들게 새 직장을 찾았다. 변호를 맡은 어느 사건에서 판사가 내게 여성대명사를 사용하길 거부했다. 나는 그의 말을 한 번, 두 번, 세 번 고쳐 주었다. 네 번째 고쳤을 때 판사는 나를 내려다보더니 이렇게 말했다. "법복을 입은 것은 나이니 내가 원하는 대로 부르겠네." 이 짧은 대화 속에서 판사는 내 정체성 그 자체를 부인했을 뿐 아니라 내가 더 이상 어떤 행동도 하지 못하도록 금지했다. 판사에게 잘 보이지 않으면 소송 전문 변호사가 될 수 없었다. 나는 잔혹 행위를, 폭력을 당한 기분이 들었고, 판사의 재미를 위해 무대 위에 올라간 기분이 들었다. 인간 이하의 존재가 된 것만 같았다.

마음 같아서는 나 역시도 폭언을 쏟아 내서 판사에게 내가 받은 상처를 되돌려 주고 싶었지만, 그렇게 생각하는 나 자신에게도 화가 났기 때문에 상황은 더 나빠졌다. 죄책감이 들었다. 나는 화가 났는데, 여성은 화를 내서는 안 되고, 그럼에도 나는 화가 났기 때문이었다. 무방비하고 취약한 기분이 들었고, 자신의 감정을 통제하지 못한다는 게 나라는 개인의 흠결처럼 느껴졌다. 그다음에는 분노가 물러가고 모욕감이 그 자리를 차지했다. 막 눈물이 쏟아지려는 것을 들키지 않으려 애쓰면서 아무 말 없이 서 있을 때조차 나는 판사에게 맞서면 내 경력이 여기서 끝날지도 모른다는 것을 생각해야 했다. 판사는 내 존엄성을 지키는 것과 내 가족을 부양하는 것 사이에서 선택을 강요했다. 분노가 가장 힘들어지는 것은 분출할 곳이 없을 때다. 트랜스여성들이 너무나 자주 겪는 일이다. 특히 분노를 삼켜내는 것에 생계가 달려 있다면 말이다.

변호사 일을 그만두어야겠다는 생각을 한두 번 한 게 아니다. 그러나 이제 막 고등학교에 입학한, 변호사라는 꿈을 가진 트랜스청소년이 내게 그만두지 말아 달라고 말했다. "저도 변호사가 될 수 있는지 알고 싶어요." 그들은 이렇게 말했다. "당신이 그만둔다면, 제가 최초가 된다는 부담을 떠안아야 할 텐데, 그건 도저히 못 할 것 같아요." 그래서 나는 다음 세대를 대신해서 타격을 온몸으로 받아낸다.

말이 돌기 시작하면서 변호사들은 자신들이 내 젠더를 무기로 쓸 수 있다는 사실을 알게 되었다. 그리고 그들은 그렇게 했다. 어느 변호사는 변론 과정에서 나를 "그것,"that "이것"it이라고 지칭했다. 또 다른 변호사는 종교적인 이유를 들어 나와 대화하길 거부했으며 판사에게 내

의뢰인이 다른 변호사를 고용하도록 명령해 달라고 요청했다. 또 다른 변호사는 사회 통념에 따라 자신이 나를 미스젠더링 하는 것을 양해하라라며 이렇게 말했다. "내가 지난 60년간 배운 도덕을 없었던 일로 하는 것보다는 자네가 그냥 남자로 불리는 걸 받아들이는 게 쉽잖아." 한 변호사는 나에게 자신이 트랜스젠더를 싫어하기 때문에 내가 이 사건에 참여하는 것이 자신에게 불공평하다며, 내가 디트랜지션*을 하지 않는 한 나와 이 사건을 논의하지도, 내게 직업적인 예의를 갖추지도 않겠다는 이메일을 보냈다. "남자 아니면 여자, 둘 중 하나여야지. 철 좀 들고 진짜 세상을 보라고."

이런 사람들은 내 판단보다 자신의 판단을 우선하며 내가 내 신체를 통제해서는 안 된다고 말한다. 아니면 나보다 내 정체성을 잘 알고 있다고 주장한다. 그러다가 결국 "넌 그냥 동성애자 남성이잖아"라는 주장이 등장한다. 글쎄, 아니. 난 레즈비언이고, 오로지 여성에게만 끌린다.(무엇보다도 내 아름다운 아내에게 말이다.) 그러면 또 이런 주장이 등장한다. "넌 레즈비언이 아니야, 페니스가 있잖아." 다들 다른 사람의 생식기를 검사하고 다니는 건지, 내가 어떤 생식기를 가지고 있는지 도대체 무슨 수로 알고 있나 하는 생각이 든다. 이 두 가지 주장은 보통 같은 사람

---

* 　트랜지션 이전의 신체로 되돌리는 수술적 조치.

이 하는 것으로, 나를 대신해 자기들이 내 성별 정체성 그리고 섹슈얼리티를 결정해 주겠다는 뜻이다. 정말 오지랖도 넓으셔라. 그런데 솔직히 필요 없다.

그 뒤에 등장하는 것은 내가 겪는 성차별이 시스여성에게 공정치 않다는 주장이다. 나 역시 다른 여성들처럼 성차별을 경험한다. 사람들은 "자기야, 예쁜아, 애기야" 같은 말로 나를 부른다. 나는 몸매가 꽤 괜찮은 편이며 다리도 근사하고 머리카락은 줄리언 무어 같다. 그래서 사람들이 부적절한 상황에서 내게 수작을 걸어오는 경우도 있다. 하나도 기쁘지 않지만 피할 수 없는 현실이기에 나도 나름의 대응을 한다.

얼마 전 한 남성이 일하고 있는 내게 수작을 걸며 "자기야"라고 부르는 장면을 어떤 여성이 보았다. 그 여성은 나에게 다가오더니 이렇게 말했다. "당신이 성차별을 이런 식으로 경험한다는 사실이 부당하게 느껴져. 나한테 일어난다면 이해가 되지만, 사람들이 어째서 당신이 여성이 아니라는 걸 모르는 거지? 도대체 뭣 하러 당신한테 수작을 거는 거야? 당신은 생리도 안 하잖아!"

즉 그 여성은 어느 남성이 나를 매력적이라고 생각했다는 사실에 기분이 상했던 것이다. 내가 남성에게 매력적으로 보일 정도로 충분히 여성이 아니기 때문에 화가 난 것이다.

여성성이란 재생산 능력에 바탕을 두는 것이므로 트

랜스여성은 여성이 될 수 없다는 것이 트랜스혐오자들의 믿음이다. 내게 가장 깊은 상처를 주는 것이 이런 주장이다. 생리를 할 수 있다면 나는 무엇이든 포기할 수 있을 것 같다. 시각도, 청각도, 팔도, 걸을 수 있는 능력도 말이다. 나는 서른이 다 되어 가는 여성인데, 임신할 수 없다. 아이를 낳을 수 없다. 그 아픔을 상기시켜 주어서 정말 고맙다. 그렇다면 그 사람들은 불임 여성에게도 당신은 남성이라고 말하는지 궁금하다.

나를 여성으로 만드는 것은 느낌이나 기분, 호기심이 아니다. 내가 어떤 사람이고, 처음부터 어떤 사람이었는가가 나를 여성으로 만든다. 내가 갖고 태어난 신체는 선천적 결점 그 이상도 이하도 아니다. 어떤 사람은 구개열을 가지고 태어난다. 어떤 사람들은 샴쌍둥이로 태어난다. 나는 잘못된 부위가 달린 신체로 태어났다. 세상에는 그런 일도 일어난다. 자연은 완벽하지 않기 때문이다.

그러나 이런 선천적 결점을 가지고 태어난 사람 중 **유일하게** 망상에 빠졌다는 말을 들어야 하는 이들은 트랜스젠더로 태어난 사람들뿐이다. 선천적인 구개열 환자더러 의사가 당신은 그렇게 태어났으니 그 모습 그대로 **살아야 한다**고 말한다면 면허를 박탈당할 텐데 말이다.

미스젠더링은 폭력 행위다. 삭제 행위이기도 하다. 정체성을, 현존을, 존재를 삭제하는 행위다. 내가 남성이라고 말하는 것은 내가 존재하지 않는다고 말하는 것과 같다. 나는 남성이 아니며 앞으로도 아닐 것이기 때문이다. 그렇기에 미스젠더링을 당했을 때의 분노는 그저 정당한 분개에 그치지 않는다. 그 분노는 내 존재 자체를 부정하는 이를 향해 활활 타오르는 미움이다.

세릴 링(Sheryl Ring)은 소비자 권리 변호사로 시카고 대도시권 지역의 비영리 법률지원단체인인 오픈 커뮤니티스(Open Communities)의 법률국장이다. 팬그래프닷컴(FanGraphs)에 야구의 법률적 측면에 대한 글을 정기적으로 기고하고 있으며, 《시카고》와 『베이스볼 프로스펙터스 2019』(Baseball Prospectus 2019) 연감에서 그의 글을 더 볼 수 있다.

살얼음판 위에서 자란
여성들에게

For Women Who Grew Up on Eggshells

둘째 언니의 결혼식 전날 밤 아빠한테서 문자 메시지가 왔다. 나랑 대화하고 싶다고 했다. "내일 어색하면 안 되니까." 아빠는 내게 1년하고도 2개월 동안 말을 걸지 않았다. 그사이 나는 직장을 그만두고 콜로라도주 덴버를 떠나 캘리포니아주 리버사이드의 대학원으로 떠났다. 엄마가 백혈병에 걸렸다는 사실을 알게 되었다. 삼십대가 되었다. 그중 어떤 이유로도 아빠는 내게 한 번도 전화를 걸지도, 문자 메시지를 보내지도, 사과나 축하나 위로의 메시지를 비둘기의 자그마한 발목에 매달아 날려 보내지도 않았다.

그래서 나는 다른 사람과 대화했다. 대학원생은 1년에 5회, 교내 정신건강 클리닉에서 무료로 상담받을 수 있었다. 상담을 받는 것은 처음이었다. 5월에 언니가 전화를 걸어 갑자기 통보하듯 다음 달 자기 결혼식에 와 줄 수 있느냐고 물었을 때, 그 말이 나에게 아빠와 같은 공간에 서서 미소를 지어 달라는 부탁이기도 하다는 사실을 알았다. 서른 명이 참석하는 소규모 결혼식을 위해 켄터키주 루이빌로 돌아가 아버지를 대면하지 않을 방법이 없어 보였다. 그리고 나는 분노를 이곳에 두고 몸만 다른 도시로 날아가는 법을 몰랐다.

대학 내에는 흑인 여성 심리치료사가 없었기에 나는 시간이 맞는 아무 심리치료사와 면담 약속을 잡았다. 심리치료사는 아빠와 엇비슷한 오십대의 백인 남성으로 보였다. 대학 비품으로 꾸려진 상담실만큼이나 그의 생김새 역시 특색이 없었다. 빛바랜 청록색 소파, 회색이 되어 버린 벽, 상자 모양의 책상, 형광등. 조명이 부드럽고 더 따뜻한 색감의 인테리어였으면 좋았겠지만, 공짜 정신건강 클리닉의 미감이란 이런 형편이었다. 왜 왔느냐는 심리치료사의 질문에 나는 이렇게 말했다. "지금 미친 게 아니라면, 루이빌에 다녀온 뒤에 미쳐 버릴 것 같아서요."

나는 아빠 이야기를 하고 싶었는데, 심리치료사는 자꾸 엄마 이야기를 물었다. **아빠가 나에게 말을 걸지 않아요. 아빠는 잔인할 때가 있어요. 아빠는 걸핏하면 화를 내요.** 그런데 어머니는 어떤 분이시지요? **엄마요? 엄마는 암 환자인데요.**

어린 시절 엄마는 딸들에게 아빠의 기분을 날씨처럼

읽고 종잡을 수 없는 바람의 방향을 구별하는 법을 알려 주었다. 활화산 밑에서 어린 시절을 버텨 내는 법, 아빠의 분노라는 갑작스러운 홍수로부터 살아남는 법을 말이다. 아빠는 고함을 지르고, 혼내고, 위협했다. 우리가 말을 채 끝맺기도 전에 낚아채고 비틀어서 우리에게 겨누었다. 집에서도 그랬다. 학교에서도 그랬다. 예고는 없었다. 일기 예보에서 우산을 준비하라는 말도 안 한 날에 폭우가 쏟아지는 것과 같았다. 머릿속에 아빠 생각이 너무 크게 자리 잡고 있어서 내 자리는 거의 없었다. 아빠에게 대들어 볼까, 나도 목소리를 높여 볼까, 아빠가 정말 어디까지 할 수 있는지 알아내 볼까 하는 생각은 단 한 번도 한 적이 없었다. 내가 아는 것이라고는 엄마가 알려 준 것, 날씨는 사람이 어떻게 할 수 없다는 것이 전부였다.

우리는 안전한 해변으로부터 얼마나 멀리 휩쓸려 왔는지도 모른 채 아빠의 분노라는 파도를 탔다. 저녁 식사가 끝나고 일어날 때 의자를 집어넣지 않는다면, 방에서 나갈 때 불을 끄지 않는다면, 조리대 위에 달걀노른자 얼룩이 조금이라도 남아 있다면 그건 전부 아빠를 무시한다는 증거가 되었다. 상냥한 표정과 말과 행동도 아빠는 다른 의미로 받아들이고 분노의 소용돌이를 내뿜곤 했다.

하지만 항상 날씨가 똑같은 것은 아니었다. 아빠는 우리의 숙제를 도와주기도 했다. 나에게 참을성 있게 대수를 설명해 주면서 긴 시간을 들여 미지수를 풀어 주기도 했다. 내가 열여섯 살이 되자 중고차를 사 주었고 내가 사고를 내서 그 차를 폐차해야 할 지경으로 망가뜨려 버렸을 땐 사고 현장에 도착해서 망가진 차에는 눈길도 주지 않고 "너만 괜찮으면 된다" 하고는 몇 달 뒤 새 차로 바꿔 주었다. 체리처럼 붉은 제타였다. 나는 칠삭둥이로 태어났는데 아빠는 내가 한 손바닥에 올라갈 만큼 작았다는 이야기를 여러 번 해 주었다. 아빠는 여덟 살에 할아버지를 여읜 뒤 내가 태어나기 전까지 밤마다 할아버지 꿈을 꾸었다고 했다. 내가 태어나 모든 것이 변했고 아빠에게는 내가 전부라고 했다.

보통 때의 우리 사이는 그랬다. 우리를 사랑하고, 먹여 주고, 입혀 주는 아빠, 우리가 부족한 것 없이 지내게 해 주겠다고 말하는 아빠. 하지만 우리가 이해받길 갈구하게 만들었던 아빠. 엄마는 아빠가 피곤할 때는 아무 부탁도 하면 안 된다고 했다. 화가 났을 땐 말이 안 통하니 한풀 꺾일 때까지 가만히 두라고 말이다. 그 몇 시간 뒤에 나는 편지를 써서 아빠의 방문 밑으로 밀어 넣었다. 종이 위는 내가 솔직하고 자유로울 수 있는 유일한 공간이었다. 때로 아빠는 방에서 나와 아무 일도 없었던 것처럼 굴기도 했다. 사과를 받은 적은 없었고, 어떤 때는 아빠의 행동과는 아무 관련이 없어 보이는 선물을 받을 때도 있었다. 내가 그런 식의 상호작용에 대해 어떤 감정을 느꼈는지는 중요하지 않았다. 나는 아이였으니까. 그리고 나는 자라서 내가 밟고 서 있던 살얼음판의 감각을 결코 잊지 않는 여자가 되었다.

나는 남자와 사귈 때도 엄마가 가르쳐 준 미묘한 춤을 췄다. 그들의 감정을 날씨처럼 견뎌 냈고, 그들의 말 속에 담겨 있을 다른 뜻을 찾아 샅샅이 뒤졌고, 있지도 않은 손금의 끝을 찾아 손바닥을 샅샅이 들여다보는 것처럼 그들의 표정을 읽었다.

덴버에 살 때 나는 아래층 남자와 데이트를 했다. 데이트는 하지만 사귀는 사이는 아니라고 그는 우겼다. 그가 먼저 원해서 엿새 연속으로 밤을 함께 보내고도 우리가 사귀는 사이나 다름없다고 말하면, 그는 구태여 다음 날 밤엔 나를 찾지 않았다. 술에 취하면 그는 나에게 자기 아이를 가져 달라고 애원했다. 하지만 날이 밝아 술이 깨면 그 바보 같은 부탁을 내가 진지하게 받아들였다는 데 경악했다. 그 관계를 몇 달이나 끌고 갔던 이유는 로맨틱한 저녁 식사 때문, 소파에서 느긋하게 보내는 밤 시간 때문, 그 모든 헛소리 이면에 숨겨진 나를 향한 감정은 진짜라고 믿었기 때문이었다. 남자들과의 관계에 있어 내가 아는 것은 참는 대가로 받는 보상, 그리고 어떤 상황이든 스스로를 유예하는 법이었다. 아빠와의 관계에서 그랬듯, 나는 남자들을 내 삶에서 잃지 않기 위해 내가 누구인가, 내가 무엇을 좋아하고 싫어하는가에 대한 생각들을 미뤄 두었다.

그러나 서른이 가까워지면서 나는 내가 자라난 방식에 의문을 제기하기 시작했다. 내 감정을 기록하고 나만의 날씨 패턴을 알려고 노력했다. 그러다가 당시에 내가 만나던, 나에게 고통을 선사하던 남자가 우리 아파트 단지 근처에 있는 술집에서 다른 여자에게 수작 거는 장면을 보았을 때, 나는 그에게 다가가 차분하게 그의 팔죽지를 톡톡 쳤다. 그는 여자에게서 나에게로 주의를 돌리더니 경멸스럽다는 표정으로 나를 한참 쳐다보았다. 바로 그 순간, 나는 지금이 분노를 쏟아부을 때임을 알았다. 바로 이 순간이 영화 속에서는 마시던 술을 그의 얼굴에 붓고 여자에게 조심하라며 "이 남자 완전 쓰레기예요!" 하고 고함을 지르는 부분이라는 것을 알았다.

하지만 나는 그런 행동을 할 준비가 되어 있지 않았다. 그저 그 남자를 더 이상 만나지 않았을 뿐이다. 나는 내 감정이 나를 이끌도록 놓아두는 동시에 감정을 억눌러야만 만날 수 있는 연애는 불가능하다는 걸 확실히 알게 되었다.

그런데, 아빠는 어떤가? 수십 년이나 분노로 내 입을 다물게 만든 아빠와의 관계를 지속하면서 내가 만나는 남자들에게 더 많은 것을 요구하는 게 가능할까? 아빠에게도 더 많은 걸 요구할 수 있을까?

어린 시절 아빠는 우리를 그랜드캐니언에 데려갈 생

각으로 잔뜩 기대에 부풀어 있었다. 아빠에게 그랜드캐니언이란 부모 노릇의 절정과 같은 일이었지만 자식인 우리는 그곳에 가고 싶은 마음이 전혀 없었다. 토라진 아빠는 결국 그 소망을 포기했다. "내가 너만 할 때는 누가 **나를** 그랜드캐니언에 데려가 주는 게 소원이었다."

그래서 업무에 관련된 장거리 자동차 여행 일정 중에 그 경이로운 불가사의 근처로 갈 일이 생겼을 때, 나는 켄터키에 있는 아빠를 여정에 초대했다. 마침내 그랜드캐니언에 도착했을 때 아빠는 주차장에 있겠다고 우겼다. 오는 길에 이미 우리는 아빠와 아이가 아닌 두 명의 성인이라는 새로운 리듬을 찾지 못하고 여러 번 말싸움 직전까지 갔던 참이었다. "진심이에요? 벌써 다 왔다고요." 내가 물었지만, 아빠는 혼자 팔짱을 낀 채 내 시선을 외면했다.

어린 시절의 나였다면 앞으로 닥칠 일에 대한 걱정에 사로잡혀 여행을 그대로 끝내 버렸을 것이다. 하지만 지금의 나는 어른인 나, 10년 넘게 아빠 집을 떠나 있는 나였다. 경제적으로 독립한 나였다. 아빠의 한 손바닥에 올라가던, 차를 압수하겠다는 말에 겁을 먹던, 아빠의 부글부글 끓는 분노 앞에서 작아지던 내가 아니었다. 지금의 나는 아빠가 무슨 글을 쓰느냐고 물어도 대답을 거부하는 나, 아빠의 연애사에는 아무 관심 없다고 확실히 말하는 나, 원치 않는 주제의 대화는 망설이지 않고 거부하는 나였다. 나는 나의 감정에게 내 발밑의 살얼음 따위 부숴 버릴 무게를 허락했던 것이다.

그래서 나는 아빠를 두고 나섰다. 발아래 펼쳐진 불
가사의한 협곡을 배경으로 혼자서 셀피도 찍었다. 파란 하
늘에 뜬 커다란 구름 하나가 부드러운 회색 그림자를 드리
우고 있는 것 외에는 날씨도 맑았다. 뻔한 은유다.

그날 밤 호텔에서 아빠는 나와 말다툼을 시작했다.
전날 아침 식사 시간에 물었던 내 글에 대한 질문을 또 했
다. 내가 아빠 이야기를 쓰는지 알고 싶어 했다. 진실은?
전혀 쓰지 않았다. 내가 누구인가에 관한 이야기 속에서
내 연애 상대인 남자들 옆에 등장시킬 정도로 아빠가 큰
역할을 한다는 생각은 애초 해 본 적도 없었다. "아빠 얘긴
안 써요. 전 섹스에 대한 글을 쓴다고요!" 내가 소리쳤다.

"아." 아빠가 말했다. "괜찮다. 나는 개방적인 사람이
니까."

"그게 **저랑** 무슨 상관인데요?" 알고 싶었다. 그 질문
의 답은 저절로 알 수 있었다. 아빠는 아빠가 나오지도 않
는 나의 언어로 이루어진 세계에서조차도 자신의 감정이
내 감정보다 우선해야 한다고 생각했다. 내가 아빠에게 내
글을 보여 주지 않은 것은 숨기고 싶은 게 있어서가 아니
라 내가 가장 소중하게 여기는 걸 아빠로부터 지키고 싶어
서였다.

다음 날 아침 아빠는 내가 잠에서 깨기도 전에 짐을
싸서 떠나 버렸다. 아빠는 전화로 나에게 다시는 전화하지

말라고 분명히 말했다. "다시는 너와 말 섞고 싶지 않다."
아빠가 내게 그런 말을 뱉은 게 처음이었다면 나는 부서진
살얼음판 아래에서 허우적대며 후회에 젖었을 것이다. 아
빠가 내 협곡에 그림자를 드리우는 먹구름이 되도록 했을
것이다. 하지만 그때가 처음은 아니었다. 지금까지 중 아
빠의 결심이 가장 오래갔을 뿐이다.

예식장에서 나는 엄마와 말싸움을 했는데, 엄마 말고
는 딱히 누구도 신경 쓰지 않을 가벼운 말싸움이었다. 아
빠와는 미소조차 주고받지 않았지만, 다음 날 점심을 같이
먹자는 말에는 알았다고 했다. 아빠의 차에 오르자 아빠는
안부를 물었다.

"화가 나 있죠." 내가 말했다.

"뭐? 어째서?" 아빠는 진심으로 당황한 표정이었다.

"이유도 없이 1년 넘게 저랑 말도 안 섞으셨으니까요."

"글쎄다, 과거에 매달리고 싶지는 않구나. 앞으로 나
아가는 게 중요하지."

"저를 그런 식으로 취급하시면 안 돼요."

"누구라도 그런 식으로 취급하면 안 되지."

꼭 녹음된 한 소절만 되풀이하는 장난감과 차를 탄
것 같았다. 장난감보다도 훨씬 재미없었지만. 나는 아빠가
자신이 어떤 행동을 했는지를, 나에게 어떤 상처를 주었는
지를 인정하길 바랐다. 우리는 자꾸 그런 말만 반복하다가

점심 식사 장소에 도착해서는 시시껄렁한 대화를 주고받으며 점심을 먹었다. 그보다 더 시시껄렁한 지중해 요리점 체인에서 말이다.

결혼식이 끝나고 리버사이드로 돌아온 나는 마지막 회차 상담을 하러 심리치료사를 찾았다. 결국 결혼식에서 싸운 상대가 아빠가 아니라 엄마였다는 이야기를 할 때 심리치료사는 헛웃음을 터뜨리지 않았지만 차라리 웃는 게 나았을 것이다.

"어떻게 해야 부모님과 더 잘 지낼 수 있을까요?" 내가 물었다. 나는 부모와 절친한 친구처럼 지내는 유형의 딸은 확실히 아니었지만, 그래도 부모와 같은 공간에 있다는 것만으로도 감정 조절이 어려워진다는 단점 정도는 고칠 수 있을 거라고 생각했다.

"이런 말은 별로 하고 싶지 않지만," 하고 말을 꺼내면서도 심리치료사는 할 말은 했다. "당신은 잘못한 게 없어요."

심리치료사는 자기 아버지 이야기를 했다. 식사할 때는 자리에 앉으라는 악의 없는 말조차도 신경을 긁었다고 했다. "아버지가 잔소리를 할 테고, 그러면 내가 짜증이 날 거라는 걸 알고, 잔소리를 듣기 전에 자리에 앉기만 하면 그런 일을 애초에 피할 수 있다는 것도 알지만, 그렇게 해야 한다는 생각만으로도 화가 났지요." 어쩌면 부모와 자식이란 다 그런 건지도 모르겠다.

이듬해 나는 고향인 루이빌로 돌아와 살게 되었다. 아빠와 나의 관계는 끊어졌다가 이어졌다가 했다. 내 생일날 아빠는 내게 저녁을 사 주었는데, 나는 작고 비좁아 터진 식당에 앉아 음식을 앞에 놓고 아빠와의 망가진 사이를 이야기하다 눈물을 줄줄 흘렸다.

"다른 사람들이 불편해하잖아." 다른 테이블에 앉아 있던 손님들이 우리 쪽을 흘낏 보다가 다시 일행들에게로 눈길을 돌리는 모습을 보며 아빠가 말했다.

"다른 사람 기분에 신경 쓰지 말고 제 기분에 신경 쓰시라고요." 나는 그렇게 말한 뒤 종업원이 우리가 일어날 수 있게 눈치껏 계산서를 가져올 때까지 계속 울었다.

식당을 나온 뒤 우리는 어째서 다툼이 있거나 불편한 대화를 하고 난 다음엔 아빠가 몇 달간 나를 당신 인생에서 쫓아내 버리는지에 대해서 이야기했다. 그날 밤 나는 대화에는 한계가 있다는 것을 깨닫고 마치 땅 위를 질주하다가 바다에 닿아야 식는 용암처럼 아빠를 향해 성난 말들을 쏟아부었다. 그런데도 성에 차지 않았다. 나는 지난 세월 내내 아빠가 나를 대했던 방식에 대해 거듭 분노하고 또 분노했다. 아빠는 자꾸만 그래도 자신은 항상 내 곁에 있었다는 말만 반복했다. 아빠 생각에는 잘한 일이 잘못한 일보다 많았지만, 내 생각에는 그래도 잘못한 일에 대해 아빠가 뉘우칠 필요가 있었다. 이제는 내가 활화산이고 아빠는 늘 틀린 말만 하는 사람이 된 것이다.

식당 바깥에 앉아 있자니, 내 옷 속으로 스미는 철제 의자의 차디찬 감촉이 마치 서서히 내 안에 둥지를 트는 진실의 감각처럼 느껴졌다. 나는 아빠가 지금보다 나아지는 일은 없으리란 걸 깨달았다. 내가 태어났을 때의 이야기를, 나를 손바닥에 올려 두는 순간 자신이 변했다는 말을 아빠가 수없이 했기에, 나는 내가 아빠를 바꿀 수 있는 사람이라고 꿋꿋이 믿어 왔던 것이다.

나는 여태 아빠가 내 삶에 계속 존재해도 되는가에 관한 답을 찾아 헤맸는데, 사실 진짜 물어야 할 질문은 오로지 예전의, 그리고 지금의 아빠를 질책하고자 하는 목적 하나만으로 내가 아빠의 삶 속에 계속 존재해도 될까였다. 아빠와 나를 위해 이제 아빠의 좋은 점과 나쁜 점 모두를 받아들일지, 아니면 아빠를 버리고 앞으로 나갈지 선택해야 했다.

그날 밤 나는 어떤 사람이 다른 사람을 해치려고 적극적으로 노력하는 것과 어떤 사람의 단점들이 모여서 다른 사람에게 해로운 특정한 조합이 되는 것은 다르다는 것을 깨닫기 시작했다. 예측할 수 없고 피할 수도 없는 지진이 일어나 내가 만든 모든 것이 파괴되는 것과 사이렌이 경고 신호를 울리고 있을 때 토네이도가 불어닥칠 곳에 제 발로 걸어 들어가는 것의 차이였다. 내 말은, 어린 시절에는 없던 선택권이 내게 생겼다는 것, 나 역시 우리 관계에서 힘이 있다는 것이다.

나는 평생 동안 남자들에게 관계의 주도권을 넘겨주고 그들이 조건을 걸도록 했다. 내가 원하는, 심지어 필요로 하는 사람이 될 수 없다면, 아빠는 여전히 내 사랑을 받을 자격이 있을지는 몰라도 그 사랑이 어떤 모습일지 결정하는 사람은 내가 되어야 했다.

　　아빠는 더 나아지려고 노력하고 있다. 어쩌면 그랜드 캐니언에 갔던 뒤로 나와 말을 섞지 않았던 기간 동안, 나는 아빠의 사랑이 없는 세상에서 살아갈 수 있지만 아빠는 내 사랑이 없는 세상을 견딜 수 없다는 걸 아빠가 알게 된 건지도 모르겠다.

　　이제 아빠는 점심 약속을 잡고 제시간에 도착한다. 30도가 넘는 날씨에 내 집 마당의 잡초를 뽑아 주고 창문에 벌레 퇴치제를 뿌려 준다. 예전보다 사과를 잘 하고, 선을 넘었을 때는 재빨리 물러난다.

　　얼마 전 아빠가 전화를 했다. "날씨가 좀 서늘해지면 일주일에 두 번 다리 위로 산책하자꾸나." 아빠는 잠시 말을 멈추었다가 이렇게 말했다. "좋은 아빠가 되려고 노력하고 있다."

　　"저 서른셋이에요." 내가 대답했다. 아빠를 있는 그대로 받아들인다는 것은 아빠가 당신이 될 수 있다고 믿는, 되어야 한다고 믿는 이상적인 존재라는 환상을 함께 좇지 않는다는 것이다. 아빠가 우리의 관계에다 실어 놓은 충족할 수 없는 기대의 무더기 위에 올라타 있다가 아빠의 무릎이 휘청거리는 바람에 어쩔 수 없이 나를 내려놓았다고 화내지 않을 것이다. 나는 아빠가 제시하는 새로운 조건을 받아들이지 않았다.

나는 아빠에게 아무 약속도 할 수 없다고 했다. 책임을 떠안고 싶지 않다고 했다. 아빠는 이번이 기회라고 생각하라고, 생각이라도 해 보라고 했다. 점점 인내심이 바닥나는 게 느껴졌다. 어째서 아빠는 자꾸만 큰 꿈을 꾸다가 나를 실망시킨 다음 내게서 사라지기를 반복하는 걸까? 나는 우리가 모든 질문에 대답을 찾은 안정적이고 변함없는 관계에 이르면 좋겠다. 각자의 삶에서 서로가 차지하는 역할을 협상하는 데 진력났다. 아빠가 또다시 그 굴레 속으로 나를 끌고 들어가려 할 때마다 과거에 느꼈던 모든 감정에 다시 불이 붙는다. 그리고 어린 시절 내가 느꼈던 막막한 심정을 눌러 버릴 수 있는 감정은 분노뿐이다.

그날의 대화 이후 아빠는 내게 다시 전화하지 않았다. 이번에는 내가 전화할 차례라는 건 알았지만, 어떤 말을 해야 할지 아직 찾지 못해서 몇 주를 흘려보냈다. 협곡과 다리 사이에 나와 나의 분노가 놓여 있다.

아빠는 나이가 들면서 한풀 꺾였다. 나를 대하는 태도도 달라졌다. 하지만 나는. 여전히. 화가 나 있다. 그리고 이 분노를 어디다 두어야 할지 모르겠다. 아빠에게 화를 내면 기분이 좋지 않고, 내가 감당하는 건 공정치 않게 느껴진다. 그리고 이 분노가 내 탓이 아니라면 어째서 그 무게에 짓눌리는 것은 나일까? 분노는 왜 그냥 사라져 버리지 않는 걸까? 그리고 이제 이 분노에, 아빠가 완전무결한 모범적인 아버지 그리고 내가 눈에 넣어도 아프지 않은 딸 역할로 등장하는, 옛일을 무마하려고 꾸며 낸 연극에 흠뻑 빠지도록 내버려 두지 못했다는 죄책감이 가세한다. 우리 둘 다 자신이 아닌 모습을 꾸며 내지 않은 채로 평화롭게 지낼 수 있는 방법을 알고 싶다. 분노는 영원히 갈지 몰라도 아빠는 영영 사는 게 아닐 테니까.

민다 허니(Minda Honey)는 《롱리즈》(Longreads), 《바이스》(Vice), 《옥스퍼드 아메리칸》, 《워싱턴포스트》, 《가디언》, 《플레이보이》를 비롯한 주요 지면에 글을 실었다. 지금은 남부 캘리포니아에서 '개자식들에 관한 모음집'(An Anthology Of Assholes)이라는 가제로 흑인 여성의 연애 경험을 다룬 회고록을 쓰고 있다.

불태워라

이제 두려움을 위한
자리는 없다

No More Room for Fear

"엄마, 질문이 있어요." 열 살 난 내 아들이 말했다. 난 열 살짜리가 좋다. 우리가 나누는 세상에 대한 이야기가 좋다. 물론 솔직히 말하면 지금 난 세상을 받아들이기가 힘들지만 말이다. 세상을 설명하는 건 둘째 치고 받아들이기조차 힘겨워서, 내 아들이 발코니에서 뛰어내리면 왜 안 되는지보다 더 어려운 건 묻지 않던 세 살 때로 돌아가 주었으면 싶은 생각이 나도 모르게 든다. 우리 집은 로런스 가에 있는 건물 3층이었는데, 발코니에 있는 미닫이 유리문은 내가 은행 금고처럼 꽁꽁 잠가 두었다. 어린 아들은 양 손바닥으로 유리문을 밀며 이렇게 외쳤다. **엄마, 나갈래요.** 그럼 나는 이렇게 대답했다. **꿈도 꾸지 마.** 그러면 아들이 대꾸했다. **하지만 난 날 수 있는걸요.** 나는 아들의 눈높이에 맞추어 쪼그려 앉은 채로 이렇게 말해 주었다. **발코니에서 뛰어내리는 건 네 몸에게 친절한 일이 아니야. 그런데 아가, 우린 친절해야 한단다.**

그게 그렇게 단순한 일이긴 했을까? **친절해야 한단다.**

"엄마." 아이가 다시 불렀다. 아이는 뒷좌석에 앉아 있었다. 이런 대화들은 이상하게도 항상 아침 등굣길에 오가기 때문에, 러시아워의 시카고를 뚫고 움직이면서 **오줌 테이프*가 뭐예요? 반역 행위가 뭐예요? 하비 와인스타인**이 누구예요? 푸에르토리코에서, 플린트에서, 라스베이거스에서 무슨 일이 있었는데요?*** 가자 지구가 어디예요? 범프스톡****이 뭐예요? 라 콴 맥도널드*****가 누구예요?** 같은 질문에 아이의 나이에 맞는 대답을 해 주기는 쉽지 않다. 그 **사람한테 총을 몇 발이나**

---

*   트럼프의 성추문 스캔들 증거 중 하나로 2013년 모스크바 리츠칼튼 호텔에서 찍힌 영상.

**   할리우드 영화 제작자로 30년간 저지른 성추행 전력이 밝혀지면서 여배우들의 미투 운동을 촉발시켰다.

***   2017년 허리케인 마리아가 푸에르토리코를 강타해 4,600여 명의 희생자를 낳았다. 2014년 미시간주 플린트에서 재정난으로 상수도원을 교체한 뒤 10만 명 이상이 납중독 피해를 입었다. 2017년 라스베이거스 음악축제에서 발생한 총기난사 사건으로 미국 내 최대 사상자가 나왔다.

****   2017년 라스베이거스 사건의 범인 스티븐 패덕이 사용한 총기 개조 장치로, 미국 총기 규제 논란의 핵심이 되기도 했다. 2019년 이후 미국 연방법으로 금지되었다.

***** 2014년 시카고에서 백인 경찰 제이슨 밴다이크에게 열여섯 발의 총을 맞고 살해된 17세 흑인 소년.

쏜 거예요? 그렇게 물은 아이가 손가락을 꼽아 가며 열여섯까지 셌을 때 나는 울었다.

백미러를 보았다. 아이는 눈썹을 잔뜩 찡그리고 있었다. 나를 꼭 닮은 눈썹이다. 얼굴은 아빠를 닮았고. 정신은 아이 자신만의 것으로, 2018년 미국이라는 위대한 실험 앞에서 어린이가 하는 생각과 질문 들로 이루어져 있다.

"엄마." 아이의 말투가 다급해진 걸 보니 모르긴 몰라도 중요한 질문 같았다. "동맹휴업이 뭐예요?"

플로리다주 파클랜드의 마저리 스톤맨 더글러스 고등학교에서 총기난사 사건이 일어난 지 한 달. 총기를 사용한 폭력의 파장에 대한 의식을 고취하기 위해 전국의 학생과 교사 들이 수업을 거부하고 있던 시점이었다. 몇 시간 뒤면 나 역시 지난주 학생들과 상의한 대로 동맹휴업에 참여하기 위해 노스웨스턴 대학교의 내 강의실을 나올 것이었다. 아이가 다니는 초등학교에서도 동맹휴업을 하느냐고 물어볼 생각은 미처 못 했다. 남편은 이번 주 내내 해외 출장 중이었고 나는 일, 마감, 내가 살아가는 아름답고도 뒤숭숭한 이 도시와 아름다운 난장판인 이 나라, 그리고 그 두 공간에서 자라나는 내 아이 때문에 정신이 하나도 없었다.

내가 영영 잊지 못할 일이 있다. 친척들과 추수감사절을 보내려 아이를 데리고 오클랜드에 갔을 때다. 일곱 살 난 아들은 사촌과 함께 집 안에서 물총 놀이를 하다가 나에게 널찍한 앞마당에 나가서 놀아도 되느냐고 물었다. 흑인인 사촌 아이가 흑인인 자기 엄마를 쳐다보자, 아이 엄마는 백인인 나를 바라보았고, 그렇게 우리는 수백 년간의 미국 역사와 한평생의 사랑으로 가득한 침묵의 대화를 이어 냈다.

나는 산책하자며 아들을 데리고 밖으로 나갔다. 우리는 트레이번 마틴*에 대해 이야기했다. 태미어 라이스**에 대해서도 이야기했다. 백인이란 무엇인지, 책임이란 무엇인지, 사법정의란 무엇인지, 총기를 사용한 폭력이 무엇인지에 대해 이야기했다. "아주 복잡한 일들이야." 내가 말했다. "어른들한테도 복잡해."

"하나도 안 복잡한데요." 아이가 대답했다. "친절해지면 되잖아요."

"도와줄 사람들을 찾아야지."*** 파클랜드 이후 나는 아이에게 말했다. 라스베이거스 이후에도, 산타페 이후에도, 올랜도 이후에도, 서덜랜드 스프링스 이후에도, 찰스턴 이후에도, 시카고 이후에도, 피츠버그 이후에도 같은

---

* 2012년 플로리다주에서 자경단원 조지 지머먼에게 살해된 17세 흑인 소년으로, '흑인의 목숨은 소중하다'(Black Lives Matter) 운동이 일어난 계기가 되었으며 생명을 위협받을 시 총기 사용을 허가하는 스탠드유어그라운드(Stand Your Ground)법에 대한 비판을 불러왔다.
** 2014년 오하이오주에서 경찰이 살해한 12세 흑인 소년.
*** 앞서 나온 "친절해져라"와 더불어, 30년간 방영된 PBS 어린이 프로그램에서 진행자 프레드 로저스가 했던 유명한 대사.

말을 했지만,**** 아무리 로저스 아저씨의 말을 인용해도 빌어먹을 세상은 계속 무너져 갔다.

아이에게 이야기해 주지 않은 사실 하나. 1993년 12월, 내가 다니던 고등학교의 화학 선생이 수업을 마치고 집으로 가서 그가 소유한 열한 자루의 총 중 하나를 챙긴 다음 다시 학교로 돌아와 교직원 회의에서 난사했다. 우리 아버지가 그 교직원 회의의 참석자 중 하나였다. 그렇다. 아직 아버지가 내 곁에 계신다는 사실이 다행이지만, 그렇다고 해서 그 사건이 아직까지 머릿속을 괴롭히지 않는 건 아니다. 다섯 시간 동안 나는 아버지가 돌아가셨다고 생각했고, 25년간 그 두려움을 마음속에 줄곧 간직하고 있다. 두려움은 내 몸속, 뼛속에 새겨졌다. 내 상상력 속에도 새겨졌다. 교내 총기난사 사고가 벌어질 때마다 아버지가 책상 아래 숨어 있는 모습이 보인다. 총을 든 사람이 난사를 멈추고 재장전하는 모습이 보인다. 피가 보인다.

콜럼바인 고등학교 사건 이후에 문제는 우리 아버지가 아니었다. 나였다.

버지니아 공대 사건 이후에는, 내 학생들이 문제였다.

샌디훅 초등학교 사건 이후에는, 내 아이가 문제였다.

나는 길가에 차를 세운 뒤 몸을 돌려 나의 열 살짜리 백인 미국인 아들을 마주 보며 더 나은 학습 환경을 위해

**** 학교, 교회, 병원, 클럽 등에서 총기난사 사건이 발생한 지역들.

동맹휴업을 시작했던 로스앤젤레스 동부의 라틴계 청소년 1만 명*에 대해 이야기해 주었다. 1963년 앨라배마에서 결성되었고, 그해 체포된 마틴 루서 킹이 「버밍햄 감옥에서 보내는 편지」에서 언급한 소년십자군에 대해서도 이야기해 주었다. 조만간 임기를 끝낼 시카고 시장이 2013년에 역사상 최대의 폐교 계획을 발표한 뒤 시작된 시카고 공립학교 동맹휴업에 대해서도 이야기해 주었다. "동맹휴업은 파괴적이고 불편하지." 내가 말했다. "변화를 위해서는 파괴적이고 불편한 게 꼭 있어야 한단다."

그다음에 나는 가장 두려운 일을 했다. 그건 바로 내 아이를 학교에 내려 주는 일이었다.

두 시간 뒤, 나는 수백 명의 학생 및 교직원 들과 얼어붙을 것 같은 추위 속에 서서 한 달 전 마저리 스톤맨 더글러스 고등학교 총격 사건을 기억하는 추모식을 진행했다. 오전 10시 17분에는 그날의 사고로 사망한 열일곱 명—학생 열네 명, 교사 세 명—을 위한 묵념을 했다. 에번스턴 시장의 말이 이어졌다. 그다음에는 학생들이 한 사람씩 돌아가며 마이크 앞에 서서 총기난사 사건으로 인해 자신들의 삶이 어떤 영향을 입었는지를 이야기했다. 슬픔, 두려움, 분노, 희망의 이야기였다.

---

*   1968년 로스앤젤레스 동부의 멕시코계 미국인 학생들이 교육 환경의 불평등에 항의하기 위해 시작한 운동으로, 이후 멕시코계 미국인 역사상 최초의 대규모 인종차별 반대 시위로 확대되었다.

불태워라

나는 20년째 문예창작을 가르치고 있다. 이야기가 우리를 구할 수 있을지는 잘 모르겠지만, 무엇을 위해 싸우는 것이 가치 있는가는 분명히 보여 줄 수 있다고 믿는다.

내가 이 이야기를 인터넷에 쓰자 언제나처럼 어떤 멍청이가 나에게 이런 메시지를 보냈다. "모든 걸 그렇게 정치적으로 해석하지 마시죠." 그래서 나는 그 자식을 내 머릿속에서 죽여 버렸다. 영면하시라. **이 일이** 정치적이라고? 이건 오늘 내 일터에서 있었던 일이다, 멍청한 자식아. 나도 수업에서 뛰어난 창작자인 우리 학생들과 함께 어휘와 구문, 서사와 반영, 존 디디언과 토니 모리슨에 관해 굉장히 멋진 토론을 나누었다는 이야기를 쓰고 싶다. 하지만 우리는 그 토론을 하는 대신 강의실 밖으로 나와 추위 속에 서서 자신의 목숨을 지켜 내려 애쓰는 젊은 사람들의 이야기에 귀를 기울였다.

이제 와 돌아보면, 이때 한 일은 토니 모리슨의 가르침과 일맥상통한다. 그는 《네이션》에 이런 글을 썼다. "절망할 시간은 없다, 자기 연민에 빠질 자리는 없다, 침묵할 필요는 없다, 두려워할 여지는 없다."

두 시간이 더 지난 뒤 나는 연구실 앞에서 열쇠를 찾으려 애쓰고 있었다. 노스웨스턴 대학교 문예창작학부는 유니버시티 홀 지하층을 썼다. 창문이 천장 가까이 바짝 올라붙어 있어서 창밖으로 지나가는 사람들의 다리가 아주 잘 보이는 곳이었다. 핸드폰에 문자 메시지가 도착했다는 알람이 울렸다. 나는 연구실 문을 열고 불을 켠 다음에 메시지를 읽었다.

노스웨스턴 위기 알림 시스템입니다. 실제 상황입니다. 총기를 소지한 사람이 —

창밖의 사람들은 이미 달리고 있었다.

다른 선생들, 그리고 이런 사태를 대비해 유치원 때부터 훈련을 받아 온 다른 학생들과 마찬가지로 나 역시 국토안보부가 지정한 민간인 총기 대피 훈련을 거쳤다. 지금 같은 상황에서 해야 하는 일은 다음과 같았다. 불을 끄고, 문을 잠그고, 몸을 숨긴다. 이를 '실내 대피'라고 한다. 나는 내 책상 밑에 있으면 창밖이나 복도에서는 보이지 않는다는 것을 알고 있었다. 내 연구실 문에는 좁다란 가로 창문이 붙었는데, 이 연구실에 들어온 첫날부터 나는 연구실 안 곳곳을 돌아다니며 창밖에서 보이는 곳과 보이지 않는 곳을 확인해 두었다. 나는 강의실에서도 같은 일을 했다. 비상구를 확인하고, 잠금장치를 확인하고, 위급 상황에 무기로 쓸 수 있는 프로젝터, 노트북, 의자 같은 도구들을 확인했다. 내 몸도 총기난사범으로부터 학생들을 보호하는 방패가 될 수 있을까? 만약 범인이 학생이면 어떡하지? 학생을 쏘아도 되나? 우리는 언제 총을 맞게 될까? 내가 총을 맞을까? 그럼 울음이 터지려나? 아드레날린이 솟구치는 바람에 마치 아이를 구하려 버스를 들어 올리는 어머니처럼 초인적인 힘이 생기게 될까?

이런 생각을 하는 선생이 나뿐만은 아닐 것이다.

나는 책상 아래에 웅크리고 숨은 뒤 허벅지 위에 핸드폰을 올려놓은 채로 받은 메시지 함에서 내내 눈을 떼지 않았다. 20분에 한 번씩 대학 본부 측에서 새 메시지가 왔다. **경찰이 대응 중입니다······ 제자리를 지키십시오.** 지역 언론이 이 뉴스를 알리자 친구들의 전화가 오기 시작했다. CNN 보도가 나간 뒤에는 엄마에게 걱정하지 말라고 문자 메시지를 보냈다. 마치 엄마가 문자 메시지를 보면 걱정을 거둘 수 있기라도 한 것처럼. 우리 학교 학생들이 각종 소셜미디어 플랫폼에 지금 일어나는 일들을 알리는 것을 보았다. 그들은 작가이고, 기자였다. 철저하면서도 정확하고, 시적이면서도 격렬했다. **세상이 이따위라 미안하다,** 하고 말하고 싶었다. **세상을 더 낫게 만들고자 애쓰는 너희가 자랑스럽다.** 하지만 그럴 수 없었다. 미친 듯이 뛰는 심장을 잠재우며 요가 강사로부터 배운 대로 숨을 고르려 애쓰는 중이었기 때문에, 심리치료사가 가르쳐 준 대로 내 생각들을 통제하려 애쓰는 중이었기 때문에, 내······ 두려움이 아니었다. 내가 느끼는 것은 두려움이 아니었다.

분노였다.

지난 25년간 내내 나는 이런 순간을 상상해 왔고 그때마다 공황에 빠져 덜덜 떨었다. 그런데 막상 그때가 오니, 분노로 달아올라 근육이 꿈틀거릴 정도로 주먹이 꽉 쥐어진다. 심리학자들은 자고로 분노는 두려움에 부차적으로 따라오는 감정이라고 했지만 이론 따위는 알 바 아니었다. 이 분노는 본능적으로 치밀어 올랐다. 내 몸에서, 내 뼈에서. 내가 책상 아래 숨는 일이 있어서는 안 된다. 내 학생들이 강의실 문 앞에 의자를 쌓아 바리케이드를 만드는 일이 있어서도 안 된다. 우리는 나쁜 놈이 나타나면 학용품을 던지라고 아이들에게 가르쳐서는 안 된다. 내 고등학교 시절 화학 선생에게 열한 자루의 총이 있어서도 안 됐다. 파클랜드 총기난사범에게는 총이 단 한 자루도 있어서는 안 됐다. 그 아이는 열아홉 살이었고, 학교에 칼을 가져와 퇴학을 당했다. 그의 어머니가 사망한 지 얼마 되지 않은 시점이었다. 그는 나중에 능숙한 교내 총기난사범이 되고 싶다는 유튜브 댓글을 남긴 뒤 FBI에 소환되었지만, FBI는 그를 돕기 위한 아무런 일도 하지 않았다. 그에게는 도움이 필요했다. 우리에게도 도움이 필요하다. 정신건강 서비스, 분노조절 상담, 그리고 강간 문화와 해로운 남성성을 해체하기 위한 두 세대에 걸친 교육과 양육이 필요하다. 복잡하고 거의 불가능에 가까운 일이겠지만 우리는 그 일을 해낼 것이다. 우리는 무슨 수를 써서라도 이 세상을 더 나은 곳으로 만들어야 하니까. 그러나 그러기 위해서는 자원이 필요하다, **총기가 아니라.**

책상 아래 숨은 지 한 시간이 지났을 무렵 내 아들이 다니는 초등학교에서도 경찰에 의한 제재 조치가 이루어졌다는 메시지가 왔다. 그 순간 나는 내 분노만으로도 유니버시티 홀을 폭발시킬 수 있을 것 같았다. 그 뒤로도 한 시간이나 더, 팔팔 끓는 주전자 같은, 보고 있을수록 더 안 끓는 빌어먹을 냄비 같은 시계를 쳐다보는 고문 끝에 노스웨스턴 대학교에서 **비상사태 해제**라는 제목이 달린 이메일이 도착했다. 나는 이메일을 열어 보지도 않고 열쇠를 낚아챈 뒤 아이를 데리러 달려갔다. 우리 사이에 놓인, 셰리든에서 뎀프스터에 이르는 5킬로미터의 거리는 이중 주차된 차량들이며 공황상태에 빠진 부모들로 가득했다.

아이들은 우리보다 강하고, 특히 내 아이는 말도 안 되게 강인하다. 즉, 내 아이는 자기 엄마가 죽었다고 상상하며 두 시간을 보냈다는 소리다.

이제 그 두려움이 그 애의 몸과 뼈에도 새겨졌다.

"엄마, 질문이 있어요." 그날 밤 아이가 말했다. 우리 둘은 잔뜩 지친 채로 아이의 침대에 누워 있었다. "다친 사람도 있어요?"

"아니." 내가 말했다. 그날의 사건에 대한 뉴스 보도가 속속 올라오고 있었고, 나는 아이에게 설명하려 애썼다. "누가 대학교에 전화를 걸었는데…… 장난 전화였대."

"장난 전화요." 아이가 내 말을 되뇌었다. 아이의 눈썹이 구겨졌다. "장난처럼 느껴지지 않는걸요."

"알아." 내가 말했다.

"미안해." 내가 말했다.

"복잡한 문제야." 내가 말했다.

실은 복잡한 문제가 아니다. 조금도 복잡하지 않다.

"엄마는," 하고 아이가 입을 열자 나는 또다시 폭력에 대한, 우리 위대한 미국이라는 실험에 대한 새로운 대화가 이어지리라 생각하며 마음의 준비를 했다. "엄마는 무서웠어요?"

나는 친구들에게서 받은 연락에 대해 이야기해 주었다. 엄마 직장에 있는 사람들이 사태를 잘 처리했고 감사한 일이라는 얘기. 엄마와 함께 일하는 젊은 작가들은 정말로 영리하고 용감하다는 얘기. "도와주는 사람들이 정말 많았지!" 백 번쯤 그렇게 말한 뒤 이제 친절함에 대해서도 이야기하려 했지만 아이는 이미 잠든 뒤였다.

나는 한참이나 그 자리에 머무른 채 아이의 숨소리에 귀를 기울이며 내가 얼마나 오랫동안 오늘을 두려워했었나를 생각했다.

이제 내게 두려움을 위한 자리는 없다.

나는 미치도록 화가 난다.

메건 스틸스트라(Megan Stielstra)는 노스웨스턴 대학교의 입주 예술가로, 『인생을 구하는 잘못된 방법』(The Wrong Way to Save Your Life, 2017)을 비롯해 에세이집 세 권을 출간했다. 『2013년 미국 최고의 에세이』(The Best American Essays 2013), 《빌리버》, 《뉴욕 타임스》, 《롱리즈》, 《게르니카》, 《럼퍼스》, 그리고 미국 공영 라디오(NPR)에서 그의 글을 만날 수 있다.

불태워라

나 자신과 함께하는 전쟁

Going to War with Myself

나는 항상 화가 나 있다. 그게 내 비밀이다. 나는 굉장히 화가 나 있다. 나는 때로 내가 다른 사람들과 다르다는 사실을 상기시켜 주는 사람들 앞에서, 그들이 그토록 열심히 구경하고 있는 다리 저는 여성이 얼마나 거세게 분노할 수 있는지를 보여 주는 상상을 한다. 환상 속 나는 쿵쿵 뛰는 심장을 안고 주먹을 불끈 쥔 채 전쟁을 준비한다. 결과가 어떻게 될지는 알 바 아니다. 나는 그들에게 다가가며 몸이 시뻘겋게 변하고 귀에서는 김을 뿜어내는 내 모습을 상상한다. 한 발짝 한 발짝 앞으로 나갈 때마다 그들은 조금씩 움칠거린다. 우리가 마침내 얼굴을 마주하고 섰을 때 내 몸은 원래 빛깔을 되찾지만 분노는 누그러지지 않은 채다. 나는 노래를 부르며 박자를 맞추는 것처럼 왼손으로 내 다리를 탁탁 두드린다. 정신 좀 차리라고, 조금이라도 예의를 갖추라고, 또는 나도 인간이라고 고함을 지르는 대신에.

고등학교에 다닐 때, 익명 질문 플랫폼인 폼스프링을 통해 누군가 나한테 이런 질문을 보냈다. "넌 어쩌다가 절름발이가 된 거야?" 그것은 질문이 아니라 "혹시 잊어버렸을까 봐 해 주는 말인데 넌 이곳과 어울리지 않아"라는 선언으로 읽혔다. 내가 장애에 구애하지 않으려 필사적으로 굴어도 그들에겐 내 장애가 보인다는 것을 알려 주는 방식이었다.

나는 사람들이 내가 자신들과는 다르다고 굳이 알려 줄 때마다 기분이 나쁘다. 그들은 내 장애를 극도로 부정적인 방식으로 이야기한다. 그 때문에 나는 인간 이하의 존재가 된 것처럼 느껴지고 자동차 한두 대쯤 뒤집어 버릴 수 있을 만큼 화가 난다. 내가 장애를 가졌다는, 흑인이라는, 여성이라는 사실이 내가 인간이라는 사실과 나의 욕망과 내 꿈보다 더 먼저 눈에 띈다, 그것들이 애초에 눈에 띄긴 하는지 모르겠지만. 매일 그런 현실을 헤쳐 나가다 보면 누구라도 스스로를 의심하기 시작할 것이다.

나는 폼스프링 질문을 받은 뒤 모욕감과 수치심을 느꼈고, 분노한 나머지 컴퓨터 속으로 손을 뻗어 그 질문을 남긴 사람을 움켜쥐고 내 기분이 나아질 때까지 그 사람의 머리를 책상에 내리찍고 싶었다. 그러나 실제로는 온종일 아무것도 먹지 않고 내가 어디에도 어울리지 않는 별종이라고 생각하며 울다가 잠들었을 뿐이다.

나는 거울 앞에 서서 내 모습을 조목조목 뜯어보면서 수업 시간에 질문에 대답할 때 내 목소리가 어땠는지, 집단 상담 중에 울던 내 얼굴이 얼마나 빨갰는지를 두고 스스로를 꾸짖었다. 그 시절 내가 하는 모든 일은 다 놀림거리였고, 나의 모든 것이 내가 스스로에게 화를 낼 빌미였다. 오랫동안 나는 분노를 억누르기 위해 자해를 했다. 세상에 발을 내딛는 나의 존재를 누군가가 조롱할 때마다 나는 이미 새빨개진 나의 분노를 담아 피를 흘렸다.

내가 가장 두려워한 것은 친구들과 가족에게 내가 짐이 될지도 모른다는 사실이었다. 내가 내 몸 때문에 화가 나고 슬프다는 것을 알고 나면, 그들 역시도 내 몸 때문에 화가 날 거라고 믿었다. 모두에게 미움받고 싶지는 않았다. 사랑하는 사람들에게서 거부당하면 견딜 수 없을 것 같았다. 그래서 나는 "있잖아, 난 나를 남들과 다르게 만들고 학교 남자애들이 달가워하지 않게 만드는 내 몸 때문에, 앞으로 평생 동안 나를 달갑지 않은 존재로 만들 장애 때문에 나 자신이 미워"라는 말을 누구에게도 하지 않았다. 나 자신에 대한 미움과 분노를 홀로 삭였다.

나는 평생 동안 아침마다 이런 기분으로 깨어날 수는 없다고 생각했다. 그래서 나는 내 인생을 끝낼 날짜를 정해 놓았다. 내가 죽고 나면 나를 아는 모든 사람들은 물론 세상 전반이 더 나아지리라고 생각했다. 내 삶은 살아갈 가치가 없었다. 아침에 눈뜰 때마다 죽고 싶다고 비는 삶, 내가 정직함이라고 믿는 그 무언가의 이름으로 스스로를 잡아 찢으면서 보내는 삶. 너무나 불행해서, 아침마다 침대에서 눈을 뜨는 게 그 어떤 학교 공부보다도 더 힘들게 느껴졌다. 목숨만 붙어 있지 산다는 기분은 들지 않았다. 그래서 나는 죽음을 준비했다.

그러다 할머니가 돌아가셨다. 할머니가 돌아가시고 나니, 내가 매일같이 나 자신을 향한 모욕과 분노와 슬픔으로 내 가슴을 찢고 있는 걸 할머니가 아셨더라면 할머니도 가슴이 찢어지셨을 거라는 생각이 들었다. 할머니가 돌아가신 걸 계기로 정신을 차릴 수 있었다. 여전히 내가 미웠지만, 할머니를 잃고 나니 그래도 그러면 안 되지 않을까 생각하는 작은 틈이 열렸다. 그렇게 사랑스럽고 다정하고 친절한 분이 나를 사랑했으니, 나 역시 그럴 수 있을 것 같았다.

내가 진짜 원한 건 죽음이 아니었다는 걸 이제는 안다. 진짜 원했던 건, 세상으로부터 모자란 존재라는 말을 들을 때 느끼는 고통과 상처에서 놓여나는 것이었다. 나 자신이 내게 주기도 한 고통과 상처 말이다. 내가 없으면 우리 가족이 편해질 거라고 생각하면서도, 사실은 그들을 떠나고 싶지 않았다. 엄마의 포옹, 동생의 웃음소리, 힘들

때도 기쁠 때도 함께 있어야 한다는 우리 가족의 믿음과 작별하고 싶지 않았다. 그래서 나는 계속 살기로 했다.

마침내 나는 작가로서 잘 풀리기 시작했다. 《espnW》, 《틴보그》 같은 유명 매체에 내 글이 실렸다. 이런 곳에 글을 싣다 보니, 내 삶이 어떻게 되는지 계속 알아보고 싶어졌다. 일에 가치를 두다 보니 내가 세상에 해 줄 일이 있다는 것을, 거부와 조롱에 굴하지 않고 여기서 살아남을 목적이 있다는 것을 서서히 알게 되었다.

어느 날 아침, 양말은 한쪽만 신고 잠옷 바지 위에 낡고 커다란 티셔츠를 입은 채 욕실에 들어갔다가 거울에 비친 내 모습이 눈에 들어왔다. 아침이라 평소와 똑같이 잠이 덜 깬 상태에 머리카락이 엉망으로 뻗친 모습이었는데도 내가 귀여워 보여서 깜짝 놀랐다. 예전에도 그런 생각을 안 해 본 건 아닌데, 잠깐이었을 뿐 그런 생각은 금세 사라지고 말았었다. 그런데 이제는 내가 귀엽다는 생각이 사라지지 않았다. 시간이 지나면 사라질 줄 알았는데, 아니었다. 다음 날 아침에도 나와 함께 잠에서 깬 그 생각은 나보다 빨리 침대에서 내려와 거울 속에 먼저 도착해 있었다. 일을 통해 느끼기 시작한 목적의식과 가치가 내 삶 전반으로 퍼져 나가 드디어 내게 나 자신의 진정한 모습을 보여 준 것이었다. 진정한 내 모습은, 얼굴은 동그랗고, 눈은 크고, 미소는 환하고, 손가락과 팔은 길고, 머리는 검고, 발은 커다란 귀여운 흑인 여성이었다. 전망과 가능성으로 넘치며, 그 누구와도 다른, 이제는 자신에게 아무 문제도 없단 걸 알고 있는 여성이었다.

물론 꼬박 이틀간 나 자신이 귀엽다는 생각이 들었다고 해서 자기혐오와 자해라는 괴물이 완전히 사라져 주지는 않았지만, 나는 이 괴물과 정면으로 붙어 볼 용기를 낼수 있었다. 나는 행복에 집중하고 자기혐오를 떨쳐 내기로 마음먹었다. 우연히 거울에 비친 내 모습을 보았던 아침으로부터 영감을 받은 뒤로 나는 매일 나한테서 마음에 드는점 네 가지를 큰 소리로 말하면서 나를 사랑하는 법을 배우기로 했다. "나는 내 뺨이 마음에 들어. 나는 내 눈이 마음에 들어. 나는 내가 의리 있어서, 유머 감각이 있어서 마음에 들어." 내가 그 말을 믿을 수 있을 때까지, 그렇게 긍정적인 생각이 부정적인 생각을 몰아낼 때까지 나는 몇 번이고 되풀이했다. 내 성취와 기쁨을 받아들이고 한껏 즐겼다. 나는 아직도 초심을 되찾고 싶을 때마다 나에게서 마음에 드는 점들을 새롭게 찾아내서 입 밖에 내 본다. 그리고 행복한 내 모습에 익숙해지려고 내 얼굴 사진을 더 많이 찍게 되었다.

1년째 매일 이렇게 했더니 상상 이상으로 나 자신에 대해 많은 것을 알게 됐다. 나는 코가 귀엽고, 귀도 귀엽고, 웃음소리는 크다. 나는 진짜 이야기건 지어낸 이야기건 내 이야기를 하는 데 상당히 재주가 있고, 다른 사람의 이야기도 잘한다. 그리고 나한테는 지금보다 더 성장할 가능성이 있다.

아무리 애를 써도 여전히 좌절이나 의심은 닥쳐왔고 그럴 때마다 나는 사랑하는 사람들과 거리를 두었다. 나는 힘든 일이나 감정 기복에 대해 이야기하지 않았는데, 계속 이런 부정적인 감정들이 찾아온다는 사실에 수치심을 느꼈기 때문이다. 내 장애를 놀려 대는 사람에게 화를 낸 뒤 금세 죄책감을 느꼈고, 오랫동안 내가 내 삶의 해악이라고 여겼던 분노 앞에서 내가 "약해졌다고" 자책했다. 나는 정말로 행복해지려면 내 삶에서 분노를 깨끗이 몰아내야 한다고 생각했었다.

하지만 스스로에게 모든 감정을 허락하지 않자 불안이 찾아왔고, 나는 오래지 않아 이런 식으로는 버틸 수 없다는 것을 알게 되었다. 그래서 나는 분노를 뿌리 뽑으려는 노력을 그만두고, 그 대신 내가 개선되어야 한다고 믿는 일들을 위해 분노하기로 했다. 분노는 내가 열정적으로 임하는 명분들에 연료가 되어 줄 수 있었다. 미디어나 엔터테인먼트를 통해 주변화된 사람들을 더 많이 보여 달라고 요구하는 데 내 분노를 쓸 수 있다는 생각이 들었다. 그래서 나는 트위터나 에세이 등 내가 가장 크게 목소리를 높일 수 있는 곳에서 그런 이야기를 이어 가기 시작했다. 장애를 가진 사람들을 유해한 방식으로 보여 주는 것의 폐

해를 이야기하는 트위터 타래를 만들었고, 장애를 가진 흑인 여성인 나뿐 아니라 장애인 공동체가 전반적으로 마주하는 어려움에 대해서도 많은 글을 썼다.

요즘 내가 가장 화날 때는 포용과 다양성에 대한 토론에서 장애인이 배제되는 것, 오늘날의 대통령 체제하에서 우리가 잃게 될 권리들, 대부분 보도되지 않고 잊히는, 간병인이나 가족의 손에서 일어나는 장애인의 죽음에 관해 생각할 때다. 허리케인 마리아 이후 푸에르토리코 주민들에 대한 처우와 방치, 이민자들의 처지, 그리고 오늘날 미국에서 힘을 얻고 있는 나치주의자, 인종주의자, 트랜스혐오자, 동성애혐오자와 장애인차별주의자들의 목록을 생각할 때도 화가 난다.

나는 세상이 나의 장애를, 그리고 이와 결합된 나를 보는 부정적인 관점 앞에서 모욕감을 느끼곤 했다. 하지만 이제는 나의 타자성, 차이, 그리고 분노를 불쾌해하는 사람들에게 "꺼져"라고 말하는 게 낫다고 생각한다. 나는 훌륭하다. 부끄러워할 것은 아무것도 없다. 수치심은 그들의 것이어야 한다. 그들의 편견과 차별적 행동의 무게는 이제 내가 감당할 몫이 아니다.

지금은 내 분노가 아름답다는 것을 안다, 나 역시 아름다우니까. 분노는 우리를 평등과 정의, 역사적 잘못의 교정과 실천으로 나아가게 하는 데 꼭 필요하다. 주변화된 사람들의 분노는 전형적이고 부정적인 것으로 보이곤 하지만, 그래도 위태로운 상황에 처한 우리에게는 분노할 권리가 있다. 분노하지 않는다면 그것이 문제일 것이다. 지금은 장밋빛 안경을 쓰고 세상을 바라볼 때가 아니다. 지금은 우리가 싸울 때다. 누구를, 그리고 무엇을 위해 싸우는지 잊지 않기 위해 분노를 사용할 때다. 분노로 세상을 더 낫게 바꾸자. 다른 이들이 우리를 위해 분노해 주길 바란다면, 평생 동안 기다리기만 해야 할 테니까. 나로 말할 것 같으면, 전부 태워 없애고 이전보다 더 낫게 다시 만들 생각에 신이 난다.

키아 브라운(Keah Brown)은 저널리스트이자 작가로 《글래머》, 영국판 《마리 클레르》, 《하퍼스 바자》, 《틴보그》 등에 글을 발표했다. 2019년에 에세이집 『예쁜 사람』(The Pretty One)을 출간했다.

이제 어떻게 할까?

So Now What?

내가 강간당한 밤은 내가 엘리베이터에 갇힌 날이기도 했는데, 이튿날 그 사실을 깨달은 나는 그 상징성이 너무 진부하다는 생각에 눈을 굴렸다. 내가 탄 엘리베이터가 몇 층을 올라가다가 갑자기 멈췄다. '열림' 버튼을 아무리 눌러도 문이 열리지 않았다. 아무 일도 일어나지 않았다. 나는 겁에 질려 당황하기 시작했는데, 1층 버튼을 눌렀더니 엘리베이터는 다시 로비로 내려갔다. 처음 생각했던 것 같은 심각한 상황은 아니었다. 나중에 데이트 상대에게 들어보니, 그가 지내는 콘도의 엘리베이터는 야간에 특정 시간 이후 특정 층 이상으로 올라가지 않게 되어 있었다.

우리는 그보다 2년 전에 잠시 동안 섹스 파트너로 지

냈다. 데이팅 앱을 통해 만난 사이라서 공통의 친구도 없었으며 나와는 정반대인 사람이었는데, 내가 그에게 매력을 느낀 큰 이유가 그렇게 나와 다르다는 점 때문이었다. 그는 활발했고, 전문 기술직 종사자였으며, 스포츠를 좋아했고, 책에는 전혀 흥미가 없었다. 그리고 주중에는 거의 매일 밤 외출했다. 섹스할 때를 제외하면 나에게 친절했는데 그 사실 또한 매력 요소였다. 나는 그가 나를 거칠게 다루는 게 좋았다. 우리는 섹스 전후로 어떤 것이 괜찮고 어떤 것은 안 되는가에 대한 경계, 세이프워드, 한계를 정했다. 내가 "별로 하고 싶지 않다"고 말하자 그가 도중에 섹스를 멈춘 적도 최소한 한 번은 있었다. 상호 동의의 의미를 철저히 이해하는 동시에 나를 거칠게 다뤄 주는 파트너를 만나서 너무 좋다고 친구들에게 이야기하기도 했다.

우리의 짧았던 만남은 원만하게 끝을 맺었다. 일정이 자꾸 어긋나서 만날 약속을 잡기가 어려워졌기에 각자의 길을 가는 것이 최선이라고 결정했었다. 내가 깔끔하게 끝맺는 걸 잘 못하는 성격이었기에 연락은 계속 이어졌다. 술에 취했거나 잠이 안 오거나 그냥 달아올라서 먼저 메시지를 보내는 것은 항상 나였다. 우리는 메시지를 읽으면 바로 삭제되는 스냅챗으로 연락을 주고받았다. 수위가 높은 대화를 나누는 날도 있었고, 때로는 그가 바쁘다고 말하기도 했다. 이는 그에게 주도권을 넘겨주는 일이라는 걸 알고 있었지만, 권력의 역학 관계 역시 우리가 즐기는 전

희의 일부였다. 우리는 각자의 역할을 알고 있었다. 전부 게임이었다.

우리는 몇 달간 연락하지 않았고 1년 넘게 만나지 않은 사이였다. 그날따라 평소와는 달리 그가 먼저 메시지를 보내왔다. 오늘은 일진이 사나운 날이었다고, 그래서 아주 거친 섹스를 하고 싶다고 말해 왔다. 그런 충동을 느끼는 건 이해했지만 나는 끌리지 않았다. "생리 첫날이라서 별로 섹스하고 싶은 기분이 아니야." 내가 말했다.

"그럼 애널로 하자는 거지?" 그가 되물었다.

"하하. 오럴까지는 해 줄 수 있는데 더는 안 돼." 나는 이렇게 메시지를 보냈다.

"이쪽으로 와." 잠시 후 그가 주소를 보냈다. 역시 평소 같지 않았다. 보통 때는 그가 우리 집으로 왔기 때문이다. 이미 늦은 밤이었기에 나는 택시를 탔다.

마침내 엘리베이터 작동법을 알아낸 내가 현관문 앞에 나와 있던 그를 보자마자 가장 먼저 알아차린 것은 그가 술에 취해 있다는 것이었다. 내가 친구들에게 "술에 취하면 항상 멍청한 짓을 하고 다음 날 후회해"라며 금주한 지 1년쯤 되었을 무렵이었다. 그를 보는 순간 그다음으로 알게 된 건 내가 그를, 특히 그와의 섹스를 정말 많이 그리워했다는 사실이었다. 그는 그날 하루 있었던 힘든 일들을 이야기했다. 직장에서 갈등이 생겼고 친구가 사고를 당했다고 했다. 나는 안타깝다고, 무엇을 하고 싶은지를 물었다. 그는 대답 대신 내게 키스했다.

그가 침대 위에서 나를 꼼짝할 수 없게 내리눌렀는데, 이는 우리가 평소에도 하던 일이었다. 그가 내 옷을 벗겼고, 역시 평소에 하던 일이었다. 그는 내 손과 무릎을 붙잡고 나를 뒤집더니 나를 몇 대 때렸는데, 이 또한 평소에 하던 일이었다. 그가 내 몸에 침을 뱉고 손가락으로 헤집는 감각이 느껴졌다. 오늘 밤에는 하고 싶지 않다고 했으니 그가 삽입 성교를 시도할 리 없다고 나는 확신하고 있었다. 그런데 그 순간 압박감이 느껴졌다. 어마어마한 고통이 뒤따랐다. 그가 애널 섹스를 시도하고 있음을 알아차렸을 때 나는 혼란스러웠고 믿기지 않았다. **그럴 리 없어,** 하고 나는 생각했지만 그는 행위를 멈추지 않았다. **그럴 리 없어, 왜냐하면 이 사람이 그럴 리가 없으니까. 이건 현실이 아냐. 내가 뭔가 착각하고 있는 걸 거야.** 술 한 방울 들어가지 않은 상태였는데도 나는 그 순간의 경험을 믿지 못했다. 그는 심지어 콘돔조차 쓰지 않고 덤벼들었다. 그가 더 깊이 몸을 밀어붙이는 순간 나는 비명을 지르기 시작했다.

"안 돼!" 나는 고함을 질렀다. 그 순간 다른 말은 생각나지 않았다. 뜨거운 스토브에 손을 댄 어린아이처럼 공황에 사로잡혔다. "안 돼 안 돼 안 돼 안 돼 안 돼." 그가 동작을 멈추더니 자기 것을 뺐다. "화장실에 갈게." 나는 그가 변명할 틈을 주지 않고 얼른 말했다. 침실을 나온 나는 부얼 냉장고 옆 바닥에 앉아 두 팔로 무릎을 감싸 안고 방금 일어난 일을 이해하려 애썼다.

너무 자세하게 묘사했나? 사실 나는 아무에게도 이 일을 처음부터 끝까지 이야기한 적이 없었고, 내심 전체적인 그림을 보여 주고 싶다는 생각이 든다. 나는 지금도 그를 보호하고 싶은 충동을 느낀다. 나는 그가 일진이 사나웠다는 점을 꼭 이야기하고 싶다. 내가 "안 돼"라고 말하자 그가 결국은 멈췄다는 점도 중요했다. 물론 애초에 내게 삽입해서는 안 되는 일이었지만 말이다. 나는 이런 세부적인 사실들을 그 사건이 일어난 뒤로 며칠, 몇 주, 몇 달간 끝없이 생각했다.

결국 나는 내가 과민 반응한 거라고 결론짓고 침실로 돌아갔다. 그날 밤엔 그 집에서 잤다. 다음 날 아침 6시가 조금 넘자 그의 알람이 울렸다. 졸려서 정신을 차리지 못한 내가 더 자면 안 되느냐고 물었지만 그는 출근 준비를 해야 한다고 했다. 그는 평소보다 엄숙한 분위기를 풍겼고 말이 없었으며, 잠을 떨쳐 내려 눈을 깜박이던 나는 여기가 어딘지 깨달았다. 어제 윤활제도 없이 삽입한 자리에 통증이 느껴졌다. 나는 바삐 옷을 챙겨 입으면서 머릿속으로 어젯밤 일어난 사건을 재생했다. 그를 포옹하고 잘 있으라며 키스한 다음 집을 향해 걷기 시작했다. 얼마 지나지 않아 핸드폰에 진동이 오며 스냅챗 알림이 떴다.

불태워라

"어젯밤 일 때문에 정말 부끄럽다. 미안해." 그가 보낸 메시지였다.

아무렇지도 않다는 듯이 별일 아니라고, 이미 다 잊었다고, 내가 얼마나 냉정하고 태연한지 보라고, 조만간 또 보자고 말하고 싶었다. 나는 심호흡을 했다.

"미안하단 말 믿을게." 내가 답장했다. "그래도 앞으로는 연락 안 했으면 해."

내 마음은 두 가지 생각을 바삐 오갔다. 하나는 그가 그저 실수한 거라는, 상황을 잘못 읽었다가 금방 후회했다는, 내가 너무하다는 생각이었다. 다른 하나는, 애초에 나는 그를 모르는 거나 마찬가지라는, 그는 원래 섹스를 하는 동안 어느 선까지 넘어도 탈이 없는지를 시험하는 사람인데 이제야 내가 그 사실을 알게 된 건 여태까지는 그가 하는 어떤 행위든 기꺼이 따를 마음이 내게 있었기 때문이라는 생각, 여기서 내가 아무 말도 아무 행동도 하지 않는다면 그는 다른 여성에게 더 심한 행동을 하게 될 테고 그건 전부 내 탓일 거라는 생각이었다. 나는 내가 취해야 할 다음 행동이 무엇인지, 어떤 기분을 느껴야 할지 알 수 없어서, 열리지도 않을 '열림' 버튼을 계속 누른 채로 유예 상태에 머물렀다.

남성과의 관계에서 곤란한 상황에 빠진 일은 여러 번 있었다. 길에서 모르는 사람들이 내 몸을 더듬기도 했고, 같은 학교 남학생의 데이트 신청을 거절한 뒤 강간하겠다는 협박을 수차례 받기도 했고, 법적으로 추행이 성립되는 가를 따지기는 어려운 일이겠지만 데이트 상대가 개자식 이라는 사실을 확실히 알 수 있을 정도로 원치 않은 행위를 강요받기도 했다. 그 남성들은 내가 원래 싫어하던 사람일 때도 있었고 상대적으로 낯선 이들일 때도 있었으며, 그들을 나쁜 사람이라고 생각하기는 어렵지 않았다. 이번처럼 상대방을 옹호하고 싶은 충동을 느낀 적은 한 번도 없었다. 나는 아직까지도 그를, 특히 우리가 함께 보낸 최초의 시간들을 떠올릴 만큼의 애정과 죄책감이 든다.

친한 친구들과 이 문제를 놓고 긴 대화를 나누었다. "하긴, 내가 한밤중에 그 사람 집에 간 이상 당연한 일 아니었을까?" 내가 이렇게 말했다.

"그건 그렇지만, 그렇다고 해서 그 일이 네 잘못인 건 아니야." 한 친구는 그렇게 대답했다.

"평소에는 정말 괜찮은 사람이었어." 나는 또 다른 친구에게 이렇게 말했다.

"예전에는 네게 정말로 좋은 사람이었을지도 모르지만, 그날 밤 네게 한 행동은 좋은 사람이 하는 행동이 아니었어." 친구들의 말이었다.

친구들은 참을성 있게 내 이야기를 들어주었다. 친구들은 내가 그를 악마화하길 원치 않는다는 사실을 이해했기에, 그들 역시 그러지 않았다. 극적이면서 범죄로 인지되는 단어이자 나를 내가 느끼는 바와는 사뭇 다르게 피해자나 생존자로 상정하는 **강간**이라는 단어를 내가 불편해한다는 것도 이해해 주었다. 머리로는 나도 이러면 안 된다는 걸 알았다. 나는 '밤길을 되찾자'*나 여성행진에 참여해 플래카드를 들었고 성폭력 정의의 어려움에 대한 올바른 생각을 담은 글들을 모조리 읽고 리트윗했으며 비슷한 일을 겪은 친구들의 손을 잡아 주었다. 그러나 자꾸만 본능적인 갈등이 생겼다. **지금 네게 일어난 일이 진짜 피해자들에게 일어난 일만큼 나빴다고 말하는 거야? 그 정도로 나쁜 일이었다면 당연히 그 사람이 처벌받길 바라야 하는 거 아니야? 그 사람이 고통받길 바라야 하는 거 아니야?**

나는 심리치료사에게 말했다. "그 일을 뭐라고 불러야 할지 모르겠어요. 그건 강간이었을까요?"

심리치료사는 말했다. "아무 이름을 붙이지 않아도 돼요. 그저 지금 당신의 감정에 집중하세요."

이유가 정당한지 확신할 수는 없었지만 나는 화가 났다. 나는 그가 우리 두 사람이 쌓아 온 관계를 무너뜨려서, 내가 그에게 더 이상 메시지를 보낼 수 없어서, 내가 친구들 앞에서 그를 방어한다고 느껴서 화가 났다. 나는 내가 이 상황과 가장 잘 맞아떨어지는 단어인 **강간**이라는 말을 쓰면, 내가 정말 속하는지 확신할 수 없는 부류 안으로 떠

---

*   여성에 대한 모든 형태의 성폭력, 폭력적 관계, 가정폭력을 끝내기 위한 국제적인 시위 및 비영리 조직.

밀려 들어간 기분이 들 것이라는 생각에 화가 났다. 무엇보다도, 나는 내가 쓸 수 있는 언어가 부족하다는 사실 때문에 실패한 것처럼 느꼈다. 일어난 일을 있는 그대로 말할 뿐인데, 그것만으로도 말재주를 부리는 것 같았다. 그 사건을 분석하는 일이 응석처럼 느껴졌다. **인생에서 아주 짧은 순간에 불과했잖아,** 하고 나는 스스로에게 자꾸만 되뇌었다. **그냥 잊어버리면 안 돼?**

시간이 흐른 뒤, 나는 새로운 섹스 파트너나 남성인 친구들에게 이 이야기를 들려주었다. 그들은 남성 특유의 허세와 과시를 담아 "내가 때려눕혀 줄까?" "절대 그냥 넘어가면 안 되지" 같은 식으로 반응했고, 내 감정보다 자신의 남성성을 과시하는 일을 중심에 두는 그들에게 화가 났다. 그런 상황에서 그들은 내키는 대로 감정을 표출한 반면, 나는 차분한 태도를 가장한 채 "아냐, 아냐, 괜찮아" 하고 그들을 진정시키는 책임까지 떠맡았다. 그리고 나는 내가 미투 운동에 참여하는 트윗을 올렸을 때 그저 내가 겪은 일을 진술하고 있을 뿐인데도 모르는 사람들이 마치 자신들의 승인이 필요하기라도 하다는 듯 내게 "당신을 믿어요"I believe you라는 멘션을 보내와서 화가 났다. 내가 화난 것은, 나 역시도 모르는 사람들에게 당신을 믿는다고 말했기 때문이다. 왜냐하면, 여성들은 **실제로** 자신이 겪은 일을 말할 때 의심받는 경우가 많고, 성폭력에 관한 언어는 너무나 한정적이기에 결국에는 모두 진부하게 들리기 때문이다. 나는 상냥한 낯선 이들에게 꺼지라고 말하고 싶은 충동을 느끼면서도 미소를 지으며 "고마워요"라고 말한다. 나는 나 자신의 반응에 자꾸 의문을 제기하며 '네가 너무 깊이 생각하는 거야,' '그 정도까지는 아니야' 하는 생각으로 잠 못 드는 밤마다 화가 났고, 그의 트위터 계정을 염탐하며 그가 의미 없는 생각이나 일에 관한 소식을 새로 올리는 걸 볼 때도 화가 났다. HIV 검사를 기다리던 3개월 동안 성병 검사를 받았는데, 섹스 파트너 중 한 사람이 검사 결과가 나올 때까지 "당분간 만나지 말자"고 했을 때는 꼭지가 돌아 버렸다. 나는 그에게 개자식처럼 굴지 말라고 욕했는데, 이 기간 동안 내가 분노를 표출한 것은 이때가 유일했다. 다음 날 아침 그에게서 사과를 받았을 때 나는 다시 한번 분노를 삼키고 괜찮다고, 별거 아니라고, 이미 잊었다고 말했다.

내 분노가 끝없이 모든 것에 배어들지는 않았기에, 나는 내가 할 수 있는 만큼 최대한 이 문제에서 마음을 정리했다고 생각했다. 분노는 다른 감정들과 뒤섞이며 정강이에 든 멍 같은 형태로 남았다. 나는 며칠씩이나 그 일을 잊고 지내다가, 영화 〈콜로설〉을 보던 중 제이슨 서데이키스가 연기하는, 겉보기에는 신사적이기 짝이 없는 남성이 술에 취해서는 앤 헤서웨이가 연기하는, 삶의 목적을 잃은 여성 주인공을 마구 몰아세우는 장면에서 왈칵 울음을 터뜨렸다. 술 취한 남자가 대낮에 내 앞을 가로막았을 때는 안절부절못했고, 한때는 일상적인 것이었던 그런 일들 때문에 온종일 충격과 심란함에서 벗어나지 못했다. 때로는 내 분노가 물러나고 그 자리에 구름 낀 것 같은 모호한 수치심이 찾아와서는 나에게 이만 입을 닥치고 폭행 후유증으로 진짜 고통을 받고 진짜 외상 후 스트레스 장애를 앓는 진짜 이야기를 가진 여성들에게 말할 기회를 내주라고 조용히 명령하기도 했다. 나는 괜찮았다. 내 인생도 괜찮았다. 가끔 기분이 안 좋을 뿐이었다. 인생이 원래 그런 것 아닐까?

나는 강간범 중 실제로 감옥에 간 사람의 통계 수치를 보았을 때 화가 났다. 그러나 동시에 내가 마치 누군가를 교정 시설로 보내는 것이 정의 구현이라도 되는 양 응당 그 사람도 감옥에 가기를 **바라는** 것으로 여겨지는 것도 화가 났다. 그러고 나면 감옥에 반대하는 내 정치적 입장을 삼십대 백인 남성 이성애자가 저지른 성범죄 행위의 무게를 덜어 주는 데 쓰고 있는 나 자신한테 화가 났다. 내가 판사라도 된 기분을 느껴야 한다는 사실에 화가 났다. 사람들이 내게 무엇을 원하는지 물었을 때 나는 이렇게 대답했다. "그 일이 애초에 없던 일이 되기를 바라."

레이시 M. 존슨은 그의 책 『심판』에서 학대 가해자에 대해 "나는 그가 죽기를 바라지 않는다, 그가 자신이 한 일을 전부 내 앞에서, 대중 앞에서 고백하고 남은 평생을 타인의 기쁨을 위해 살길 바란다"고 쓴다. 더 많은 고통은 더 많은 슬픔을 낳는다고 그는 쓴다. 나는 보다 진보적인 공간에서조차 성폭력 피해자에게 주어진 길이 제한적이라는 사실을 종종 생각한다. 우리는 피에 굶주려야 하는, 복수를 바라야 하는, 우리에게 나쁜 짓을 한 이들의 고통에서 끝맺음을 찾아야 하는 존재가 된다. 생존자의 치유보다 가해자의 처벌이 우선순위가 된다. 나는 가해자에게 복수하기를 원하는 여성들을 이해한다. 그것이 자연적인 충동이라고 느낄 때도 있다. 그러나 내 분노는 그와 다른 방식으로 나타났다. 나는 가해자 자체에 대해서보다 가만히 앉아 내 무력감을 곱씹는 것 외에 무엇을 해야 할지 알 수 없었던 일련의 모호함에 더 화가 났다. 그 순간은 내 마음속에서 수없이 되풀이되었고, 수정같이 선명하게 보였다가 지직거리는 비디오테이프처럼 흐릿해지기를 반복했다.

사건으로부터 약 1년쯤 지난 뒤 나는 새로운 데이팅 앱을 다운받았다. 양쪽 다 서로가 마음에 들었을 때에만 상대에게 메시지를 보낼 수 있는 방식이었다. 30분 정도 무심하게 스크롤을 만지작거리던 끝에 나는 그의 얼굴을 발견했다. 나는 얼어붙었다. 그 얼굴이 혐오스러웠다. 그가 보고 싶었다. 화내는 일에 지쳤다. 나는 망설였다. 오른쪽으로 사진을 밀어 넘겼다. 곧바로 매칭이 이루어졌다.

나는 그의 전화번호도, 스냅챗도 차단하지 않았지만 그때까지 그는 내게 한 번도 연락하지 않았다. 내가 연락하지 말라고 했으니까. 그는 나에게 사과하고 싶다고 메시지를 보냈다. 내게 정말 미안하다고 했다.

나는 그에게 솔직하게 말했다. 그가 나쁜 사람인지 아닌지 확신이 서지 않는다고, 또 다른 여성들에게도 그렇게 한 적이 있는지 잘 모르겠다고.

"난 그날 밤 일을 잊을 수 없었어." 그가 말했다. "그 뒤로는 훨씬, 훨씬 더 신중하게 행동했어. 네가 느꼈던 기분을 다른 여자들도 느끼게 하고 싶지 않았어."

거짓말이었을 수도 있다. 나에게 끔찍한 말이나 행동을 한 뒤에 용서해 달라고, 다시는 그런 일 없을 거라고 약속하고는 똑같은 행동을 반복하는 남자들은 예전에도 있었다. 그러나 그는 연락하지 말라는 내 말을 따랐다. 내게 아무것도 요구하지 않았다. 그래서 나는 그 일에 대해 오랫동안 생각했다니 다행이라고 답했다. 그가 괴로웠다는 것이 앞으로 만날 여성들에게는 신중하겠다는 의미라면 다행이라고 말했다. 이제 나도 내 인생에서 다음 장으로 나아가고 싶다고 했다. 그리고 그를 용서한다고 말했다.

용서한다는 말을 입력할 때는 실험이라도 하는 듯한 기분이 들었다. 내가 나를 얼마나 믿는지 스스로도 확신할 수 없었다. 마치 에스프레소 열댓 잔을 연거푸 들이마시고 잠을 설친 탓에 감정들이 뒤엉킨 채로 대화에 임하는 기분이었다. 하지만 전송 버튼을 누르고 나니 힘을 얻은 것 같은 감각이 온몸에 차올랐다. 내가 그를 사면해 준 것은 아니지만 이제 그는 더 이상 내 책임이 아니었다. 1년 가까이 내 머릿속에서 그토록 많은 공간을 차지하던 그는 잘못을 인정했고, 나는 내가 다음 장으로 나아갈 준비가 되었다고 선언했다. 지난 1년 간 내 안을 파고들던 분노와는 다른, 훨씬 명확한 감각을 느꼈다. 완전한 안도감이 아니라, 그에게 어떤 일이 일어날 것이며 일어날 수 있을지에 대한 생각을 그만두고 이제 나 자신에게 집중할 수 있게 된 것을 감사하는 마음이었다. 그날 밤에는 달게 잤다.

그 뒤로 우리는 연락하지 않았다. 이번에도 내 선택이었다. 나는 앞으로도 연락하지 말아 달라고 말하고 모든 소셜미디어에서 그를 차단했다. 나는 잘못을 저지른 이들에게, 타인에게 해를 끼치는 끔찍한 잘못을 저지른 이들이라 할지라도, 변하고 성장하고 나아질 능력이 있다고 믿고 싶다. 내가 세계를 보는 시선은 전적으로 그 믿음에 바탕을 두고 있다. 그러나 나를 해친 그 사람 개인을 갱생시키는 것은 내 몫이 아니다.

지난 2년간 우리는 유명 인사들이 자기 잘못을 털어놓은 뒤 불과 몇 달 만에 승승장구하던 원래의 자리로 돌아가는 모습을 지켜보았고, 우리의 사회적 대화는 대체로 "뭐, 우리한테는 다음 장으로 나아갈 권리가 없단 소리야?" 같은 관점들을 중심으로 이루어졌다. 그런데 다음 장으로 나아간다는 것은 아무 일도 없었던 것처럼 행동한다는 뜻이 아니다. 피해자가 가해자와 지속적으로 접촉하도록 강요해야 한다는 뜻도 아니다. 나는 나를 강간한 사람의 얼굴을 다시는 보고 싶지 않다. 성폭행 그리고 갱생에 대한 서사는 가해자의 인생을 최대한 빨리, 때로는 자신의 잘못을 인정조차 하지 않은 채 있던 자리로 돌아오게 하는 데 초점을 두는 경우가 너무 많다. 나는 정의를 묻는 것이 강간범의 개인적인 여정이 아니라 피해자의 필요에 중점을 두고 이루어지는 세상을 꿈꾼다.

나는 내가 완전히 괜찮은지 잘 모르겠다. 심지어 '괜찮다'는 게 정확히 어떤 것인지도 모르겠다. 나는 스스로에게 난 괜찮다고 말하겠지만, 그래도 내 신뢰가 훼손되고 내 자아감이 훼손되고 신체적 고통을 느꼈던 그 순간을 때때로 떠올릴 것이며, 당연히 때때로 화가 난다. 그를 용서한다던 내 말이 거짓이었나 하는 생각도 한다. 그러나 이제 내 우선순위는 바뀌었고, 내 사고는 나를 중심으로 흘러간다. 나는 나를 좌초시키는, **그가 정말 나쁜 사람이었을까? 그가 적절한 처벌을 받았나? 그가 이 일을 또다시 반복할까?**라는 거슬리는 질문들을 **오늘 나는 스스로를 어떻게 돌볼 것인가?** 하는 단순한 한 가지 질문으로 바꾸는 법을 배웠으며, 내가 괜찮으리라는 것을 기억할 것이다. 나는 언제든지 엘리베이터를 타고 다시 로비로 내려와 문 밖으로 걸어 나갈 수 있으니까.

애나 피츠패트릭(Anna Fitzpatrick)은 프리랜서 작가이자 《빌리버》의 디지털 미디어 편집자다. 《뉴욕 타임스》, 《내셔널 포스트》, 《뉴요커》, 《롤링 스톤》 등에 글을 썼다. 캐나다 토론토에 살고 있다.

세라 크루라면 어떻게 했을까

송섬별

내 오랜 친구는 나를 "그릇이 크다"는 말로 표현한다. 서로 알고 지낸 긴 시간 동안 내가 화내거나 짜증 내는 모습을 한 번도 본 적 없다는 게 그 이유다. 친구의 말이 맞는지도 모르겠다. 나는 그날 하루의 피로와 불만으로 구성된 친구의 이야기를 끝까지 들어주는 일을 잘한다. 인내하고 용서하는 일도 잘한다. 앞다투어 잘못된 판단을 내리는 바람에 엉망이 된 여행에서도 끝까지 발을 헛디디지 않는 사람으로 자부하며 살아왔다. 친구들 사이의 팽팽한 긴장감에 개의치 않고, 끝까지 화내지 않고, 모두의 마음을 어떻게든 누그러뜨려서 안전하게 집으로 데려갈 사람. 어쩐지 죽 그런 사람이 되고 싶었다.

그런데 몇 년 전 내가 입원 치료를 받았던 병원에서

나를 바라보고 이해한 방식은 친구의 그것과 사뭇 달랐다. 심리검사 결과 보고서 속 "환자복 차림, 다소 통통한 체격에 안경을 썼으며, 머리를 금발로 염색하고 다수의 반지를 착용한 31세 여성"이라는 묘사는 내가 어렴풋이 알고 있는 내 모습과도 별로 닮지 않았다. 그 사람은 연민과 공감처럼 부드러운 특성들과 연관 짓기 어려운, "기성세대, 권위 대상 등에 대한 분노 감정과 불신감 및 냉소감이 강하고, 이러한 감정이 만성적으로 이어져 왔을 것으로 짐작되는" 사람이었다. "이러한 특성으로 인해 문단 내 성폭력 이슈에서 가해자들에 대한 분노를 더 쉽게 느꼈으며 연대하는 계기가 되었을 것으로 보임."

큰 그릇이라는 말을 들으면 어린 시절 나와 남동생의 몫으로 주어졌던 그릇 두 개가 떠오른다. 하나는 그야말로 아이다운 그림이 그려진 작고 가벼운 그릇이었지만, 다른 하나는 맵시라고는 없는 묵직한 도기 사발로 아이용이 아니라 어른들이 쓰고 남은 여분이라는 인상을 물씬 풍겼다. 우리는 밥을 먹을 때마다 서로 예쁜 그릇을 쓰겠다고 다퉜다. 일과 같던 우리의 다툼이 끝을 맺은 건 내가 낡고 고전적인 모양의 사발에서 어떤 멋을 발견한 다음이었다. 『소공녀』의 세라 크루가 지붕 밑 하녀 방으로 내몰렸을 때 단정하게 자기 몫의 식사를 담아 먹은 그릇이 이런 것 아니었을까 싶었다. 게다가 이 그릇을 내 것으로 정함으로써 어린 동생에게 좋은 것을 양보해야 한다는 큰딸다운 미덕을 실천할 수 있었다. 어린 시절 나는 어렴풋이나마 '품위'에 대해 혼자 생각한 바가 있었다. 품위 있다는 것은, 말하자면 물건까지 집어 던지면서 노발대발 역정을 부린 끝에 피부를 바작바작 태우는 열기를 견딜 수 없다는 듯이 자기가 입고 있는 옷을 잡아 뜯은 아버지의 행동과 반대편에 있는 일이었다. 흰빛이 도는 플라스틱 단추가 어린애 이빨처럼 거실 바닥에 조르르 흩어지는 모습을 보면서 나는 겁에 질렸다. 나는 세라 크루에 대해 생각했다. 책에 나오는 그 멋진 여자아이는 이런 역경을 어떻게 이겨 낸 걸까? 물론 세라에게는 다이아몬드 광산을 소유한, 끔찍하게 딸을 아끼던 아버지가 있었지만, 민친 교장이나 래비니어에게 시달리면서도 내면이 파괴되어 버리거나 아예 똑같은 사람이 되어 버리기로 다짐하지 않은 그 애의 태도에서 나도 뭔가를 배울 수 있을 거라고 생각했다.

초등학교에 입학하자마자 품위를 실천할 기회가 줄줄이 이어졌다. 1학년 때는 태권도를 배운다던 남자애가 내 정강이를 발로 차 대는 바람에 밤마다 이른 성장통이라도 겪는 것처럼 아팠다. 2학년 때는 다른 남자애가 나를 가파른 내리막길에서 힘껏 밀어 버리는 바람에 얼굴의 절반이 아스팔트에 쓸렸다. 고학년이 되자 나를 좋아한다는 남자애가 소풍날 실수인 척 내 몸을 더듬었다. 책에 나오지 않는 여자애들이 겪는 아주 시시한 고통이었다. 땋은

불태워라

머리를 뒷자리 남자애가 잡아당기면 품위 있게 책상에 엎드려 울던 나는, 그러나 초등학교 4학년이 되었을 때, 결국 세라 크루라면 하지 않을 행동을 하고 말았다. 수시로 뒤를 돌아보며 변하기 시작한 여자애들의 신체에 대해 나불거리던 앞자리 남자애가 말을 마치고 다시 고개를 돌리자마자 나는 책상에 엎드려 우는 대신 책상 서랍에서 단소를 꺼내 그놈의 뒤통수를 후려쳤다. 플라스틱 단소가 박살 났고, 남자애는 울면서 조퇴했고, 괴롭힘 역시 멈췄지만, 그게 좋은 선택이었을까? 딱 한 번 품위를 내려놓은 대가로 남자애들이 내게 붙인 포악하고 경박한 새 별명은 마음에 들지도, 정당하게 느껴지지도 않았다. 그래서 나는 다시 전처럼 차분히 자리에 앉아 내 품위의 그릇을 더 크고 단단하게 빚기 시작했다.

그 그릇을 빚은 게 내가 아닐지도 모른다는 의심은 아주 나중에야 하게 됐다.

내가 십대였던 어느 날, 아버지가 내 방문을 주먹으로 부숴 버렸다. 아마도 내가 뭔가 잘못해서 아버지의 분노에 불을 붙여 버렸겠지만, 사실 세상에 속이 빈 나무문을 맨손으로 후려쳐서 안이 훤히 들여다보이는 구멍을 뚫어 버려야 해소되는 잘못 같은 건 없으니 내 몫의 책임에 대해 오래 생각할 필요는 없을 것이다. 다만 나는 이에 대해 항의함으로써 아버지가 "너는 잘못하지 않은 줄 아느냐"며 내 죄목을 소상히 읊고, 나를 '못된,' '억울한,' '신경

질적인,' '적반하장인,' '남우세스러운' 같은, 도저히 받아들이기 어려운 표현들로 매도할 기회를 주는 것이 좋은 선택이 아닐 거라고 생각했다. "할아버지는 남녀차별주의자인 것 같아요"라고 말한 대가로 '피해망상'이 무슨 뜻인지를 배운 어린 시절에 이미 얻은 교훈이었다. 대신 나는 구멍 뚫린 문에 연필로 그림을 그리고 시를 써 놓았다. 세라 크루가 하녀 방에 출몰하는 쥐에게 비스킷을 먹여 친구로 삼은 것과 썩 비슷하다는 생각이 들었다.

입원 병동에서는 의료인의 감독 아래 다 함께, 그나마도 일종의 자격을 갖춘 환자들만 할 수 있는 산책 외에는 외출을 금지했다. 인솔자가 흡연자들에게 담배를 한 대씩 나누어 주면 우리는 그 앞에서 허겁지겁 담배를 입에 물고 깊이 빨아들였다. 지갑을 비롯한 소지품을 입원 수속 때 모두 맡겼으니 외출이 가능했어도 정말로 어디를 갈 수는 없었을 것이다. 특히 스타킹이나 샤워 타월처럼 길쭉하고 탄력 있는 물건들은 모아서 따로 보관했다. 그제야 내 처지가 지금까지와는 달리 힘이 넘치지도, 혼자 힘으로 무엇이든 할 수 있지도 않다는 걸 깨달았다. 볼펜, 그리고 유리병에 든 커피 역시 마찬가지였다. 안정병동이라는 맥락 속에서, 엄마가 병원 매점에서 구해다 주려 한 것들은 더 이상 내게 힘을 북돋워 주는 선물이 아니라 당장이라도 뾰족하게 깨져서 자신과 타인을 해칠 위험이 있는 흉기였다.

나는 "본인의 건강을 심각하게 위협하는 고도의 우울증" 진단을 받고 입원 중이었지만, 여전히 다른 사람들의 이야기를 듣는 걸 좋아했다. 애초 그곳에 온 것 자체가 폭넓게 생각하면 남들의 이야기를 듣다가 생긴 일이라고 할 수 있었다. 내게 탁구를 가르쳐 준 동료 환자들이 하는 이야기 중에는 말이 되는 듯한 것도 있었고, 자다 깬 사람이 하는 뜻 없는 말 같은 것도 있었다. 남자 환자들 중 다수가 다른 사람을 죽이고 싶다고 말했다. 그것이 그들이 이곳에 온 이유였다. 한편 여자들 중에는 자신이 잘못을 저질러서 누군가를 죽일 것 같다고 두려워하거나 이미 죽였다고 믿는 사람들이 많았다. 이 차이는 어디서 나오는 걸까? 병원에 왜 오게 되었는지 묻는 질문에 "죽을 뻔해서요"라고 대답하다가 나 역시 여자 환자들과 같은 병을 앓는단 걸 알았다.

퇴원한 뒤에는 통원 치료가 몇 년이나 이어졌다. 정확히 이해하기 어려운 말들이 많이 적힌 심리검사 결과지에는 눈을 사로잡는 그래프가 있었다. 심리적 어려움의 여러 항목들 중 분노를 뜻하는 ANG 항목의 수치가 화낼 줄 모르는 사람이란 말을 들으며 살아온 것치고는 꽤나 높았다. 그렇다고 해서 내가 남의 얼굴을 향해 겨냥된 불붙은 유리병이라고 믿어야 할 만큼 극도로 높은 것도 아니었다. 그곳의 다른 여자 환자들이 자기 안에 길러 온 분노, 느껴오고 표출했던 분노와 거의 비슷했으나, 그것이 병이 된 건 내가 분노를 다루는 방법을 조금도 몰라서였다. 내가 오랜 세월 품위와 위엄인 줄 알고 열심히 빚어 온 큰 그릇이 아주 무거운 문진처럼 짓눌러 온 감정들이 마침내 터져 나왔을 때 나는 펄쩍펄쩍 날뛰는 호스를 붙잡고 어쩔 줄 몰라 하며 함께 뛰었다. 그게 내가 여기 온 이유라고 생각하면 모든 게 이해가 됐다.

화내지 않기, 차분하게 응대하기, 인내하기, 용서하기, 웃어넘기기, 말하기보다는 듣는 데 시간을 쓰기. 나를 교양 있는 사람, 믿을 만한 사람, 좋은 친구로, 다른 사람 앞에서 자기 옷의 단추를 뜯어 버리는 사람이 아닌 누군가로 만드는 모든 선한 특성들은 『소공녀』와는 다른 세계를 향해 자라나면서, 세라 크루는 겪지도 보지도 않을 일들을 마주하면서 점점 수상하고 위태로운 것이 되었다. 문학회의 남자 선배가 술에 취해 내 몸을 더듬었을 때, 해결을 바라고 여자 선배들에게 알렸지만 큰 믿음을 얻지 못했을 때 나는 그 일이 얼마나 사실인지, 얼마나 부당한지, 얼마나 나를 분노케 하고 또 외롭게 했는지를 터뜨리는 대신 이 일이 더 이상 내 평판을 훼손할 수 없도록 대학 시절 내내 활동해 온 문학회에서 조용히 탈퇴하길 택했다. 몇 년 뒤 여전히 즐겁게 활동하던 그 남자 선배한테 똑같은 일을 당했다는 여자 후배가 다른 선배들은 믿을 수 없다며 내게 연락해 왔을 때에야 나는 나의 조용한 수습을 후회했다.

나는 그때, 단소가 분질러질 때까지 그놈을 두들겨 팼어야 했다. 또 한 번 그런 일이 생긴다면 결코 참지 않겠다고 다짐했다. 2016년 말에 문단 내 성폭력 폭로 운동이 일어나기 시작했을 때, 나는 내 인내가 야기한 바로 그 일이 규모를 키워 비슷한 장에서 되풀이되는 걸 보았다. 나는 많은 여성들을 만났고 또 많은 이야기를 들었다. 여전히 나는 이야기를 듣는 데 능했으니까. 그런데 한번 불이 붙기 시작한 분노는 잘 꺼지지 않았다. 너는 그런 사람이 아니지 않느냐며 걱정하는 사람들 앞에서 밤낮을 가리지 않고 미친 사람처럼 화를 내는 동안 내 그릇은 밤낮을 불길에 달구어지다 못해 깨져 버렸다. 그것이 내가 인생 계획에 전혀 없던 입원 치료를 받게 되고, 또 그 후로 긴 시간과 오랜 집중력을 들여 깨진 것들을 조금씩 도로 이어 붙인 배경이다.

세라 크루는 책 속에 살았다. 나는 책을 쓰는 여자들의 세계에서 살고 있다. 그 차이를 알게 된 건 내가 더 이상 유리병처럼 정신의학과 검사실에 앉아 있지 않게 된 다음의 일이다. 세라 크루가 곰팡내 나는 다락방이 궁궐인 양 앉아서 하녀와 거지 아이와 생쥐를 가리지 않고 환상적인 이야기를 들려주는 동안 책 바깥의 내가 여자들로부터 듣는 이야기들은 다른 의미로 이 세상 것 같지가 않다. 남자들이 큰 상을 받고 문학의 얼굴로 행세하며 거들먹거리는 동안에 여자들은 두려움과 비밀과 분노를 쌓고 억누르다가 병이 나서 다락방으로 올라간다. 다락방의 문은 남자의 주먹에 맞아 부서져 있다.

세라 크루는 자기 이름을 책에 멋진 글씨로 싣지 못한 여자들이 있다는 것을 알까? 만약 알았더라면, 무엇을 했을까? 그 애도 시끄럽고, 피해망상이고, 틀렸고, 자존감이 낮고, 아무것도 제대로 할 수 없다는 말을 듣는 여자가 되었을까? 그 애도 억울했을까? 얼굴이 벌겋게 달아오르고, 펄쩍펄쩍 날뛰다가, 떨어져서 깨졌을까?

아니면 끝까지 개의치 않고 품위 있는 큰 그릇을 빛나게 손질했을까?

시간이 지났고, 나는 여전히 그릇이 크다는 말을 종종 듣지만 화내는 게 무섭지는 않다. 친구들을 집까지 안전하게 데려가기 위해서는 화를 전혀 내지 않는 것 말고도 다른 방법이 있지 않을까 생각한다. 이 책을 옮기고 이 글을 쓰는 동안 이 역시 하나의 방법이 되기를 바랐고, 또 바란다.

들으라, 분노한 여자들이 말한다

이다혜(《씨네21》 기자, 작가)

"내가 아는 모든 여성들은 화나 있다."

릴리 댄시거의 서문을 읽다가 쓰게 웃었다. 화를 내는 건 '현명한 여자의 전략'이 아니라는 말을 나는 수없이 들었다. 분노를 감추지 않으면 감정적이라는 평가를 받기 쉽고, 그러면 나의 언어는 신뢰받지 못하리라고. 그래서는 일을 제대로 할 수 없다고. 더 설득하려는 태도로 말해야 한다고. 문제는 내가 화를 내고 있지 않은 순간조차 화내지 말라는 소리를 들어야 했다는 데 있었다. 말을 조금만 빨리 하면 화난 것처럼 들린다는 핀잔을 들었다. 말을 천천히 하면 화를 참는 것 같다는 반응이 돌아왔다. 웃음기 없이 진지하게 말해도 화났느냐는 질문을 받았다. 가장 최근 들은 조언은 이랬다. 질문을 많이 하지 마라, 화난 것처럼 들린다. 나는 궁금해졌다. 나는 어떻게 말해야 화난 것처럼 들리지 않을까. 여러 남자의 조언을 모아 본 결과, 말을 하지 않으면 화가 났는지 안 났는지 모르는 정도인 것 같고, 말없이 웃기만 하면 화가 안 났다고 인식하는 듯하다. 하지만 가장 우스운 사실은, 나는 실제로 분노할 때가 있었으며 그럴 때 내가 화났음을 알리기 위해 화난 목소리를 내고 있었다는 것이다. 그들은 내가 무엇에 분노하는지 듣는 대신, 나의 제스처만 가지고 "그러면 안 된다"고 조언하고 있었던 셈이다. 화가 나서 화를 내는데 화를 빼고 말하라니 대체 뭘 어쩌라는 거야.

『불태워라』는 여성 작가들이 분노에 대해 쓴 책이다. 책을 엮은 릴리 댄시거는 스물두 명의 작가에게 "괜찮아요, 분노하세요"라는 말을 건네며 그들의 분노를 독려했고, 그 결과물이 이 책이다. "괜찮아요"라는 말을 듣기 전에는 분노를 분노로 표현해도 좋을지 어려움을 겪은 이들이 있고, 분노가 어떤 다른 감정의 탈을 쓰고 있었는지를 솔직하게 말하는 작가도 있다. 『불태워라』는 사회가 여성을 분노하지 못하도록 어떻게 길들여 왔는지를 스물두 명의 여성의 목소리로 들려준다.

첫 번째 글(「분노로 가득 찬 허파」, 13쪽)을 쓴 레슬리 제이미슨은 "저는 화를 안 내요. 슬퍼하죠"라고 오랫동안 말해 왔다고 고백한다. 그리고 슬픔이라고 스스로를 설득할 수 없이 분노했던 순간들이 있었노라고. 그는 성별과 분노에 관한 연구를 인용하며 여성의 분노가 '독살스러운,' '적대적인' 같은 수식어와 함께 다닌다면 남성의 분노에는 '강한'이라는 수식어가 붙는다고 썼다. 사람들은 화난 여성을 불편하게 여기지만 슬퍼하는 여성에게는 연민의 감정을 갖는다. 이어 2017년 11월 우마 서먼의 레드카펫 인터뷰 영상에 대해 언급하는데, 여기서 서먼은 할리우드의 여성 영화인들이 성추행 경험을 공론화한 데 찬사를 보낸 뒤 "분노가 누그러지기를 기다리는 중"이라고 말했다. 레슬리 제이미슨은 이렇게 설명한다. "서먼의 공개 선언이 여성의 분노를 성공적으로 보여 준 사례라고 갈채를 받는 것이 의아하게 느껴지는데, 이 영상은 오랫동안 여성이 사회화를 거치며 생산하고 받아들이게 된 바로 그 형태로서의 여성의 분노를 보여 주기 때문이다. 영상에 담긴 것은 여성이 분노를 표출하는 장면이 아니라, 화면상에 근사하게 보일 수 있을 만큼 다듬어진 형태로 분노를 억누르는 장면이다." 분노를 억누르고 다듬어 보여 주면 사람들은 분노로 분노하는 것보다 더 쉽게 받아들인다. 영화에서도, 여자 배우들이 큰 소리로 울부짖고 분노하는 장면은 남자 배우의 그것보다 보기 어렵다. 분노하지 못하는 기성세대임을 자각하는 일은 레슬리 제이미슨 자신을 되돌아보게 한다. "조금은 병적이고, 다소 우울하며, 약간 자아도취에 빠져 있으면서, 무척이나 예상 가능하고, 늘 선수 쳐서 사과하는 문학소녀의 특정한 유형에 속했던 나"를. '여성과 분노'에 대한 인식에 놓인 세대 차를, 이 글은 잘 보여 준다. 자유로운 분노의 힘을 처음 맞닥뜨린 십대 여성의 경험을 담은 멀리사 피보스의 「레벨 걸」(62쪽)을 연이어 읽어도 좋다. 페미니즘은 경전을 따라 '하나의 여성'이 되려는 움직임이 아니다. 그렇기 때문에 혼란도 갈등도 있지만 모험과 발견이 있고, 그것이 힘이 될 수 있다.

모네 파트리스 토머스는 "공포야말로 흑인 여성에게 허락된 단 하나의 감정"이라고 말한다.(「흑인 여성에게 허락된 단 하나의 감정」, 34쪽) 흑인에게 분노는 목숨을 빼앗길 수도 있는 문제다. BLM(Black Lives Matter) 시위의 저변에 깔린 뿌리 깊은 차별과 분노. 분노하는 순간 그 이유는 사라지고 '폭력적인 흑인'이라는 인종적 편견만이 남을 수 있음을 누구보다 잘 알고 있기 때문이다. 리사 마리 베실은 여성들이 고통을 호소할 때 그것이 히스테리로 받아들여지는 현상을 썼다.(「내 몸은 분노라는 이름의 병」, 46쪽) 욕구와 필요를 소리 높여 외치는 일은 목숨을 구할 수 있다. 여성의 말이 경청되지 않을수록 그렇다. 믿어야 하는 것은 자신의 몸, 자신의 경험이다. 머리사 코블은 눈물의 형태를 띤 분노를 말한다.(「우리가 화날 때 우는 이유」, 80쪽) 그는 분노를 너무나 깊이 묻어 놓고 눈물로 대신해 왔기 때문에 분노를 분노로 인지하기 위해 노력해야 했다. 그가 쓰는 글의 연료는, 분노다. 이 글과 연결 지어 읽으면 좋은 글(『죄책감』, 113쪽)은 에린 카가 썼다. 분노하지 못하도록 억압받은 여자들은 미치는 수밖에 없었다고. 분노하는 여자아이는 보호자에게 두려움을 안겼고, 급기야는 정신병원에 가야 할 수도 있다는 협박을 받았다. 그러니 분노만은 할 수 없어진다.

『불태워라』의 모든 글에 공감과 연대의 마음을 갖게 되지만, 나는 리오스 데라루스의 글을 몹시 좋아한다.(「귀신 이야기, 내 이야기」, 138쪽) 멕시코계 미국인인 그가 여자 유령들의 이야기로 글을 시작한다. 죽고 나서야 혼백의 모습으로 자신이 겪은 피해를 고발할 수 있었던 처녀귀신의 나라에서 나고 자란 나는 이 이야기를 읽으며 내가 아는 수많은 여자들의 목소리를 겹쳐 들었다. 억압은 때로 사랑이라는 이름을 갖고 있다. 리마 자만의 「내 이름과 내 목소리」(163쪽)는 학대적인 결혼 생활 속에서 "남자는 다 그래," "별것도 아니잖아"라는 남편의 말에 사랑은 타협이라고 자신을 속이며 '그냥 넘어가기'와 내가 누구인지를 스스로 일깨우며 '분노하기' 사이에서 갈등하는 여성의 이야기를 다룬다. "가부장제가 여성의 분노를 잘못 진단하였기에, 나는 여성의 분노 역시 남성의 분노와 유사한 뿌리를 가졌으리라 생각하며 나의 분노를 믿지 않아야 한다고 배웠다. 그러나 평생 동안 내가 느낀 분노의 이유는 내가 아는 남자들의 분노와는 달랐다. (…) 내가 분노를 느꼈던, 그리고 느끼는 건 불의를 목격하고 경험하는 순간이다. 이와 대조적으로 내 남편은 (…) 자신의 에고와 영토가 위협받을 때 분노한다."

정치적이고 사회적인 견해가 다른 사람들에게 둘러싸여 살아야 해서 고민스럽다면 리사 팩토라보셔스(「분노의 가마로부터」, 221쪽)와 민다 허니(「살얼음판 위에서 자란 여성들에게」, 246쪽)의 글을 읽어 볼 것. 분노를 무기고로 삼아 삶을 다지고 나아가 세상을 바꿀 수 있을까. 그런 고민을 하는 사람은 분명, 당신 하나만은 아니다.

『불태워라』에 글을 실은 여성들은 '나'에서 시작해 분노라는 화두를 풀어 간다. 경제적 계급, 가족사, 피부색, 문화적 배경, 성적 지향과 성정체성, 직업, 폭력의 경험 등 자신의 삶을 걸고 경험을 나눈다. 세상이 여성에게 허락하는 좁은 범주 내에서 분노를 억눌러 감추거나 다른 감정으로 치환해 조심스럽게 에두르는 일이 어떻게 신체 건강을 망치고 커리어를 망치고 정신 건강을 망치고 관계를 망치는지, 결국은 나라는 인간의 존엄을 훼손하기에 이르는지 이 책은 잘 보여 준다. 이 분노를 전하기 위해 어떤 글은 뜨겁게 분노하고, 어떤 글은 차갑게 논증한다. 어떤 분노에 대해서는 내가 쓴 글처럼 공감했고, 어떤 분노에 대해서는 이 책을 통해 새롭게 배웠다.

페미니즘은 여성들이 경험하는 세상을 넓혀 주고, 감

정의 진폭을 크게 만든다. 우리는 지성을 통해 아주 먼 목표까지 연대하는 힘을 얻지만, 때로는 분노의 에너지가 여성의 힘을 선명히 드러낸다.

가이셰프톨, 베벌리Guy-Sheftall, Beverly 106

〈고개 들고 노래해〉Face Up and Sing 21

「고통을 호소했던 여성」The Girl Who Cried Pain 58

『광막한 바다 사르가소』Wide Sargasso Sea 22, 23

그리핀, 레이철 A.Griffin, Rachel A. 106, 109

〈나는 진정제가 필요해〉I Wanna Be Sedated 75

나오미, 오사카Naomi, Osaka 107

〈노 우먼 노 크라이〉No Woman No Cry 75

누스바움, 마사Nussbaum, Martha 30, 31

〈눈먼 기분이야〉Feels Blind 75

니어, 홀리Near, Holly 65

데드네임deadname 239

《데스 투 더 픽시스》Death to the Pixies 76

〈독립기념일〉Independence Day 20

디킨슨, 에밀리Dickinson, Emily 50, 51

디트랜지션detransition 242

디프랑코, 아니DiFranco, Ani 20, 74

딤베리, 울프Dimberg, Ulf 16

라이스, 태미어Rice, Tamir 264

「라자러스 부인」Lady Lazarus 22

레이지 어게인스트 더 머신Rage Against the Machine 187

로드, 오드리Lorde, Audre 29, 31, 108, 109, 111

룬드퀴스트, L. O.Lundquist, L. O. 16

리스, 진Rhys, Jean 21~23

마틴, 트레이번Martin, Trayvon 264

매디슨, 루시Madison, Lucy 27

맥도널드, 라콴McDonald, Laquan 262

『맹렬한 분노』Killing Rage 108

『맹렬해져라—성추행을 막고 힘을 되찾아라』Be Fierce: Stop Harassment and Take Your Power Back 30

메들린, 소피Medlin, Sophie 130

모리슨, 토니Morrison, Toni 267

『무슨 일이 일어났나』What Hap-
pened 16

미스젠더링misgendering 234, 237,
238, 244, 245

《미즈》Ms. 65

밤길을 되찾자Take Back the Night
289

《벌룬 마인드스테이트》Buhloone
Mindstate 72

「베인 상처」Cut 20

『벨 자』The Bell Jar 20

보일론, 로빈Boylorn, Robin 108, 109

「분노의 활용」The Uses of Anger 31

비키니 킬Bikini Kill 75, 77, 79

샐, 캐시Sal, Kathy 93

서먼, 우마Thurman, Uma 17, 18, 29

스위트 허니 인 더 록Sweet Honey in
the Rock 65

스포큰 워드spoken word 77

시스젠더cisgender 94, 99, 243

『심판』The Reckonings 292

〈아이, 토냐〉I, Tonya 23~26

애커, 캐시Acker, Kathy 77

앨라이ally 94

여성 역량 강화women empowerment
30, 31

여성행진Women's March 32, 289

오바마, 미셸Obama, Michelle 29

와인스타인, 하비Weinstein, Harvey
262

윈프리, 오프라Winfrey, Oprah 106

윌리엄스, 세리나Williams, Serena
30, 107, 108

유크나비치, 리디아Yuknavitch, Lidia
88

「의사들은 여성의 고통을 덜 심각하
게 받아들인다」How Doctors Take
Women's Pain Less Seriously 58

이슈미얼, 스테이시마리Ishmael, Sta-
cy-Marie 29

존스, 트리나Jones, Trina 30

존스, 폴라Jones, Paula 25

존슨, 레이시 M.Johnson, Lacy M.
292

「찻집에서」At the Teahouse 32

치점, 셜리Chisholm, Shirley 111

「침」Stings 22

칼슨, 그레첸Carlson, Gretchen 30

캠프마이어, 데버라Kampmeier,
Deborah 86

케리건, 낸시Kerrigan, Nancy 24~27

〈콜로설〉Colossal 291

콜, 조네타Cole, Johnnetta 106

쿠퍼, 브리트니Cooper, Brittney 109

크링, 앤 M.Kring, Ann M. 16

클린턴, 힐러리Clinton, Hillary 16, 17

〈킬링 인 더 네임〉Killing In the Name 187

「토냐 하딩 옹호자의 고백」Confessions of a Tonya Harding Apologist 27

토크니즘tokenism 225

톤 폴리싱tone policing 94, 108

트랜지션gender transition 9, 93, 95, 198, 200, 201, 235, 238

트럼프, 도널드Trump, Donald 228

패슬러, 조Fassler, Joe 58

패싱passing 234, 235

〈팻 걸즈〉Phat Girlz 106

《페인》Pain 57

페일린, 브리스톨Palin, Bristol 92

페트로시노, 키키Petrosino, Kiki 32

플라스, 실비아Plath, Sylvia 20, 22, 23

하딩, 토냐Harding, Tonya Maxine 23~27

『한밤이여, 안녕』Good Morning, Midnight 21

해나, 캐슬린Hanna, Kathleen 75, 77

행거hanger 131, 133

훅스, 벨hooks, Bell 108, 109, 111

『흑인 페미니스트 사상』Black Feminist Thought 105

힐 콜린스, 퍼트리샤Hill Collins, Patricia 105, 106, 108, 111

불태워라